U0525135

中国社会科学院创新工程学术出版资助项目

社会发展译丛

社会主义企业家
匈牙利乡村的资产阶级化

作者 [美国] 伊万·撒列尼　比尔·马丁
　　　[匈牙利] 罗伯特·曼钦　帕尔·朱哈兹　巴林特·马扎尔

译者　史普原　焦长权　王笑非　余依祎

Socialist Entrepreneurs:
Embourgeoisement in Rural Hungary

中国社会科学出版社

图字:01-2013-0636

图书在版编目(CIP)数据

社会主义企业家:匈牙利乡村的资产阶级化/(美)撒列尼等著;史普原等译.—北京:中国社会科学出版社,2015.8
(社会发展译丛)
书名原文:Socialist Entrepreneurs:Embourgeoisement in Rural Hungary
ISBN 978-7-5161-3920-2

Ⅰ.①社… Ⅱ.①撒…②史… Ⅲ.①社会主义经济—农村经济—研究—匈牙利 Ⅳ.①F351.5

中国版本图书馆 CIP 数据核字(2014)第 092245 号

China Social Sciences Press edition of *Socialist Entrepreneurs:Embourgeoisement in Rural Hungary* by Ivan Szelenyi is published in China by arrangement with the University of Wisconsin Press. © 1988 by the Board of Regents of the University of Wisconsin System. All rights reserved.

中国社会科学出版社享有本书中国大陆地区简体中文版专有权,该权利受法律保护。

出 版 人	赵剑英
责任编辑	王 茵
特约编辑	韩国茹
责任校对	石春梅
责任印制	王 超

出　　版	中国社会科学出版社
社　　址	北京鼓楼西大街甲 158 号
邮　　编	100720
网　　址	http://www.csspw.cn
发 行 部	010-84083685
门 市 部	010-84029450
经　　销	新华书店及其他书店
印刷装订	北京君升印刷有限公司
版　　次	2015 年 8 月第 1 版
印　　次	2015 年 8 月第 1 次印刷
开　　本	710×1000　1/16
印　　张	17.75
插　　页	2
字　　数	292 千字
定　　价	65.00 元

凡购买中国社会科学出版社图书,如有质量问题请与本社营销中心联系调换
电话:010-84083683
版权所有　侵权必究

《社会发展译丛》编委会

主　　编　李汉林　　赵剑英　　渠敬东

副 主 编　张　彦　　王　茵

编　　委　折晓叶　　刘白驹　　沈　红
　　　　　葛道顺　　高　勇　　钟宏武

《社会发展译丛》编辑部

主　　任　王　茵

成　　员　夏　侠　　喻　苗　　李海莹
　　　　　孙　萍　　马　明

总　　序

改革开放三十多年来，发展始终是解决国计民生的硬道理。中国经济、社会、文化发生了急剧变革，发展创新所带来的经验需要积累，需要科学总结，以使理论与实践结合，促进中国改革事业的进一步深化，回应对改革的种种质疑，解决发展中暴露出来的各项问题。与此同时，我们身处全球化时代，如何总结自身的经验，吸收国际发展的成熟理论、先进观念，融合到中国自身的文化之中，拓展中国经验的理论意涵，业已成为中国学界应担当的责任，也是新时期国家建设和社会进步的题中之义。

到目前为止，国内有关社会发展的系统性研究仍比较缺乏，尚未有以社会发展为主题编纂的专业丛书。一方面，关于社会发展的经典理论、发展战略、发展模式、发展经验，其引进和介绍尚处于零散和片面的状态，这与中国社会发展的需要极不相符，也远远落后于国际学术更新的脚步；另一方面，中国的发展经验亦需要与他国相互参照、相互借鉴和扬弃，而有关国际发展比较研究的领域尚未得到拓展。

本丛书的宗旨在于系统出版国外有关社会发展的理论、经验、战略、模式的著作，同时发扬经世致用的传统，研究社会发展的机制、动力，以及相应的制度环境和社会条件等结构性要素，从宏观与微观之间的中观层次出发，从发展理论与方法、发展模式、发展战略和发展经验四大主题出发，来完整呈现社会发展中的理论范式和关键议题。

我们衷心地期望，这套译丛的出版能够为中国社会发展的学科，以及为中国社会发展的伟大事业做出一些有益的探索和努力。

是为序。

《社会发展译丛》编委会

2015 年 5 月

目 录

中文版序言:重读《社会主义企业家》 ……………………………… (1)
前言 ………………………………………………………………… (1)
导论　阶级和社会形成:本研究的元理论意义 …………………… (1)
　　一　阶级和阶级形成理论 …………………………………… (4)
　　二　社会形成理论 …………………………………………… (10)
　　三　社会变迁理论 …………………………………………… (17)
　　四　研究设计和本书的计划 ………………………………… (22)

第一章　家庭农业生产:匈牙利个案 …………………………… (26)
　　一　后工业时代的社会主义国家 …………………………… (26)
　　二　1972—1982年间家庭生产程度的变迁 ………………… (30)
　　三　家庭企业中的农业商品生产:生产的专业化 ………… (36)

第二章　家庭生产的替代性理论 ………………………………… (40)
　　一　无产阶级化理论 ………………………………………… (40)
　　二　农民工理论 ……………………………………………… (43)
　　三　"被中断的资产阶级化"理论 …………………………… (47)

第三章　重构"被中断的资产阶级化"理论:几个研究假设 …… (58)
　　一　国家社会主义的阶级变迁图谱:方向几多重? ………… (58)
　　二　作为家庭背景中介变量的生活史 ……………………… (61)
　　三　识别"暂泊轨道" ………………………………………… (69)

第四章　四个转型方向:家庭经济的民族志 ………………………… (72)
一　区分企业家与农民工 ……………………………………… (72)
二　农村干部和无产者的住房 ………………………………… (83)
三　迈向农民工和企业家的类型学 …………………………… (86)

第五章　对四种职业流动类型的测量 ………………………………… (104)
一　农村人口在四种职业类型中的分布情况 ………………… (104)
二　建立样本选择模型 ………………………………………… (109)

第六章　资产阶级化的历史延续性:一项对于家庭背景影响的考察 …………………………………………………………… (137)
一　企业家、农民工和无产者的社会出身 …………………… (137)
二　对样本选择模型的再检验 ………………………………… (149)

第七章　家庭传承之外:生活史对资产阶级化复兴的重要性 …… (161)
一　迈向生活史的类型学 ……………………………………… (161)
二　样本选择模型的再检验 …………………………………… (180)

第八章　结论 …………………………………………………………… (198)
一　实证结果:"被中断的资产阶级化"理论得到支持 ……… (198)
二　"第三条道路"的悖论 ……………………………………… (202)
三　自下而上无声的革命:东欧阶级结构的新变迁 ………… (204)

附录 A　方法论注释 ………………………………………………… (208)
附录 B　在回归方程中使用的变量以及变量的均值和标准差 …… (216)
参考文献 ……………………………………………………………… (221)
索引 …………………………………………………………………… (234)
译者后记 ……………………………………………………………… (244)

插图、框图和表格名单

一 插图
  图 4.1—图 4.6 科雷柯斯家庭:森特什城的番茄种植者 ……（96—98）
  图 4.7—图 4.18 绮思巴发的拓荒者……………………（99—103）

二 框图
  图 3.1 1944 年左右及更早的农村社会结构和过程 …………（64）
  图 3.2 集体化后不久的农村社会结构和过程
     （1960 年代早期）……………………………………（65）
  图 3.3 1980 年代早期的农村社会结构和过程 ……………（67）
  图 3.4 干部/无产者轴线的三个转型方向及其
     "暂泊轨道" …………………………………………（71）
  图 4.1 有钱（10 万福林）在手,如亚诺什自己所言,"耳根便发痒",于是,他花 50 万福林买了个农场,开始打造自己的园艺伟业…………………………（96）
  图 4.2 科雷柯斯在某种程度上是个冒险家。他也感到焦虑和不安,但同时非常享受贸易带来的风险,他喜欢冒险 ………………………………………………（96）
  图 4.3 科雷柯斯夫人难以忍受增加负债的想法……她认为自己的丈夫不负责任地将自己拖入现在的泥潭 ……（97）
  图 4.4 科雷柯斯的母亲……或许是最富有企业家精神、对冒险最上瘾的人。自始至终,她都支持儿子……她是一名小资产阶级企业家的女儿……或许正是她不甘于集体化带来的无产阶级生活 ………………（97）
  图 4.5 亚诺什几乎不在塑料大棚里劳作。在旺季,他扮演管理者的角色……他的家庭成员仍然做体力活 ……（98）

图 4.6 亚诺什·科雷柯斯为女儿建造了一个"方形屋"……它有一个重要的符号性功能:表明不再是农民……它强调居住功能……只是厨房的大小和位置表明家庭企业的存在是前提 ……………………………………（98）

图 4.7 在这些风景如画的村庄（圣拉斯咯附近）中,美丽的农舍点缀其间,还有过去一百年间由野心勃勃、非常富有的德国殖民者用石头砌成的大型牛舍 ……（99）

图 4.8 最近迁往绮思巴发的丹尼斯·斯基来自布达佩斯的无产者近郊——奥尔德,他是一名留着胡须的工人阶级小伙子 ……………………………………（99）

图 4.9 村中另一处空房（有一个美丽的石头牛舍,它能轻松容下 20 头牛）被拉奇·桑塔（他来自匈牙利西南部的一个庄园劳动者家庭）及其半吉卜赛式的同伴租了下来 ……………………………………………（99）

图 4.10 在圣拉斯咯合作社的集体农场里,动物养殖业亏本了,便将牛承包给单个家庭养殖,每户大约最多能分到 20 头或 25 头 ……………………（100）

图 4.11 桑塔和斯基每人从集体农庄提走 10 头牛,开始孤注一掷……他们以前和现在都几乎完全缺乏能力。刚把牛从集体农庄领回家时,他们对奶牛养殖几乎一窍不通 ……………………………………………（100）

图 4.12 开始建养牛场时,桑塔梦想着每个月都净挣 2.5 万福林。但是,这很快被证明是天方夜谭 ……………（100）

图 4.13 拉奇对养牛略知一二的同伴成了"救命稻草"……一年来,他们努力破除无知,同时,还要和集体农庄低效的服务以及坏运气作斗争……事业还在维持着 ……………………………………………………（101）

图 4.14 丹尼斯和拉奇都是"拓荒者",对他们来讲,绮思巴发是一个冒险,一个挑战,也是一个机遇,等着他们征服。绮思巴发就是他们的蛮荒西部 ………（101）

图 4.15 丹尼斯和拉奇在谱写一支真正的"西部思乡曲"。虽然他们几乎不会用到马,但每人都买了一匹……仿

佛真正的"牛仔"。图为拉奇·桑塔在从牧场回家
的路上……………………………………………（102）

图4.16　集体农庄经常是不可靠的合作者……这位（集体
农庄）负责人用一个多小时自我辩护……但随着
争论升级，他对自己的观点也丧失了信心………（102）

图4.17　迷你农场主的主要不满是集体农庄的不可靠。
他们讲了很多例子，比如，由于饲料交付不准
时，造成牛奶产量下滑……………………………（103）

图4.18　图中为绮思巴发一只不驯从的猪跑到了路上。在
某种意义上，无产者的迷你农场和干部们更注重
消遣性的经营很容易区分。即使在最小的园子里，
大多数无产者家庭每年还会饲养和屠宰一两头猪
………………………………………………………（103）

图5.1　四个嵌套模型及其统计测量……………………（113）

图7.1　富农或那些父母1944年为富农的人的生活史
轨迹…………………………………………………（164）

图7.2　中农或那些父母1944年为中农的人的生活史
轨迹…………………………………………………（170）

图7.3　以前的庄园劳动者及其子孙的生活史轨迹………（174）

图7.4　以前的半无产者、贫农及其子孙的生活史轨迹…（179）

三　表格

表1.1　匈牙利家庭农业生产：1981—1982年……………（29）

表2.1　谁是家庭农业生产者？替代性假设………………（57）

表4.1　不同转型方向家庭的家庭经济………………………（73）

表4.2　小型农业企业家的类型………………………………（88）

表4.3　国家社会主义体制下私有农企扩张所受的限制……（95）

表5.1　按职业流动终点划分的农村人口分布……………（106）

表5.2　根据职业流动类型学得到的加权后的FAP、FAPS和
FAPC均值（以福林为单位的家庭月收入）…………（108）

表5.3　模型A样本选择模型的非标准化和标准化参数值
（N＝7754/7000）…………………………………（115）

表5.4　模型B样本选择模型的非标准化和标准化参数值

表 5.5　模型 C 样本选择模型的非标准化和标准化参数值
　　　　（N＝7754/7000） …………………………………… （115）

表 5.5　模型 C 样本选择模型的非标准化和标准化参数值
　　　　（N＝7754/7000） …………………………………… （119）

表 5.6　模型 D 样本选择模型的非标准化和标准化参数值
　　　　（N＝7754/7000） …………………………………… （120）

表 5.7　模型 A 至模型 D 样本选择模型的拟合优度 ………… （123）

表 5.8　模型 B/FAPC 样本选择模型的非标准化和标准化
　　　　参数值（模型 B/FAPC；N＝7754/4389） …………… （126）

表 5.9　模型 D/FAPC 样本选择模型的非标准化和标准化
　　　　参数值（模型 D/FAPC；N＝7754/4389） …………… （129）

表 5.10　模型 B/FAPS 样本选择模型的非标准化和标准化
　　　　　参数值（模型 B/FAPS1；5000 福林为分水岭；
　　　　　N＝7754/3703） ……………………………………… （132）

表 5.11　模型 D/FAPS 样本选择模型的非标准化和标准化
　　　　　参数值（模型 D/FAPS1，5000 福林为分水岭；
　　　　　N＝7754/3703） ……………………………………… （132）

表 5.12　模型 D/FAPS 样本选择模型的非标准化和标准化
　　　　　参数值（模型 D/FAPS2；24000 福林为分水岭；
　　　　　N＝7754/1254） ……………………………………… （135）

表 6.1　社会出身与职业流动终点 ………………………………… （137）

表 6.2　一个假设的"流动表"：1944 年家庭社会地位及 1980
　　　　年代中期职业流动终点 ………………………………… （149）

表 6.3　模型 D′/FAPC 样本选择模型的非标准化和标准化
　　　　参数值（模型 D′/FAPC；N＝7754/4389） ………… （153）

表 6.4　模型 D′/FAPS 样本选择模型的非标准化和标准化
　　　　参数值（模型 D′/FAPS1；5000 福林为分水岭；
　　　　N＝7754/3703） ………………………………………… （155）

表 6.5　模型 D′/FAPS 样本选择模型的非标准化和标准化
　　　　参数值（模型 D′/FAPS2；24000 福林为分水岭；
　　　　N＝7754/1254） ………………………………………… （159）

表 7.1　样本选择模型 D″/FAPC 的非标准化和标准化参数
　　　　值（N＝7754/4389） …………………………………… （184）

表 7.2 样本选择模型 D″/FAPS1 的非标准化和标准化参数值（模型 D″/FAPS1，5000 福林为分水岭；N = 7754/3703） ……………………（188）

表 7.3 样本选择模型 D″/FAPS2 的非标准化和标准化参数值（模型 D″/FAPS2，24000 福林为分水岭；N = 7754/1254） ……………………（191）

表 7.4 我们的最佳模型/以 FAPC 为因变量的非标准化和标准化参数值（纳入交叉项；N = 7754/4389） …………（193）

表 7.5 我们的最佳模型/以 FAPS1 为因变量的非标准化和标准化参数值（纳入交叉项；FAPS1，分水岭为 5000 福林；N = 7754/3703） ……………………（196）

表 8.1 从模型 A 到模型 D″/FAPS2，样本选择模型的 −2LL 值的变化 ……………………（199）

表 A.1 1982 年中央统计局收入调查子样本群体 …………（209）

中文版序言:重读《社会主义企业家》

迄今为止,我已经出版了九部学术专著(其中六部为英文版),但毕生之作的核心还是我的"三部曲":《通往阶级权力之路的知识分子》(1979)、《社会主义企业家》(1988)和《无须资本家打造资本主义》(1998)(若我能将2010年出版于匈牙利的近作《如何成为一名百万富翁》译为英文版——我正在做这项工作,它将是"三部曲"的"后记")。其中,《无须资本家打造资本主义》已经有了中文版,现在,中国社会科学出版社推出了"三部曲"中的"第二卷"(《社会主义企业家》),"第一卷"已经有了很多外文版本(包括英文版、法文版、西班牙语版和日文版),但目前还没有中文版。

这些作品来自于我对社会主义国家不断变迁的经济社会风貌以及社会主义的再分配体制向市场经济转型多样化道路的上下求索。《通往阶级权力之路的知识分子》一书是对1960年代的苏联和东欧的技术官僚化改革的反思;《社会主义企业家》则试图理解发生于1970年代及80年代初期的社会主义再分配经济内部的早期市场改革(以匈牙利为个案来透视);最后,《无须资本家打造资本主义》则是对1989—1991年苏联和东欧发生的与社会主义再分配体制的决裂,以及激进式的转向自我调节(self-regulating)的市场经济历程的一份较早的研究报告(同时试图将"中国个案"放在一幅正在远离社会主义再分配体制的路线图上去理解)。这三部曲是一系列"辩证性"的工作,第二卷是对第一卷的主题的一种"扬弃",第三卷又"扬弃"了第二卷,并在某种程度上"重返"或者说综合了第一卷。

让我简要回顾一下三本著作的主要观点和假设。

我从《通往阶级权力之路的知识分子》一书开始。该书(和我的朋友乔治·康纳德合著,他是一位出色的小说家)的源头是米洛凡·吉拉斯（Milovan Djilas）的令人惊叹的《新阶级》（*The New Class*）一书，吉拉斯的这本书是对"传统"的社会主义社会结构最富洞察力的分析之一。他的分析深嵌于托洛茨基（Leon Trotsky）的学术传统之中，批判性地剖析了"传统类型的社会主义"中官僚制的角色。托洛茨基指出，当官僚们将自身形塑为一个特权"集团"（caste）之后，作为"工人国家"的社会主义就已经"变形"。吉拉斯的观点在此基础上更进一步：他不接受"工人国家"的假设，也不认为仅仅一个官僚特权"集团"使社会主义"变形"了。事实上，它已经不再是一个"工人国家"，而是由官僚"新阶级"统治。对我们而言，集团（caste）或阶级（class）这两个术语中的哪一种能更好地描述官僚们的特权地位并不特别重要。我们折中地将官僚称为"等级"（estate），但是我们非常同意吉拉斯的说法——传统的社会主义不是一个"工人国家"，它与"无产阶级专政"也无甚关联。那它是什么？依据韦伯的传统，我们尝试将传统体制中的权威类型界定为"卡里斯马"统治［除了一些极度压制时期有争议的"非合法性"（non-legitimate）］。

它是一个根据等级（rank）而非阶级（class）来分层的社会，因此，官僚集团属于统治"等级"（estate）。但是，苏联无论怎样，都无法找到令人满意的办法来解决卡里斯马人物去世之后的领导传承问题，因此，他们都在急切地寻找一种替代性的权威体制。这就是《通往阶级权力之路的知识分子》一书的起点。当卡里斯马人物离去之后，苏联及其东欧"卫星国"将走向何方？最为明显的策略便是促成官僚和技术专家的联盟，并以这种方式合法地统治社会。即使在传统社会主义体制中，统治"等级"中也有一部分技术专家。早些时候，"工程师"就扮演了一种十分重要的角色［1920年代，苏联的工程师对凡伯伦（Veblen）关于苏维埃体制下工程师的预言太当真了］，但通过那次声名狼藉的"工程师审判"——苏联历史早期的一次摆样子公审（show trials）——官僚则宣示了其最高地位。随着卡里斯马领袖的逐渐离去，重新协调两者之间的关系就显得非常重要。《通往阶级权力之路的知识分子》一书认为，在斯大林时期之后的社会主义社会，权力的性质开始发生变化。相当多技术专家都主张通过科学性的计划来建立一个理性化社会——我们称其为理性化的再分配体制——去克服市场的无政府主义状态。因此，支配的性质开始从卡里斯马型权威向一种理性的权威转移，但是它又不同于现代资本主义中的法理型权威。法理型权威是以形式理性为基础的，但是这种新体制的权威却声称是以实质理性为合法性的基础和来源。由卡里斯马型权威向实质理性赋予的权威的转移开始改变社会分层体制。

传统社会主义国家的等级次序（rank order）开始转向阶级（class）分层体制。因此，吉拉斯的新阶级概念就成了一个有用的工具，但是，我们认为这一新阶级不仅仅由官僚集团组成，它需要一个更加广泛的行动者的联盟，其中，官僚集团与技术专家，甚至部分人文知识分子强力地联合了起来。我们认为，如果官僚集团开始通过为人文知识分子提供大量自由表达的机会以获取他们的忠诚，并与之建立起了初步的伙伴关系；那么，由于技术专家是典型的知识分子（intelligentsia）群体，他们因此只会选择与官僚集团联合起来。我们相信，这种更宽泛的新型知识分子统治阶级的形成并非空谈，一个理性的秩序对于技术专家和工程师们具有很大的吸引力，甚至人文知识分子也倾向于认为自己是"技术知识"或实质理性的担纲者（作家是"灵魂的工程师"，他们带来了"革命的火种"，他们不仅仅是专家，他们还属于"知识分子"——intelli-gentsia——俄语和许多东欧国家语言中对他们的称呼），他们经常对资产阶级秩序的形式理性嗤之以鼻。知识分子的这种反资产阶级的倾向偶尔会将他们推向右翼激进主义，但是，更典型的情况是，他们与激进的、革命的左翼更加亲和。是的，那里有海德格尔和克努特·汉姆生（Knut Hamsuns），但是，在西方的知识分子中，萨特和毕加索（其标准称谓是"同路人"）是更为典型的形象。我们在60年代中期就开始准备草稿，并在1974年的秋季完成了该书。1974年，我们认为这一新阶级还没有完全成型，还正在形成过程中，或处在萌芽状态。也是1974年，我们已经认识到，这一新阶级的形成是这一新阶级内部诸多派系激烈斗争的过程——我们对技术官僚群体的"反击"（counter-offensive）进行了研究——但是，我们仍然相信，一个由知识分子组成的新统治阶级的到来，一个阶级分层的社会主义社会的形成具有历史性的可能。在我们的观念中，它仅仅是一种可能，而不是不可避免，同时，我们也更愿将这一过程视为一种危险而不是一种社会需要的结果。数年之后，我遇到了诸多东欧的读者，他们都基本误解了我们的著作并告诉我："很抱歉，你们想把知识分子转变为统治阶级的完美计划并没有实现！"事实上，这实在不是我们的"计划",它只是一个悲观的预言。

1975年,我离开匈牙利到了澳大利亚,在接下来的7年时间中,我都无法回国。当我回去时,面对着眼前的剧变,我简直不敢相信自己的眼睛。但是,非常出乎意料的是,这些变化并没有朝向我在1966—1974年间所预测的方向发生。当我1974年离开匈牙利时,我们属于一群异议知识分子,我们的大部分同事正在体制内谋求立足。现在则有了流动大学（flying universities）和对既有体制进行激烈批判的地下出版物；同时,我们的诸多知识分子同事也有了强烈的自主意识。在1970年代的后半期,官僚集团在向知识分子（intellectuals）群体做出让步方面行动迟缓（因为写作《通往阶级权力之路的知识分子一书》,我曾被当局监禁和驱逐出匈牙利）,同时也不再愿意与技术官僚（technocrats）分享真正的权力。甚至那些对既有体制最怀好感的技术官僚们也开始抱怨经济改革的步伐过于缓慢,越来越多的人开始对改革的可能性失去信心。1982年,只有极少人走得远到去宣扬"资本主义",大众的共识似乎是关于资本主义和社会主义之间"第三条道路"的必要性和可能性。因此,无论是这一潜在的新统治阶级联盟的"资深"伙伴（技术官僚）还是初级伙伴（人文知识分子）,他们都开始与官僚集团和社会主义事业保持距离。

然而,旧体制罔顾知识分子的觉醒,表现得与从前一样稳定,但是这种稳定却是以一套新的妥协为基础的。但是,与官僚集团向农民和工人阶级做出的让步相比,自新经济政策（NEP）以来,在与知识分子（intelligentsia）进行妥协的过程中,他们表现得更加顽固。当然,这都起源于农业改革。1960年代初期,匈牙利人民完成了农业集体化,但实践中还是带有巨大的灵活性。农民不仅被允许保留一块家庭生产的自留地,同时,他们还可以自主决定在自留地上经营何种作物。同时,他们也被允许在农民市场上销售农产品,粮食的价格管制也逐步取消。在大概20年左右的时间里（60年代中期到80年代中期）,粮食短缺问题迅速得到了解决,这对匈牙利的乡村社会产生了前所未有的影响。与农民阶层缓和政策的成功为与产业工人阶级的缓和提供了榜样。这以多种多样的方式进行着。在完成国营公司的强制工作之余,工人们已经被允许发展他们兼职性的私营商业。许多小企业,诸如餐馆、加气站、商店,等等,都逐步转租给了小企业家。所谓的"企业工作小组"（enterprise work collectives）也已形成。这些工作小组效仿了农业生产中的"家庭责任制"，他们是国有企业内部的私人"探险"。国有企业将无法在平时上班时间完成的生产任务"分包"（subcontracted）给工作小组，因此，他们下班后继续呆在企业，使用企业的设备和原料，完成承包的生产任务，并获得额外的报酬。一种与国家/集体所有部门经济相伴生的新兴市场经济正在出现：农民和工人正在变成农民企业家和工人企业家。一些估计显示，到1980年代中期，有超过一半的GDP来自这样的"第二经济"。以知识分子为基础形成一个新的统治阶级的"宏图"却并未实现；相反，另一个新兴阶级正在形成：一个新的社会主义小资产阶级。我对这些未曾预料的发展非常着迷。是到了进行自我批判的时候了，虽然知识分子并未形成一个新的统治阶级，但是，一个新兴的社会主义小资产阶级，社会企业家群体正在形成；同时，他们成了1980年代早期"异军突起"的"社会主义混合经济"的主体，在这一经济形态中，占支配地位的国有部门与一个新兴的，虽然仍处于附属地位的私营经济部门形成了互补关系。这确实看起来像一条介于国家社会主义的再分配经济与自由放任的资本主义市场经济之间的"第三条道路"。在我的同事——罗伯特·曼钦——的帮助下，我接触到了一组极好的数据库，即1982年的收入调查，它提供了一套完美的农业家庭生产的数据，它能够与另一个有关社会流动的数据库合并，后者包括家庭生产者的家庭背景和生活史的相关数据。在另外两位非常杰出的农业专家（帕尔·朱哈兹和巴林特·马扎尔）的帮助下，现在，我们就可以"捕捉"到他们出生时的背景，这一新阶级的诞生与社会起源，当然，在我们的著作中，我们还是将分析限定在了农业部门之内。我们的主要发现是，新兴的农业企业家倾向于来自那些在社会主义时代之前具有商品生产传统的家庭。因此，社会主义实践给我们的印象是对农民的"资产阶级化"（bourgeoisification）这一历史性进程的临时打断。随着商业机会的重新开放，那些"相同"的家庭，即那些在社会主义时代之前已经具有经营性特征的家庭的子孙又重新进入了资产阶级化的轨道之中。因此，相应的理论意涵是：社会主义可以理解为一个"被中断的资产阶级化"（interrupted bourgeoisification）时代。

1990年代早期，我在东欧待了很长时间，并对社会主义体制的消解和向资本主义市场经济的迅速转型这一历史进程投注了大量兴趣。这简直是一场社会结构重构的实验室式的试验。因此,我与唐纳德·特莱曼(Donald Treiman)合作(他是一位非常杰出的社会分层领域的专家),我们从国家科学基金会获得了大笔基金去实施"1989年后的东欧社会分层"这项大型社会调查,它覆盖了俄罗斯、波兰、捷克斯洛伐克、保加利亚和匈牙利。唐纳德的主要兴趣在于了解社会分层的总体性情况,而我则对新精英的形成和旧精英的转型非常着迷。我们制订出了一套非常有趣的研究计划。我们不仅对人口总体进行了随机抽样,同时,我们还以另外一个重要的样本群体来完善它,就是那些1988年列于"高干表"(nomenclature)并在1992年仍旧处于相似职位的人群。如此,我们就能观察到"旧精英"的转型方向和"新精英"的社会来源和生命历程。

我们对"高干表"的界定非常窄,那些属于"高干表"的人,他们的职务都需要由党中央进行管控。事实上,党管控的干部职位要宽泛得多,几乎所有的只要有权威运作的地方(包括商店的管理人员、地方委员会的官员,等等)都会受到党的管理,但是他们只受较低级别的党组织控制。我们想去测量的是顶层精英,他们属于这个国家顶端的3000—10000人。我们所调研的每个国家的党中央规定了哪些职位是需要它们的直接批准。我收集了这些名单(它们在不同的国家和不同的时期有一定的变化)并创建了一个"理想型"的"高干表",它包括了在大部分国家的大部分时期都典型的由党中央直接控制的职位列表。随着党垄断权力时代的瓦解,"高干表"也随即消失,因此,对1992年的调查,我们"仿制"了一份"高干表",选择了那些在1988年或之前由党中央控制的相似职位任职的人员。

事实上,既有的研究认为,1988—1989年的东欧剧变呈现出明显的"精英再生产"(elite reproduction)现象。一些学者,例如埃米尔·汉克斯(Emér Hankiss)和扎德唯·斯坦尼斯基(Jadwiga Staniszkis)认为,旧的共产党的精英利用他们的权力职位将"权力资本"转化成了"经济资本"。一个新的"高干"资产阶级正在被打造出来:不管怎么变,本质上还是他们(plus ça change, plus c'est la même chose)。我对这个假设非常好奇,从我们能掌握的逸闻趣事来讲,这听起来是对的,因此,我决定与我当时两位在UCLA念书的学生吉尔·伊亚尔(Gil Eyal)和艾莉诺·汤斯利(Eleanor Townsley)合作来检验这个假设。然而，我们搜集的证据却只能部分地支持精英再生产的假设。旧精英的存在和新精英的进入（精英的再生产和精英的循环）在不同国家具有差异，在精英的不同部分中也具有区别。

在俄罗斯，我们发现了更多的精英再生产的证据。这在政治精英中表现得相当明显，对经济精英而言也是正确的。我们的调查在1992—1993年进行，这或许离共产主义体制的瓦解过于近了一些。但是，1993年之后的情况与我们早期的观察保持了相当的一致性。毕竟，普京还是苏联克格勃的一位特工，同时，俄罗斯最富有的十人中有三人亚历克佩罗夫（Alekperov）、波塔宁（Potanin）和普洛赫洛夫（Prokhorov）来自之前的共产党的高级干部。但是，东欧的情况则大为不同。在那里，1990年代，几乎所有之前的党和国家的高级干部都被逐出了权力殿堂，极少数人则退休了，也会默默死去；一些以前的异端知识分子，比如，哈克拉·哈维尔（Haclav Havel）、亚当·米奇尼克（Adam Michnik）、阿尔帕德·岗兹（Árpád Göncz）等则迅速上升到了很高的政治权威地位；同时，在任何时点上，匈牙利和波兰最富有的人都没有共产党高干的背景，虽然很多人是以前经济体制中的中层管理人员。

因此，既有的理论假说只能解释部分现象。在俄罗斯，精英再生产的情况极为明显，而用精英循环的说法来描述东欧的转型则更为贴切，虽然在经济领域中也部分表现出再生产的迹象（在一个突然新生的资本主义经济中，不管是作为所有者还是管理者，在社会主义体制下所拥有的管理知识和社会关系网络对他们都非常有用）。

那么，中国的情况如何？一直以来，我都对中国的转型非常感兴趣。因为我不会说中文，加之我在中国的生活经历从来都没超过一个月的时间，所以我要说的观念可能是微不足道的。但是，我还是乐意谈谈我的作品与中国转型之间的可能关联。我们从《无须资本家打造资本主义》一书开始，接着围绕《通往阶级权力之路的知识分子》进行一些解读，最后对与中国情况可能最为相关的《社会主义企业家》一书进行一些讨论。

1990年代，我一直非常想将我们在俄罗斯和东欧的调查同样在中国也进行一次，与安德鲁·魏昂德和唐纳德·特莱曼一起，我们试图将东欧的研究扩展到中国。结果证明，在1990年代中期的中国，要对全国甚至一个省的精英进行调查都是不可能的。因此，我们不得不放弃了原有的精英研究计划，并且他们两位成功地进行了一般性的人口调查。毋庸置疑，从精英演变这个角度看，中国代表了一种与俄罗斯和东欧都极端不同的类型。她的政治体制没有瓦解，因此就根本没有所谓的政治精英循环的问题。并且，经济精英的生产机制似乎也显示出了一条非常不同的路径。迄今为止，从胡润富豪榜来看，在过去十年中，只有一位"高干"资本家，那就是荣智健，但是即使他也无法为"政治资本转化为经济资本"的现象提供坚实的证据。他的父亲荣毅仁之所以曾被任命为国家副主席，是因为他来自"红色资本家"家族（社会主义之前的一个富裕家族），中国的领导层需要他的工商业社会背景，因此给了他很高的领导职位。胡润富豪榜上的其他人都只有普通的社会背景，最典型的就是来自农民或工人家庭，他们都是靠自我奋斗起家的。当然，胡润或福布斯富豪榜上的信息有多可靠，我们是不清楚的。富豪榜编者胡润就指出，他的榜单可能遗漏了50%的最富裕的中国人。然而，在俄罗斯或东欧，大部分的新富们都乐于炫耀，如果没有被置于"富豪榜"，他们就会非常不高兴（当然，也有一些例外，主要是那些通过非法渠道获得财富的人）。然而，在中国，拥有财富在某种程度上还是一件容易受非议的事情，因此，那些有钱人更愿意"隐藏"起来。举例来说，杜双华，日照钢构集团的控股CEO，2008年当他听说胡润排行榜准备将他列为中国第二富裕的人时，他就试图说服胡润将他从榜单上去掉（虽然没有成功）。他有足够的理由对此表示担忧，事实上，在后来的几年中，他确实从富豪榜上消失了。对于是否的确发生了政治资本与经济资本之间的转化，这应该是一个典型的例子。当我听说某些领导人的个人财富或某些家族的巨额资产时，我确实感到非常震惊。在中国，要准确地衡量人们的个人财产确实是非常困难的。他们中的一些人会将财富隐藏起来，还有些人则试图控制大量形式上的国有企业，但事实上，这些公司很可能成了这些控股人员的私人企业。

　　1998年，我将中国的发展称为"自下而上的资本主义"，以区别于苏联或东欧的"自上而下的资本主义"。我将对这种概括做出一些限定（虽然，倪志伟刚刚在哈佛大学出版社出版了他近期的著作，取名就是"自下而上的资本主义"），但是，我也坚持认为，用它来概括中、苏转型之间的差异还是比较准确的。然而，一些从普通社会地位上升到拥有巨额财富的巨头资本家更愿意隐藏这一点，这的确是中国的一个特殊现象，这在苏联或它的东欧卫星式国家中都没有出现。

现在，让我们转到《通往阶级权力之路的知识分子》一书。在我的所有著作和三部曲中，这本书是政治取向最激进的一部，或许也是与中国的情况关联最小的一部。该书挑战了社会主义社会最基础性的假设，那就是所谓的"无产阶级专政"。我认为它通过代表国家利益和成功推动经济和社会发展来逐步保持它的合法性，当然，我也非常明白，这种主张仍旧被看成是一种挑战。在1970年代早期，这种说法在苏联或欧洲的社会主义国家中显然是不会被接受的。而且，它与中国社会经济发展的实际过程也不甚相符。在毛泽东时代，政治统治是非常坚实的，一种笼罩性的毛泽东思想的意识形态明确地表明"红胜于专"。知识分子听起来非常像资产阶级的代名词。同时，对于"文化大革命"，我也倾向于不把它仅仅理解为官僚集团内部不同派系之间的内部斗争，这至少是官僚统治"等级"（estate）发出的一个非常明确的信号：技术官僚（technocracy）的任何反弹都是不允许的。同时，我也不认为邓小平的崛起是构建一幅有关知识分子的新阶级蓝图的标志，它更像是社会主义者与农民之间的一种妥协，在保持再分配经济支配地位的前提下重新开放市场，而不是与技术官僚之间分享权力。从另一个更深层次的角度来说，这本书与中国还是有一些关联。儒教所主张的精英统治（meritocracy）的理念给我留下了极深的印象，所以，在某种程度上，CPC就成了"中国的儒家党"（Confucian Party of China）（就像丹尼尔·贝尔所笑称的那样），让一群受过教育的精英来统治国家就变得越来越有吸引力。因此，后毛泽东时代的中国似乎就孕育着两股竞争性的社会思潮，一种主张通过一群受过教育的称职的官僚精英来统治，另一种则与市场经济和自由放任的资本主义比较亲和。在社会主义实践以前的中国社会，受过教育的精英有着特殊的社会地位，他们很可能在将来重新获得他们在毛泽东时代因沉重打击所失去的东西。高等教育的爆炸性发展（中国的大学毕业生目前已经是美国的四倍！）和对创新能力的着重强调都表明：上述看法绝非凭空臆测。

让我转到《社会主义企业家》一书来讨论。从我所说的三部曲来讲，它是与中国最相关的一本书。其中一个原因就是我在书中对"第三条道路"的强调。关于中国社会经济转型的性质问题，学界至今仍旧争论不休。对一些人而言，中国就是一个资本主义经济（参见科尔奈最近的一些研究；黄亚生则称其为"中国特色的资本主义"），官方意识形态则称之为"社会主义市场经济"。其他一些人，例如倪志伟则称其为混合经济（hybrid economy）。黄宗智则强调，在中国，不可见的市场之手与可见的政府之手通过"第三只手"（国有企业在竞争性市场中获得了巨额利润，政府则用它来改善社会福利，以期进一步促进社会公平）得到了融合和互补。这些都会让我们觉得，中国既不是社会主义，亦非资本主义，而是一种"介于二者之间"的状态。

让我进一步澄清"第三条道路"的说法在《社会主义企业家》一书中的含义。我尽其所能地强调：我并未宣称"第三条道路"是最好的道路，我仅仅只是认为，"第三条道路"是东欧国家最可能的未来。即使这种谨慎的预测最后也被证明是一种错误的预言。可能是因为来自全球化资本主义的压力，东欧的前社会主义国家除了沿着芝加哥学派的市场资本主义的路线图前进之外，别无任何其他的选择或试验。这种实践的结果并不理想，但是，我也无意宣称：如果按照"第三条道路"的试验方案前进，结果将更好。这只是有所不同！这种转型更少是内生的，更是一种意外而非预先的计划，对人群中的一些特定社会阶层而言（比如，对农民企业家、工人企业家而言），将更加痛苦，但对另一些人群则提供了更多的机会（比如，对一些以前的中层管理人员，他们变成了新兴的大资本家，又如对知识分子而言，虽然没有获得阶级权力，但是也获得了更多的政治特权和发表言论的自由）。

另一方面，在1980年代，至少1985年之前，中国也在沿着一条与我所称的"第三条道路"差别甚小的道路前进。她确实在建构一种"自下而上的资本主义"，为农民（peasants）转变为小家庭"农场主"（family farmers）提供了可能，乡镇企业则为乡村劳动力提供了就业机会，也为基层干部兴办小型私有企业提供了可能；在长达20年的时间中，也没有对国有企业做大的改革和动作。1988年，倪志伟在他的影响深远的"市场转型论"中令人信服地指出：至少在转型的早期，"直接生产者"从市场中获得了更大的利益，而"干部"则受到了相对损失。

然而，几乎所有从事中国研究的学者一致认为，1985年之后，中国的确转轨了，在1990年代则表现得更加剧烈。黄亚生将20世纪最后

10年称为"大转折"（the great reversal）。改革初期的主要目的是改善农村的生产条件以缩小城乡差距（甚至减小基尼系数），而自那之后，改革的注意力则转到了城市。1990年代晚期则开始对国有企业进行改革，结果引起了收入差距的显著性扩大。面对1990年代的社会事实，关于中国"政治化资本主义"（politicized capitalism），倪志伟已然有所著述，认为它是明显的"自上而下的资本主义"。改革前十年导致了权力和财政的大力分权，90年代则发生了一次重新集权（一次重要的税制改革提高了中央权威的角色）。黄亚生认为21世纪前十年，以"建设和谐社会"的名义，对乡村发展投入了大量新资源——这至少代表了向改革早期的部分转型。

2012年发生的一些事情对黄亚生关于过去十年相当乐观的评价提出了一些质疑，现在经常被看作"失落的十年"（lost decade）。如果说过去十年的主要目的是处理上世纪最后十年遗留的过度不平等问题，那么他们显然失败了。2013年1月，中国国家统计局报告了中国的基尼系数为0.474，这受到了许多独立学者的极大质疑（比如，2012年12月，西南财经大学中国家庭金融调查与研究中心对基尼系数的估计就达0.61）。另一方面，即使官方数据，也比前十年高出了很多，现在，中国已经被认为是除了南非之外世界上最不平等的国家。现在看来，过去十年貌似表现得过于官僚化和国家主义了，许多时事评论员都推测，新一代政府很可能会"回到"1990年代那种对市场更加温和、更自由化的政策。

当然，我相信中国的政治和经济历史比我所能把握的情况要复杂得多。但是，我还是非常自信地认为，把改革的前十年称为"自下而上的变迁"（当然，在让自下而上的能量顺利爆发出来方面，中央政府起到了关键作用）是合理的；然而，在过去的二十多年中，随着一些国有企业的私有化和通过分税制改革将税收收入大部分重新集中到中央政府手中，这至少部分转向了俄罗斯或东欧国家的发展道路。

然而，我必须强调这种转向只是部分的。事实上，社会主义体制的变迁是从底层开始的，从家庭农业和小规模的乡镇企业生发的，并在这些改革进行20多年之后，才触动国有部门的改革，这些对于中国的成功转型是非常重要的，至少是部分对此做出了贡献。与俄罗斯和东欧的转型相比，中国转型的社会成本要小很多，在俄罗斯和东欧，共产主义体制瓦解之后，GDP迅速下降了20%—50%，而中国则连续30年保持了年均近乎双位数的经济增长率，且几乎没有中断过。

将中国与俄罗斯或东欧的社会转型进行比较是一件非常复杂的工作。这就像是在拿苹果与橘子对比一样。就像杰弗里·萨克斯（Jeffrey Sachs）指出的那样，中国是从一个拥有大量廉价劳动力的农业社会开始转型的，因此，在"出口导向"型的经济政策背景下，就具有极大的可能去实现经济的"粗放式"增长。相反，俄罗斯和东欧国家都已经完成了工业化，背负着很大的过时的社会主义工业的包袱。在政治方面也有一个重要的区别：俄罗斯和东欧的共产党都瓦解了，新自由资本主义的意识形态，尤其是那种认为只要解决产权问题（因此，只要将公共财产私有化）所有经济问题都会迎刃而解的理论学说在没有遇到任何抵制的情况下便得以渗入。然而，经历了过去30年的主要变迁之后，中国共产党仍旧是一个"共产主义"的政党，也的确减缓了资本主义力量的渗透。

虽然我并不怀疑上述这些因素在理解中国特殊的转型道路方面的重要性，然而，自1970年代末以来，我还是愿意说，那些在《社会主义企业家》一书中所发展出来的理念，尤其是"第三条道路"和"社会主义的混合经济"的概念仍然有助于我们理解中国的转型为何较其他前社会主义国家更为顺利。中国从农业开始改革，对小规模的私营或半私营企业培育了很多年，一步步地向外贸进口开放市场（包括FDI），推迟了国有企业的私有化，尤其是推迟了银行部门的私有化，这些都帮助她避免了致命性的冲击。30多年过后，我们现在仍旧对中国道路的性质感到好奇，她是资本主义？市场社会主义？还是有中国特色的社会主义？对这些重要的问题，我们仍旧没有清晰的答案。

那接下来的问题是，对俄罗斯和东欧而言，由于没有沿着中国的道路前进，没有进入我在《社会主义企业家》一书中所描述的"第三条道路"，那么，他们是否就一定犯了错误？不，我绝对不这么看。苏联和它之前在欧洲的卫星国家所能选择的转型道路是由其经济、政治方面的因素所决定的（东欧还受到较小的国家经济规模，及其对全球资本主义的极大依赖所影响）。如果从这些诸多的影响因素中选择一种我认为最重要的因素，那么我定然会选择政治因素。

下一个有趣的问题是：（既然我仍然相信中国确实走了一条特殊的

转型道路），中国模式能够持续下去吗？这当然至少在两方面会引起人们的怀疑。首要一点当然是在政治方面。党对政治权力的控制在长期来看能够持续下去吗？萨克斯和可能大多数的西方学者都认为这不可能，他们认为中国已经是资本主义或正在通向资本主义的道路上，而资本主义却需要多党民主政治为基础。我对这种说法表示怀疑，我倾向于认为自由民主是一种"例外"而不是普遍规则。我现在就在阿拉伯联合酋长国写作这篇导言，他是一个典型的运作良好的资本主义经济（已经达到了后工业化的阶段）；然而，他不仅不是一个自由民主国家，反而是一个典型的君主专制政体，他是利维坦，霍布斯可能会对它非常喜欢。同时，新加坡的情况又如何呢？（传说新一代领导人对新加坡模式就很欣赏）新加坡是一个准多党体制，以一党控制为基础来运行。引用周恩来对尼克松或基辛格询问他有关法国革命的看法时的回答："现在说这些还为时过早。"（最近我们已经知道他所指的是1968年而非1789年的法国革命，但是这仍旧是一个非常敏锐的观察）中国沿着她自身的道路前进了好几千年，她从来没有经历过一般性的奴隶社会，也没用经历经典型的资本主义阶段，她的社会主义道路也与苏维埃非常不同，难道现在全球化的力量已经大到足够让这一长久的历史轨迹发生改变？暂时还不好说。

最后，一些人将中国的成功全部归因于处于经济增长的粗放式阶段（extensive stage），及采取了出口导向型的工业化策略。随着中国即将进入集约式阶段（intensive stage），相较于国际市场而言，国内市场的重要性越来越凸显出来，中国的经济增长也会急速减缓到我们在西方发达国家所见到的水平。这是一个有力的观点，可能对，也可能不对。但是，这是一个重要的观点：考虑到中国模式通过提高人们的生活水平和减少大部分人（如果不是全部的话）的绝对贫困，保持了经济快速成长，并且这种增长能够容纳急速增长的不平等，它的确见效了。"所有人都水涨船高"（All boats were raising），这才是社会政治稳定的真正基础。

如果真是到了关键时刻，我会押宝中国模式将会持续存在下去。我刚在《明镜周刊》（*Der Spiegel*）上面读到一篇对基辛格的采访。当被问及对希拉里（Hilary Clinton）在中国所做的向中国推介自由民主的演讲的看法时，他回答道："希拉里是我们的朋友，但是她的演讲与中国历史却相隔甚远。"真是很棒的回答。当然，我也坚信，既然中国一直沿着她自身的道路前进，我在《社会主义企业家》中试图传达的信息就仍然相当有意义。

伊万·撒列尼
2013 年 1 月于阿布扎比

参考文献

Bell, Daniel A., 2010, *China's New Confucianism：Politics and Everyday Life in a Changing Society（New in Paper）*. Princeton University Press.

Djilas, M., 1957, *The New Class：An Analysis of the Communist System*. New York：Praeger.

Eyal, G., I. Szelenyi and E. R. Townsley, 1998, *Making Capitalism without Capitalists：Class Formation and Elite Struggles in Post-communist Central Europe*. London：Verso.

Hankiss, Elemér, 1990, *East European Alternatives*. Oxford：Clarendon Press.

Huang, Philip CC., 2011, "Chongqing：equitable development driven by a 'third hand'?" *Modern China* 37：569 – 622.

Huang, Yasheng, 2008a, *Capitalism with Chinese Characteristics：Entrepreneurship and the State*, Vol. 1. Cambridge University Press.

Huang, Yasheng, 2008b, "The next Asian miracle." *Foreign Policy* 167：32 – 40.

Konrád, G. and I. Szelenyi, 1979, *The Intellectuals on the Road to Class Power*. New York：Harcourt Brace Jovanovich.

Nee, Victor and Sonja Opper, 2007, "*On Politicized Capitalism.*" Pp. Pages in *On Capitalism*, edited by V. Nee and R. Swedberg. Stanford：Stanford University Press.

Nee, Victor and Sonja Opper, 2007, "*On Politicized Capitalism.*" Pp. Pages in *On Capitalism*, edited by V. Nee and R. Swedberg. Princeton：Princeton University Press.

Nee, Victor and Sonja Opper, 2012, *Capitalism from Below: Markets and Institutional Change in China*. Harvard University Press.

Staniszkis, Jadwiga, 1991, *The Dynamics of Breakthrough*. Berkely: University of California Press.

Szelenyi, I., 1988, *Socialist Entrepreneurs: Embourgeoisement in Rural Hungary*. Madison: University of Wisconsin Press.

Szelenyi, I., 2008, "A Theory of Transitions." *Modern China* 34: 165–175.

Szelenyi, I. and R. Manchin, 1987, "Social Policy under State Socialism: Market, Redistribution, and Social Inequalities in East European Socialist Societies." Pp. Pages in *Stagnation and Renewal in Social Policy: The Rise and Fall of Policy Regimes*, edited by G. Esping–Anderson and R. M. New York: Sharpe.

Szelenyi, I. and S. Szelenyi, 1995, "Circulation or Reproduction of elites During the Postcommunist Transformation of Eastern Europe." *Theory and Society* 24: 615–638.

Trotsky, L., 1937, "The Revolution Betrayed: What Is the Soviet Union and Where Is It Going?", edited by M. Eastman. New York: Pathfinder Press.

吕鹏，2013，"新古典社会学中的'阿尔吉之谜'：中国第一代最富有私营企业家的社会起源"，《学海》第2期。

前　言

　　这项研究旷日持久。1971年，关于匈牙利城市的十年调查研究已结束，我开始迷上乡村及城乡关系，这应该是本研究的起点。

　　那年，我与朋友乔治·康纳德（George Konrád）合写了一篇文章，题目为《低度城市化的社会冲突》（*Social Conflicts of Under-urbanization*），年末发表在期刊《现实》（*Valóság*）上面。多年后，该文的英文版面世（Konrád and Szelényi, 1977）。这篇文章的目的在于：阐明社会主义体制下城市化的社会后果。它是以研究计划和随笔的形式呈现的，主要目的是为将来的研究设定日程。

　　当时，匈牙利城市化的两大特征吸引了我们，这两个特征不管对于城市理论，还是政策形成，都是独到且举足轻重的。第一，在1950年代和1960年代的匈牙利，工业人口的增速大于城市人口。这就是为何我们宣称匈牙利已经"低度城市化"。在社会主义体制下，粗放型工业化创造了一个容纳相对较少城市人口的工业体系。大部分新增城市工业从业者仍旧住在自己出生的村子，在村子与城市工作场所间通勤。第二，虽然农民工（peasant-workers）承受着双重剥削（他们将大量时间耗费在通勤途中，并被剥夺了享受条件更好的、由政府补贴的城市基础设施的机会，包括政府建造的住房、更好的商业设施和学校等），他们往往能够"化腐朽为神奇"。与那些已经完全无产阶级化、具有更高技术的城市同事们相比，他们运营着半非法或非法的私有企业，长期来看生活得更好，或许还保留了更大自主空间。

　　1970年代早期，我成为匈牙利科学院社会学所下属区域研究组的领头人。凭此资格，再加上匈牙利共产党中央委员会的资助，我领导了一项匈牙利全国农村调查项目，主要是为了检验我的低度城市化理论和研究农民工生存的有利与不利条件。我和康纳德的研究被党和学术机构泼了一盆冷水，我们在《社会评论》(Társadalmi Szemle)这个共产党的理论月刊上受到猛烈批评，主要是因为无视匈牙利的"社会主义成就"，但我被允许继续这个项目。

1972年，我与当时研究所里年轻的研究助理罗伯特·曼钦（Robert Manchin）合作设计了一个全国农村样本。运用分层随机抽样，我们在全国范围内选出了100个村庄，并选出2000多户家庭进行访谈。历时18个月，我和曼钦踏遍所有村落，准备调查问卷，监管田野工作，等等。在200天左右的田野实践中，我们访谈了当地某些领袖、集体农庄和当地委员会的负责人、教师、牧师、店主、农民、工人、孩子、性工作者和警察等。我们进行了几百次深度访谈，其中很多都有录音。

我们足够幸运，因为我们有一个强大的"顾问团"，他们为我们开设工作坊，为我们的研究撰写工作论文，为我们的问卷设计提供建议。这些资深研究员们给我上了关于匈牙利农村的第一课。他们包括鲁道夫·安德卡（Rudolf Andorka）、伊斯特万·碧波（István Bibó）、札特·乍劳格（Zsolt Csalogh）、塔马斯·奥菲（Tamás Hoffer）、帕尔·朱哈兹（Pál Juhász）、艾迪特·勒推奇（Edit Lettrich）、伊斯特万·马库斯（István Márkus）、米哈利·萨卡尼（Mihály Sárkány）、安德拉斯·瓦格瓦尼（András Vágvölgvi）等。很多年轻的高校研究生（主要是我在卡尔·马克思大学经济学系带的学生）也给予我们不少帮助，体现在研究设计方面，特别是田野过程中他们还作为访谈者，并撰写了很多单个村落的个案研究。在这里，我仅列举其中几位，他们或许在本研究中受到初次田野训练，并在之后成为优秀的实证社会学家。他们包括约瑟夫·海格达斯（Jozsef Hegedüs）、伽波·柯特思（Gábor Kertesi）、亚诺什·拉丹伊（János Ladányi）、乔治·琅越（György Lengyel）、朱里耶·帕陶斯（Gyula Pártos）、伽波·瓦基（Gábor Vági）。

1972年与1973年之交的冬天，我们完成了田野调研。1973年8月，我在位于佩奇（Pécs）的匈牙利成教所（TIT）的社会学会议上，首次报告了我们的研究。这篇报告（直到那时，或许是我最好的一篇）主要阐述了小村庄衰落的悲惨境遇，它们在1971年的匈牙利区域发展规划中，被剥夺了所有发展资助。然而，对于我胆敢攻击已通过的区域发展规划，与会的中央委员会代表勃然大怒。这个"轻率"的报告使当时负责文化事务的党机构官员更加坚信：我在给当局捣乱。结果，我丢掉了该项目的负责人资格，护照被吊销［当时，我已得到英国艾塞克斯大学（University of Essex）一年的研究经费支持，便再未成行］。十年内，我没有任何著作在匈牙利发表。社会学所试图至少把其中的农村研究挽救下来。安德拉斯·瓦格瓦尼被任命接手我的工作，他竭尽所能以促该研究完成。基于该研究中的材料，他手下的团队发表了大量随笔（Vágvölgvi，1982）。然而，由于历史性因素，无人敢于也难以做系统的理论整合。

我于1975年离开了匈牙利。我在澳洲度过了数年，尝试忘掉先前的农村研究。1981年，我来到威斯康星大学麦迪逊分校，发现匈牙利当局有重估我的早期工作的苗头，尤其是关于匈牙利农村的研究。1980年代初，肇始于1971年的区域发展规划的灾难性后果渐渐浮上水面。于是，我认为，重拾我在佩奇所做的报告以及早期著述《低度城市化的社会冲突》的时机到了。1981年春，曼钦造访麦迪逊分校，建议继续1972年农村调研的研究。大部分当时收集的材料可以机读形式呈现，但实际上，人们对此没有任何分析。1978年到1979年间，曼钦在社会学所收集了一套类似数据集，他还对我说，他可以取得中央统计局（CSO）的同意，对他们1972年做的（包括1982年的，当时还在筹备中）收入和社会流动调查做二手分析。曼钦说，如果我能争取到研究经费，他被允许把这些数据盘带到麦迪逊分校做科学研究。

1982年秋，曼钦来到麦迪逊分校。除了几次短期回匈牙利，他一直和我待在一起，直到1986年3月。起初，有苏联和东欧研究理事会（National Council for Soviet and East European Research）的资助，我们得以对社会学所1972年和1978—1979年的调研进行分析，以阐明匈牙利当代兼业家庭农业生产的变迁。1982—1983学年，我还接受了威斯康星大学麦迪逊分校研究生院的资助，这使我能够做威斯康星兼业农民的研究，从而对两种不同背景下的研究进行比较分析。1985年和1986年，我们还受到国家科学基金会（SES—8410136）的资助，这使我们能够对最新的数据集，即1982年中央统计局的收入调查、社会流动与生活史调查数据，进行分析，以完成研究。1983年夏，休伊特基金（Hewett Fund）和威斯康星大学研究生院还提供了我和曼钦两人的研究津贴。威斯康星大学的文理学院和科学院慷慨解囊，为我和曼钦提供了讲师职位津贴，使得不同资助得以连续。当我得到的资助不够时，罗伯特·霍瑟（Robert Hauser）与埃里克·赖特（Erik O. Wright）还曾为曼钦提供研究岗位。在整个研究过程中，我们从威斯康星大学麦迪逊分校的人口学和生态学中心那里得到了自由上机的机会和编程方面的帮助。

1982年，匈牙利政府为我重新颁发了护照。这样，在过去的四年中，历经数年"放逐"后，我得以重返匈牙利访问。这进一步推动了我的研究。在几次暑期行程中，我将大量光景花在乡村，继续我的田野实践。时间证明，帕尔·朱哈兹是一名出色的向导和老师。和帕尔·朱哈兹、巴林特·马扎尔（Bálint Magyar）、帕尔·希弗（Pál Schiffer）、伊姆雷·卡瓦奇（Imre Kovách）、伽波·哈瓦斯（Gábor Havas）一起，我在田野实践中度过了至关重要的数周，得以了解我十几年前就认识的农民工们如今怎样进入一个新的经济和社会轨道（我们稍后将之称为"资产阶级化"）。在开放社会基金会的资助下，研究的一个重要转折点来临了，即帕尔·朱哈兹和巴林特·马扎尔与我在威斯康星大学麦迪逊分校共度的一个学期，我对他们的谢意难以言表。

在研究过程中，我从美国同事那里同样受益良多。从戴维·葛茹斯盖（David Grusky）、罗伯特·迈尔（Robert Mare）、戴维·福泽曼（David Featherman）、罗伯特·霍瑟、哈尔·温思博（Hal Winsborough）那里，我收到了宝贵的方法论建议。关于本书，与罗杰·巴桐（Roger Bartra）、米歇尔·布洛维（Michael Burawoy）、哈里特·弗里德曼（Harriet Friedmann）、埃里克·赖特（Erik Wright）的几次交谈给我很多启发。米歇尔·布洛维、戴维·福泽曼、戴维·斯塔克（David Stark）花费大量精力阅读了本书长达600页的草稿，在帮我将其缩减至当前的篇幅以使其更易读（但愿如此）方面，贡献颇多。

在这里，我同样将最大的谢意献给我在威斯康星大学麦迪逊分校的几位学生，他们要么是我的研究助理，要么对部分草稿进行了评论。特别要感谢比尔·马丁（Bill Martin），我和他一起完成了对威斯康星兼业农民的17次扩展访谈，现在他是那项研究的研究报告的资深作者。他还是我1986年夏的研究助理，帮我整理零散的资料（为最终版的杀青，我们重建了几个模型，并做好了文献准备）。罗伯特·詹金斯（Robert Jenkins）是我在国家苏联和东欧研究理事会项目的研究助理；中曾根田中（Yasuhiro Tanaka）多次做我的研究助理。我还从桑吉·南（Sunghee Nam）那里得到了宝贵帮助，还要感谢赫拉尔多·奥特罗（Gerardo Otero）的多次批评建议。

我的几位匈牙利同事阅读和评论了本书的不同草稿。在这里，我要感谢彼得·加拉西（Péter Galasi）、约瑟夫·海格达斯、伽波·柯特思、亚诺什·拉丹伊的宝贵评论。

本书中的照片得自一部关于农村社会的人类学电影，它来自匈牙利电影和汉尼欧工作室（Hunnio Studio）。该电影的导演是帕尔·希弗，摄影师是朱泽·布莱（Zsuzsa Burai）和卡塔林·葛泽（Katalin Götze），照片的说明是我加上的。

本书阐述了一场自下而上的无声的革命，它尚未结束，并将不可抗拒地进行下去。从作为一名有意识的观察者以来，我看到过去15年发生了很多。匈牙利农民不断教育着他们那缺乏智慧、不善于学习的统治者们。但这些统治者似乎渐渐地意识到：如果人们被允许按照自己的方式生活，并在自主性更大的工作机构里进行生产，农业（当然，整个社会也如此）会发展得更好。我希望本书是系列作品的第一卷，这个系列会关涉到无声但成功的自下而上的革命，也关涉到喧闹并带有强制性的自上而下的革命的失败。

伊万·撒列尼
纽约
1986年10月

导论　阶级和社会形成：本研究的元理论意义

本书的目的在于探索匈牙利这个国家社会主义社会在工业化和农业集体化时期的农村社会结构转型。我们对"社会主义无产阶级化"（socialist preletarianization）过程中的逻辑及其局限尤其感兴趣，特别是在工业化和集体化的双重压力下，以前的农民和小型农业企业家是如何被推向工薪劳动者（wage-laboer）的生存状态。同时，我们也试着去认识人们对这种压力的尝试性的抗争机制，他们中的一些人还取得了成功。

本书的主角是农村的半无产者（semiproletarians），生活在两个世界中，将为政府劳作所得的工资与奖金和兼业的家庭农业生产结合起来，社会主义东欧地区的大部分农村人口都属于这种类型。他们是谁？他们从哪里来？他们将何去何从？

这是一项经验性的研究，它来源于我们数年间在匈牙利农村进行的民族志式的田野调研和一项关于家庭收入、社会流动和生活史的调查数据的统计分析。本书的主题建立在经验证据的基础之上，包括民族志材料和统计数据。当然，在导论中对一些与我们调查相关的元理论意义进行交代是再合适不过了。这样就可以解释为何西方的读者应该也会对本书感兴趣，而不仅仅是那些东欧研究者，更包括那些关心社会主义、阶级和阶级形成，社会形成和社会变迁理论的学者。我们将下文的一些命题称之为元理论问题，因为此处所提供的证据既不能证实也不能证伪它们。这些证据来自一个处于特殊历史时期的国家，我们最多只能据之对一些广为接受的理论主张提出一些质疑。如果在本章中成功地提出了几个新颖的问题，那么我们就完全达到了眼下所能达到的目标。

本书牵涉到阶级、社会形成和社会变迁三方面的理论命题，下文首先对我们关于三个领域中的一些核心论点进行概要性的交代，而后再呈现这些主张的一些细节。

（一）阶级理论

大多数关于阶级的研究都强调统治阶级的无所不能和阶级统治的再生产。相反，本书更关注农民和工人的反抗性力量和官僚统治的有限性。经过30多年的集体沉默和消极反抗，以前的匈牙利农民可能正在走向胜利。他们当然没有"推翻"统治阶级，但是已经迫使其作出持久性和策略性的重要让步。他们悄无声息的重新诠释了国家社会主义内部的博弈规则，推动社会转向一个结构足够多元的，他们能够获得可接受的生活条件的社会环境。

大多数阶级理论家也认为无产阶级化是单线的和不可避免的。阶级分析的主流观点认为，半无产者是最糟糕的状态，因为他们夹在两种剥削制度中间，并遭受双重剥削。相反，我们坚信许多"农民工"（peasant-workers）已经成功地将他们半无产化地位的劣势转变为自身的优势。在20世纪70年代末或80年代初，随着家庭创业机会的开放，一些家庭甚至开始进入"社会主义资产阶级化"（socialist embourgeoisement）的轨道，并将其当作"无产阶级化"（proletarianization）的替代性选择。

（二）社会形成理论

自十月革命以来，东欧和苏联的"资本主义复辟"（capitalist restoration）像"幽灵"一样，一直萦绕在西方左派理论家的心头，这方面的许多理论家都倾向于将我们所说的"资产阶级化"过程，看作资本主义复辟的再清楚不过的标志。但是，在我们看来，"资产阶级化"并不意味着"资本主义复辟"，相反，一个新的社会主义的社会形态正在生成。这种社会形态是一个混合经济，其中主导性的科层再分配的协调机制（国家主义生产模式）正在与市场协调（小商品生产模式）相融合。同时，人们通过"资产阶级化"或"小资产阶级化"（petty-bourgeoisification）这一过程已经开始脱离"干部—无产者"（cadre-proletarian）这一社会分层的轴线。

左派和右派的政治理论家一般都认为，社会制度会倾向于向其纯粹形式或理想类型演进。用马克思主义的语言来陈述就是，经济倾向于变成纯粹的生产模型。混合经济不会持续太长的时间，西方国家一点微小的福利国家行为就被称为"社会主义的蔓延"（creeping socialism）；反之，社会主义国家的一点市场行为就被认为是"资本主义的蔓延"（creeping capitalism）。最后，国家就必须作出选择，或者是美国式的资本主义，或者是苏联式的社会主义，二者之间貌似没有任何替代性选择。这种寻找替代性道路的理念，或者"第三条道路"的说法，总是被讥讽为太幼稚或过于乌托邦。然而，本书就是关于"第三条道路"（the Third Road）的可能性的一本书。我们的故事表明，这种混合经济是可以完成自我再生产的，这种更加多元的制度在应对经济挑战方面更有效率。同时，这一制度里面的两类统治者也可能实现一种更加均衡的权力分配，因之也为无权者留下了更大的机动空间。

（三）社会变迁理论

这是一个关于历史延续性的故事，既在宏观上，也在微观上。来自以前中农家庭①的人们更容易重新进入"资产阶级化"的轨道，同时，当前出现的这一新的二元分层体系与二战前的社会结构也有很大的相似性。即使我们认为它是一种"第三条道路"的发展模式，历史的延续性还是得到了强调。作为战后军事形势的一个结果，苏联给匈牙利和其他东欧国家强加了一套总体性集权体制。目前，这一体制正在松动，但是这一地区并没有简单地转向一条西方式的发展道路。相反，它回到了自身的内生演进路径——"第三条道路"。在强调历史延续性的同时，我们毫不怀疑其发生变迁的可能性。但是，我们的确怀疑"自上而下的革命"的有效性。本书的故事表明，那种社会变迁的策略不仅需要付出人类生命和苦难的沉重代价，而且从长远来看它是无效的。同时，本书将记录一次成功的"自下而上"发生的无声革命。家庭的传承当然很重要，但是，当前在匈牙利出现的"社会主义的资产阶级化"正在穿透这个社会战前的经济和社会方面的一些坚硬壁垒。

---

① 在第三章中将对一些用来界定匈牙利农民阶层的社会和经济地位的一般性概念进行简要说明。

一　阶级和阶级形成理论

（一）无权者的力量

在一个缺乏民主政治制度的国家官僚体制运行多年之后，他们的工人和农民所蕴藏的巨大的反抗性力量确实令包括我们在内的许多研究者感到惊讶。过去几年中，两位美国社会学家米歇尔·布洛维和戴维·斯塔克在匈牙利的工厂中进行了田野调查，二位同样也体会到了我们的惊讶。

首先，让我们回顾一下布洛维是如何到达他当下的田野地点的，这本身就是一件非常有趣的事情。在读完哈拉兹梯（Haraszti）所做的一个匈牙利的拖拉机厂的人类学研究之后，他开始对国家社会主义的工厂体制发生兴趣（Burawoy，1985b；Haraszti，1977）。正好他当时也刚刚完成一个芝加哥工厂的类似研究（Burawoy，1979）。结果，他对两个工厂内部的相似性有了极其深刻的印象。虽然产生这种结果的机制不同，但二者内部的压迫程度、工人的去等级化以及可怕的计件工资制都惊人的相似。在《制造同意》（1979）一书和"工人国家中的工人"（"Workers in a Worker's State"）一文（收录在 Haraszti 主编的书中）中，布洛维对此进行了结构主义的分析。他认识到对工人的剥削是如何再生产的，生产剩余是如何被隐蔽和平稳地提取出来的，这背后不同的逻辑机制只是形式上有差异，但在结果上是一样的［在竞争性资本主义中是"市场专制"（market despotism），在垄断性资本主义中是"工厂体制的霸权"（hegemonic factory regime），在国家社会主义中则是"官僚专制"（bureaucratic despotism）］。因此，布洛维笔下的工人是永远没有出头之日的。在资本主义的高级阶段，虽然工厂里的"内部国家"（internal state）确实制造了一些"同意"，因之工人们也许会认为他们不是在被迫从事生产，但实际上他们却变成了自我囚笼的卫兵。"制造的同意"基本上只是一个更加隐蔽的提取生产剩余的机制，并没有较大地改变不同阶级间的权力分配。1983—1985 年间，布洛维在匈牙利发现了更多的国家社会主义劳工问题的一手资料。在两篇与田野经历相关的论文中（Burawoy，1985a；Burawoy and Lukács，1986），他报告了一个国家社会主义工厂中难以预料的强大的工人力量：

不确定的是……一个国家社会主义企业为较强的工人力量和对管理层独裁的潜在反抗提供了基础……因为在劳动过程中占据着重要岗位,那些核心工人就具有了可观的反抗性力量……管理层必须依靠他们,所以他们能够为维护自身利益提出要求。

(Burawoy and Lukács, 1986, p. 733)

但是布洛维并未与早期的结构主义框架彻底决裂。他仍旧强调管理层只对核心工人作出让步,因此,最后他还是可以回到以前的看法,即他所描绘的工人力量最终仅仅是分裂了工人阶级和扩大了管理层的权力。当然,在他早期的论文中,布洛维强调,工厂有"容纳斗争"的能力(Burawoy, 1979, p. 202),并指出集体谈判的作用,这"能够保证管理层支持工会……同时也可以减少车间中的斗争气氛"(p. 188)。现在,他开始注意工人们的"可观的反抗力量",并将之看作一个官僚主义组织下的劳动过程的内在特征。

这些主张与匈牙利的工业社会学家的发现,以及经济学家对这一体制下的管理者甚至中央计划和分配人员所面临的困境的揭示是一致的。20 世纪 60 年代末、70 年代初,工业社会学家就已经研究过工人与管理者之间发展协商性关系的成功经历(Héthy and Mako, 1972)。经济学家也同样抨击了中央计划者全能性控制的神话,相反,他们认为事实是一种"计划—谈判"(plan-bargaining)状态。(Bauer, 1981, pp. 492 - 95, 520; Bauer, 1978; Kornai, 1980; Fehér et al., 1983, pp. 77 - 83.)在"计划—谈判"的过程中,官僚体制中的次中心人员(sub-centers)能够有效地阻隔中央再分配者的意图,甚至车间工人都具有较为重要的交涉能力。(Kŏlló, 1981)

戴维·斯塔克是西方学界另一位国家社会主义工业体制的研究者。在有关这一主题的早期文章中,他和布洛维等学者一起开创了国家社会主义中工人的"车间权力"(shop-floor power)这一研究命题(Sabel and Stark, 1982)。根据斯塔克和萨贝尔的说法:

由于计划经济的特殊性质,它已经为"车间权力"设置了前提条件……党派内部的斗争又与更多的车间斗争相互缠绕……这为工

(7)

人们提供了一个间接的,但并非无足轻重的参与国家经济战略选择的途径……这给工人们提供了一种在重要事务决策上的否决权。

1985—1986年间,斯塔克也到匈牙利开展了田野调查(Stark, 1985, 1986),他的工作已经开始超越布洛维对无产阶级反抗性力量的来源的解释。斯塔克发现它的基础是"第二经济"(the second economy),用我们的话来说是半无产者职位的存在(Stark, 1985, p. 248;关于"第二经济"的概念,参见:Gábor, 1981;Kemény, 1982;Galasi and Sziráczki, 1985, pp. 122 – 179;Grossmann, 1977;Duchene, 1981)。在对匈牙利工业内部新生的分包制度的研究中,他指出,这是官僚结构为应对日益强大的"第二经济"而作出的一种反应。这些半无产者大部分是无技术或者半技术性工人,他们也仅占据了工厂中的边缘职位。但是,对其自身而言,他们却在新生的、类市场的"第二经济"中获得了"较高"的收入,尤其是在家庭农业生产之中。为了留住那些核心工人(高质量的城市工业无产者),工业管理部门必须在工厂里发展"内部市场"(internal markets)。因此,他们不得不打破那些限制工资水平的再分配管理规则。在这一新生制度中,管理层将工作以"市场价格"分包给了"私人性"的工作团体。典型的情况是,这些工作一般都被工厂中的核心工人所接手,他们在下班之后完成这些任务,获得了数倍于政府规定的工资的收入。(由于"边缘工人"具有通过从事家庭农业生产获得额外收入的特权,所以分包制度基本是作为对"核心工人"的一种补偿机制存在的。关于这方面的研究,可参见:Mako, 1985;Kǒvári and Sziráczki, 1985。)

我们认为,斯塔克对国家社会主义经济中工人的反抗性力量的理解要比布洛维更为全面。他认为这种反抗性力量根源于"第二经济",我们也赞同这种主张。首先,那些无技术或半技术化的工人通过兼业性的家庭农业生产开始为自身获得一种自主的、合理的生活水平,虽然劳动力波动的加剧推高了他们在政府控制的工厂中的工资水平。那些核心工人对此非常不满,一些人甚至离开工业,加入了集体农庄(kolkhozes),这就迫使管理层向他们作出让步。由此可见,布洛维所说的工人阶级的碎片化的观点也并不总是那么有说服力。虽然工人阶级确实分裂了,但这是政府部门很难操纵的,同时,他们中一个群体的成功反抗可能也会帮助其他群体取得妥协。而且，大众反抗力量的最终来源还是自雇劳动，或者说小商品生产。因此，通过阶级斗争以达成妥协，建立一个替代性的经济制度是为改变生产端的权力在不同阶级间的分配。（吊诡的是，在东欧，发生最小的行动的却在公共政治领域！）

那么，如果本书——强化了布洛维、斯塔克和一些匈牙利工业社会学家的发现——认为国家社会主义下的农民和工人具有比我们预期的要大得多的反抗性力量，这是否意味着我们在为国家社会主义辩护？我们是否会得出结论说，虽然国家社会主义有它的缺陷，但最终来看，与私人所有制相比，它还是为工人提供了更多的权力，所以它就是一个比资本主义更好的社会制度？布洛维有时就暗含了这样的意思（参见 Burawoy and Lukács, 1986）。对比他在芝加哥所研究的阿赖德（Allied）厂和在匈牙利调研的班奇（Bánki）厂，他认为后者的生产率更高，产品质量更好，浪费更少，也更加符合产品标准。在他看来，所有这些都可归因于社会主义的生产组织方式。

我们并不想为国家社会主义体制作这种辩护。我们的目的是提醒以后那些研究资本主义国家的阶级再生产的阶级分析家重新思考他们看待阶级斗争和阶级形成的方式。我们的灵感来自亚当·普沃斯基（Adam Przeworski）的工作［参见他的著作《资本主义与社会民主》（1986）；特别是第四、五章；也可见 Wright, 1985, pp. 123 - 26］。对普沃斯基而言，阶级斗争并不是一种零和博弈，那些被统治阶级并不需要革命性地打破既有社会结构，就很可能获得真正的持久性的收获。正统的马克思主义的结构主义分析家认为，"市场专制"让位于"工厂体制霸权"，仅仅是资本主义以一种新形式对自身进行的一次再造。因此家庭企业生产的开放以及匈牙利经济中的内部分包制度，都仅仅是再生产了官僚控制。除了延续着自身的恶魔机器之外，什么也没有发生！我们并不同意这种主张，主要是因为：首先，权力不是一个零和博弈的过程，即使在资本家和官僚人员只受到极小甚至没有损失的情况下，工人在资本主义或国家社会主义的两种体制中都能获得重要和持久性的收获。其次，与主张阶级间妥协相反，正统马克思主义者主张"大变革"（big bang），主张整体性地推翻旧统治阶级。但是，工人们又能从这一过程中得到多少呢？他们只能得到极少甚至毫无所获，他们甚至会失去许多东西。那些代替了旧统治阶级的新"主子"（masters）至少在一定时期内会更残酷、更贪婪,并更不愿意向工人让步。那些被统治阶级还要花时间去揣摩新"主子"的特点,琢磨如何"教会"他们政治妥协的智慧。

(二) 半无产者的地位优势:无产阶级化的替代选择

至此已很清楚,客观评估社会主义国家中半无产者地位的优势和劣势、强处和弱点对于本书而言极端重要,本书的主角就是他们。我们相信在最晚近的历史中,东欧的半无产者在迫使他们的新"主子"向其做出重大让步方面已经取得了可观的进展。

华勒斯坦就是这样一位学者,他看到了全面无产阶级化(full-scale proletarianization)的历史性优势,明确指出了半无产者所受的双重剥削。他将全面无产阶级化归因于成功的阶级斗争。对他而言,大量半无产者的存在对于资本主义是有利的,半无产者的规模刚好反映了被统治阶级的软弱。(Wallerstein, 1984) 根据他的理论,资本家最关心的是他们能够提取多少剩余价值,因此,他们更喜欢半无产者,甚至是奴隶劳动力。而完全无产化了的工人却更有可能通过工会组织起来,更有效地向雇主要求更高的工资。由于全面无产阶级化可能会降低利润率,因此工人们都会为无产阶级化而斗争,资本家则会坚决反抗。

华勒斯坦指出,全面无产阶级化是成功的阶级斗争的产物,这种主张对"社会主义"国家也是适用的。这位世界体系学说的理论家想必会认为,社会主义国家中意外存在大量的半无产者群体,无论对快速积累还是对统治官僚的利益都有好处。

但是,我们对半无产者群体有一些不同的看法。我们认为他们在国家社会主义社会中的存在恰恰是被统治阶级成功地进行斗争的结果。

确实,半无产者在一定程度上是受到"双重剥削"的。他们比那些纯粹的工薪劳动者的工作更加辛苦,为满足工业化的加速积累所需成本而作出的贡献也更大。但是,他们同时也更有可能迫使官僚统治者向他们做出重要妥协。他们达到了有一定自主性的、较为合理的生活水平,这不仅是为他们自己,也间接为整个工人群体。(Konrád and Szelényi, 1977)

而且,对被统治阶级而言,未完成的无产阶级化还有第二个积极效应。国家社会主义中全面无产阶级化过程的失败反映了这一统治体制还没有固化,幸存下来的大量半无产者群体为未来"开启了一扇窗户"。

这说明这一社会还没有不可逆地凝固成一个官僚化的国家社会主义体制，它还有可能向其他方向转变。

(11)

虽然我们坚信这种主张对东欧社会主义国家是适用的，但是它是否也适用于第三世界的许多国家，我们却没有把握。

许多新马克思主义者对第三世界的分析（特别是依附理论）强调，第三世界国家中大量人群维持在一种半无产者的状态，正是其依附地位得以再生产的重要机制。那些无产阶级理论家（proletarianizastas）——举例来说，如墨西哥的列宁主义者——就认为全面无产阶级化是必须的、不可避免的和进步的。在他们看来，只有大量半无产者消失之后，第三世界的进步性变迁才可能发生，或者至少是那些半无产者开始像工薪劳动者那样行动时才可能。（关于无产阶级理论家地位的描述，参见 Otero，1986；Bennholdt-Thomsen，1982，pp. 12 - 30。）第三世界的一些朋友在看到本书的早先一个稿本时试图说服我们，虽然我们对东欧的分析可能是对的，但是最好不要将之推论到第三世界。① 他们暗示到：我们对半无产者正面特征的强调是对边缘社会中半无产者人群贫困现状的一种辩解，同时，我们对匈牙利农民工的赞词也可理解为是对南非移民工人（migrant-workers）所处现状的一种辩护。②

我们希望此书有来自第三世界的读者，同时，如果我们能够对正在进行的"无产阶级—农民主义"（proletarianista-campesinista）、恰亚若夫—列宁主义（Chayanovist-Leninist）之争或多或少有所贡献，我们会感到非常欣慰。我们对"无产阶级—列宁主义"（proletarianista-Leninist）的观点表示怀疑，是因为那种意识形态——东欧共产主义国家所颁布的针对农业和农民的官方理论——在历史上的相似性，在东欧，它就曾被用来为社会主义的无产阶级化替代资本主义的无产阶级化服务。尤其是在1945年激进的土地改革之后，共产主义政党压制了农业资产阶级化的趋向，也竭力反对其转向家庭农业。本书对东欧这些"无产阶级—列宁主义"政策在智识和实践有效性方面都提出了质疑。用国家官僚地主代替资本家或封建地主并不是一个美妙的主意。它制造了一种残缺经

---

① 我们对罗杰·巴桐和赫拉尔多·奥特罗对本书的早先的一个稿本的重要评论表示感谢。
② 布洛维建议我们要严格地区分农民工和移民工人，将后者归入彻底的失利者的一类。

济，这种体制在养活人口方面都存在基本困难，在其运行了数十年之后，这一困难依旧存在。以前的农民和半无产者由于想继续拥有他们的土地，所以对这些列宁主义的政策也持反抗态度。他们中的绝大部分（一般都是处境最好的人）都被杀害、拘押或迫害。幸运的是，匈牙利和中国的农民至少还足够精明，他们在强制集体化的过程中幸存了下来。随着统治者开始抛弃那些过于意识形态化的政策，农民工再一次悄悄地开始从事他们一直想做的事情。他们在自身的家庭企业中进行生产，这既便宜高效，又能保持自尊，更避免了被一群无知而又野蛮的干部们成天使唤。

当然，这些陈述并不意味着我们完全支持恰亚若夫主义（Chayanovist）的主张。农民主义—恰亚若夫主义，就像二战前一些匈牙利的民粹主义者（népiesek，在第二章中还要更多涉及他们）一样，对农民有着浪漫的幻想。毫无疑问，一个半封建、半资本主义的农业体制（例如目前的墨西哥或战前的匈牙利）的转型确实需要一些半无产者群体的无产阶级化，需要创造和维持一些大型的、由工薪劳动者来运营的农业企业，以及农业人口的总体性下降。但是，所有合理组织的农业体制都为家庭农业生产预留了很大的空间。虽然一些半无产者在激进的土地改革后会变成工薪劳动者，但是其他人则会成功地转变为小型家庭农业企业家（entrepreneurs），或者说家庭农民。实际上，他们变成了小资产阶级（petty-bourgeois）。我们对无产阶级—列宁主义最主要的异议是：它妨碍了作为无产阶级化的一种可能替代选择的资产阶级化；它帮助创立了一个更加一元性的经济体制，其中只有官僚支配这种单一的社会分层体系。

因此，我们提醒那些专注于研究边缘资本主义国家的农业改革的读者：请大家对此处所言的半无产者地位的优势以及作为全面的无产阶级化的替代选择的资产阶级化道路保持一个开放的心态。

二　社会形成理论

（一）一种社会主义混合经济

自1970年代以来，匈牙利农村的部分半无产者就利用制度的自由空间，在他们的家庭"迷你农场"（minifarms）上开始强化和转向市场生产。他们不再是农民工,相反,现在他们变成了资产阶级。根据我们的测算,到1980年代初,大约有5%到15%的农户在经营着高度专业化的、主要面向市场的家庭农业企业。他们现金收入中的很大比例来源于农业生产(家庭收入的至少有三分之一或一半),他们可被视为"企业家"。(13)

这种资产阶级化改变了农村的社会分层体系。在强制集体化的岁月中,农村社会结构被改造成了一个单一的等级结构,在这种结构中人们所享有的权力和特权完全由其在官僚秩序中的官阶决定。现在,一个新生的二元社会分层体系正在形成,依然占支配地位的官僚秩序正在与一个以市场为基础的社会分化体系相融合。

在这一点上,一些西方的左派学者会问:"你们是在讨论资本主义的复辟吗?"在过去的十年中,西方的马克思主义者反复地告诫"资本主义复辟"的危险或"资本主义的蔓延"。(可参见:Cliff,1979,或Bettelheim,1976;关于相关文献的最近的综述可见:Dupay and Truchil,1979;Jerome and Buick,1967;Fehér et al.,1983,pp. 22-37。)我们基本同意Fehér和他同事的看法:所有这些理论都有根本性缺陷。无论从这些术语的哪种意义看,苏联或东欧社会都无法被称为"资本主义"或"国家资本主义"(至少现在还不能)。我们也非常理解东欧的同仁对于西方马克思主义者关于"资本主义复辟"的理论阐释的不满,具有改革倾向的东欧知识分子会毫不犹豫地拒绝进入那一套话语,他们非常清楚,"资本主义复辟"只是那些政党鹰派人物经常用来阻碍务实的社会和经济改革的政治口号。因此,为重返斯大林主义蓝图,政党内的保守主义者悖谬地在西方马克思主义者中找到"同盟"——虽然这可能是那些西方马克思主义者最后想要的东西。

更具体地说,我们此处所说的资产阶级化(至少到现在)是没有导向资本主义的。相反,一个新型国家社会主义混合经济正在成长,随之而来的是一个新生的、有特色的二元分层体系。它与自由放任资本主义、福利国家资本主义以及苏联式的一元性的、再分配式的国家社会主义都大为不同。

无论我们在何种意义上使用资本家这一概念,这些新兴的家庭农业企业家都不属于它的范畴。他们中的大部分人仅仅是兼业农民,他们为自己工作,也不雇佣工人,或者仅是季节性雇佣。他们不相信现存体制，也不试图成为全职的私有化农民。他们对过去的自由化政策（"百花齐放"）的短命仍旧记忆犹新。撇开可能性不说，对他们而言，成为一个全职企业家的动机也是有限的。他们为自身建构的这种二元生存状态有许多优势：国家雇佣身份既保证家庭能够获得一种持续性现金流，也能确保他们能够应对社会大环境和市场的不确定性。他们为什么要放弃呢？而且，要从他们现有的高度集约化的、生产力和利润率很高但规模极小的家庭农场转向一个可能的全职家庭农场，将是一个漫长的过程。在既无成熟的商业信贷制度，土地所有权又受法律限制的情况下，即使想转向全职的家庭农民（family farmers），他们也会发现里面的机会确属有限。

这些新生的农业企业家同时也被整合进了一个以再分配为基础的经济体制和一个主要以官僚等级为基础的社会分层体系之中。他们已经学会了如何在其中生存，这也是他们所熟悉的唯一体制。事实上，他们之所以能够在迷你农场中生活的不错，就是因为它是在一个再分配的经济和竞争不太激烈的环境中运行。在一个完全的市场经济中，他们中的绝大多数都会立刻走向破产，其余的人则会在一英亩的小农场里挨饿。因此，就他们自身而言，他们并没有什么兴趣让"无政府主义的市场力量"（anarchic forces of the market）彻底释放出来。尽管有抱怨，但他们最终还是更喜欢国家社会主义的"父爱主义"（paternalism）般的温暖。他们是一群生活在一个以再分配为基础的整合经济体制中的市场部门里的"企业家"。

上述主张具有两方面的重要理论意义：

首先，从自雇者、"小资产阶级"商品生产者向资本主义企业家的转型（或纯粹无产者）并不是像马克思本人所坚信的那样容易和不可避免，也不像后来的马克思主义者、特别是列宁主义者所告诫的那样。在与蒲鲁东的论战中，马克思已经表达了他关于自雇者可能会长期存在的疑虑（Marx, 1847）。蒲鲁东的社会主义主张是以普遍性的小商品生产和自雇人群为基础的，所以马克思将其斥之为"小资产阶级的乌托邦主义"（petty bourgeois utopianism）。马克思坚信，工业化和科层化的力量一定会不可避免地导向一种大规模的资本主义生产或社会主义形式的工作组织方式。长期来看，小商品生产或自雇群体都不是一种能够完成自我再生产的组织形式。后来，在《资本论》第一卷关于商品拜物教的一章中，马克思进一步阐释了小商品生产的理论基础，认为那种微小的生产形式也是孕育资本家的温床，也是一种剥削性的生产关系（Mark，1867）。

在这一理论脉络下，1919年，列宁也明确声称："在无产阶级专政的新时代，俄国的经济体制意味着……对小商品生产和资本主义生产的斗争……这些资本主义的生产形式恰是以小商品生产为基础而成长起来的。"他在该文的后半部分中写道："农民的家庭农场依旧是小商品生产，我们在这里有极其广阔而充分的、根深蒂固的资本主义的土壤，资本主义可能在这里继续存在或重新出来与共产主义进行殊死搏斗。"（Lenin，1919［1971］，pp. 290-291）(15)

在这里，我们不是在反对马克思以保卫蒲鲁东。在那场论战中，马克思完全是对的，一个现代经济确实无法建基于一种普遍性的小商品生产体系之上。但是马克思可能还是低估了这些自雇人群在资本主义和国家社会主义的环境中存活下来，并再生产其"亚系统"的能力和程度。"小的就是美的"这种观念依旧与我们相随。技术变迁在某种程度上使一种"去集中化"的生产组织形式成为可能，甚至更加钟情于这种生产方式（比如，可以想一想计算机革命带来的变化）。19世纪以来，自雇者、小商人和农民在总人口中所占的比例急剧下降，但是现在它已经变得稳定，甚至可能又有了上升的趋势。

更为重要的是，列宁所言的小商品生产是"资本主义存在和重新生发的基础"，这种说法根本就是错误的。对于东欧来说，选择一种资本主义式的发展道路既不是那么不可想象，也没有那么令人讨厌。如果苏联当时能够放松对该地区的控制，那么，那些如匈牙利这样面对世界市场的强大压力的国家就有可能选择一种更加偏向西方模式的发展道路，他们会引进资本运作和试着吸引大量的跨国公司，这本来就是一种合理的策略。但是，没有任何迹象表明这种类型的资本主义发展会源自家庭企业，特别是来自市场导向的小家庭农场的资本积累。因此，家庭企业和小商品生产并不一定就是资本主义的温床！

其次，我们必须仔细重新审视那些舶来于资本主义市场经济的概念，看它们是否适合用来分析这一新生的国家社会主义混合经济。因为到目前为止，再分配权力依然在这一经济体制中保留了它的"霸权"。市场是与主导性的再分配体制和以市场为基础的社会分化糅合在一起的，企业家也被胶合进了主导性的官僚秩序之中。在资本主义社会中能够运用的概念和理论主张必须经过一定的"修正"才能用来分析这些全新现象。在一个资本主义生产方式占主导地位的社会形态中，那些前资本主义的生产形式和社会力量将如何转型呢？为了解释这个问题，一些研究第三世界的新马克思主义者已经开始发展一套"连构理论"（a theory of articulations）。（A. Foster-Carter，1978，pp. 47 – 77，他为这方面的文献提供了一个很好的总结。）本书就是为建构一个关于国家社会主义混合经济的连构理论的初步尝试。

（二）第三条道路？

波兰、普鲁士和匈牙利的知识分子已经对"第三条道路"的理念着迷了一个世纪。东欧（他们更喜欢自称为中欧）的知识分子认为他们是夹在贪婪的无政府主义的西方与传统的专制主义的东方（俄国或甚至更严重的蒙古和土耳其）之间的"三明治"。他们对二者都没好感，梦想着一条可以将西方的民主和市民精神与东方的社群主义理念融合起来的"第三条道路"。

1930 年代，匈牙利的民粹主义者就已经开始从这种理念中摄取灵感来批判大型封建庄园。他们试图表明，他们对半封建性大庄园的抨击不要被误解为是一种对农业集体化的支持，或者是对商品化资本主义农业的屈服。他们宁可赞成激进的土地改革，他们认为小家庭农场，特别是当它以园艺性商品生产为导向时，是一种在社会和经济上既可行又有利的替代方案。拉兹洛·内梅斯（László Németh），20 世纪 30—40 年代的一位天才小说家，也是民粹主义话语的主要呐喊者，就主张将这个国家变成"花园匈牙利"（Garden Hungary），这建基于匈牙利的农业和农民或"农民—资产者"（peasant-burgher）的传统之上。因此，纯粹"为了工业化的工业化"（industrialization for industrialization's sake）是应该被拒绝的（Németh，1943）。"农民—资产阶级"（peasant-burghers），也就是那些已经资产阶级化、从庇护主义中脱离出来具有市民精神的、从生存性农业转变成家庭企业的农民。他们是那个时代最有想象力的社会学理论家费伦克·埃尔戴（Ferenc Erdei）笔下的英雄。农民的资产阶级化而非无产阶级化才是"花园匈牙利"的社会基础，这既不是苏联式的国家集体主义，也不是西方式的贪婪资本主义。

"花园匈牙利"为我们提供了未来社会的一个可能版本,它基本以自雇者、家庭农业和个体小商业为基础,而不是立足于工薪劳动者,因为他们要么会过渡到集体农庄,要么以商业化的大型庄园为基础。埃尔戴是那些民粹主义者中最务实的一位。他对西方的合作化运动有持久的兴趣,因此,相对他的同伴来说,早在1945年之前,他就已经不那么反对集体农庄理念。这是历史上一个可悲的讽刺(虽然不完全是一种意外),作为农民资产阶级化的倡导者,埃尔戴在斯大林主义政策实践过程中居然担任了一段时间的农业部长。1960年代,他成了匈牙利农业集体化运动的主要指导者,因此,他比其他任何人都应该对他所深爱的匈牙利农民的无产阶级化负责。但是,那个时代其他的民粹主义者更加追捧蒲鲁东而非马克思"版本"的社会主义学说。他们希望找到一种关于私有财产不公正性问题的解决办法,但不是通过取消它,而是试图让它普遍化,也就是通过让每个人都成为生产资料的所有者来实现。(17)

1945年之后再次出现了一波短命的"第三条道路"的理论思潮。伊斯特万·碧波(István Bibó),那个时代最有创造力的政治理论家,也是埃尔戴以前的助手,再次反复告诫他的东欧人民,他们应该去寻找"第三条道路"。他拒绝接受共产党的理论学说,它主张苏联式社会主义是贪婪资本主义或战前旧体制的唯一替代选择。(Bibó, 1945; 1946a, b, 1948)

有一段时间,1949年以后东欧的苏联化、强制的农业集体化似乎全都不可逆转了,它貌似已经终结了"第三条道路"的可能性。但是这一理念却正在以不同的途径回到这些地区的政治和理论议题中。在波兰,团结工会运动(Solidarity movement)的大部分理论家都强调,他们已经找到了一种苏联式社会主义的替代道路,当然,它也不同于西方的社会经济体制。特别是在匈牙利,家庭企业的复苏,以前被中断的资产阶级化过程的重现,这些都表明,在独特的东欧地区,"第三条道路"的发展方案可能不只是一个理论幻想,更是自身历史所具有的一种顽强的内在趋势。

本书受到了民粹主义者工作的启发,尤其是年轻的埃尔戴和碧波,他们对大庄园的批判,对农民资产阶级化的呼吁,以及对第三条道路可能性的信心都极大地鼓舞了我们。我们希望读者能将此书放在这一脉络下来阅读,将它当作对这一思想遗产的接续。但是,我们所使用的"第三条道路"的概念在一定程度上是不同的,较 30 年代匈牙利的民粹主义者更多了一些"反讽"的(ironic)色彩。对他们来讲,甚至包括碧波,第三条道路意味着一个"好的社会"(good society)。读者在本书中会发现,匈牙利正在转向一个新生的混合经济和二元的社会分层体系,这与西方的资本主义和苏联式的社会主义都不同,它更内在于匈牙利或东欧社会组织自身的传统。但是,我们拒绝作出价值判断,我们并不将之奉为东欧的必然前景,更别说世界上其他地区了。我们最多只能说,如果没有强权的干预,这可能是该地区最为显然也最为可能的前景。

虽然我们已经指出,过去 30 年是匈牙利历史上的"岔道"。匈牙利现在(1980 年代中期)正在回到她 1945—1949 年间走过的道路,但是我们并不希望给人留下这么一种印象,那就是认为集体化的整个时段并没有产生任何持续性的影响。匈牙利的社会和经济当然无法回到 1949 年的状态,甚至也更少接近 1945 年的情形。它们重新进入了相同的轨道,但却是在一个更高的平台上发展。更确切地说,所有迹象都表明,集体农庄在这里被维持下来,成了一个主导性的农业生产组织形式。集体化也确实为土地所有制的现代化作出了贡献。在一个更加合理、更少意识形态化和更加务实的体制中,市场导向的家庭农场,无论是兼业还是全职的,都会扮演越来越重要的角色,但是未来最为可能的图景是他们仍将被社会主义大庄园(socialist latifundia)整合,并附着于集体农庄。

我们最一般和最元理论的观点是:雅尔塔协定精神和冷战政治格局促成了两个超级大国的竞争,世界因之分裂成了两个阵营,在这样一个世界格局中去考虑"第三条"、"第四条"甚至"第五条"道路将十分必要,且令人振奋。两个超级大国都试图说服东欧和第三世界的人民,苏联的社会主义或美国的资本主义是向他们敞开的唯一道路。但是,我们却相信历史结局和结构的多元性,以及混合经济的可行性。吊诡的是,那些只按照纯粹类型(pure types)来思考、坚信社会结构不可避免地会转变为纯粹类型(经常与这些理论家的政治倾向又是相左的)的理论家却都在为超级大国的利益服务。那些超级大国想让我们相信,东欧的市场扩大一丁点、企业家增多一点就是"资本主义的蔓延",西方社会的福利分配稍微增加一点就是"社会主义的蔓延"。我们认为这都是胡说八道。务实的结构性混合更加可行,它们能够实现自身的再生产,也不一定会不可避免地转向这种或那种纯粹类型。

三　社会变迁理论

(一) 微观结构的历史延续性

本书的主要任务是解释为什么90%的农村家庭接受了作为无产者或农民工的生存现状,另外的10%却抓住了重新开放的企业家机会。(19)他们是谁?是什么因素激发并促成他们去创业?在研究这些问题的过程中,我们发现1944—1949年间(匈牙利社会的社会主义转型之前)的家庭企业家与当前市场导向的家庭农业生产者具有很强的关联性。这不得不引人遐想!究竟为什么那些其父亲,有时甚至其祖父二战前是中农或富农家庭的人们如今会更多地为市场而生产呢?

在代际传承的通常机制——家庭的土地和资本传承缺位的条件下,企业家精神的传承令人惊奇。这样的事实支持了韦伯主义者,那就是对企业家精神的一种文化解释。我们对历史唯物主义的解释表示同情,他们认为哪里有私有财产,马克思关于企业家精神的解释就会在哪里生效。但是,当我们试图去解释迈向企业家的最初动力时(如在当下的中国或匈牙利所发生的情况),我们发现韦伯主义更能揭示企业家精神的早期起源。

为了研究企业家精神从一代传递到下一代的可能机制,我们聚焦于他们的生活史,同时包括他们的职业和受教育的历史。通过这种方式,我们希望找到一些方法以测量价值观(尤其是那些与自主性有关的价值观)和教育是如何社会化的。我们的主要假设是:在来自"正确的"(right)社会背景(也就是以前的企业家家庭)的人中,只有那些选择了合适的职业道路和正确的教育路径的个体才可能达到资产阶级的地位。通过对他们的教育和职业历史的调查,我们将进一步确认那些"藏身所"(hiding places)或"暂泊轨道"(parking orbits)到底在哪里。我们发现,在计划经济和强制集体化的岁月中,具有企业家抱负的人可能会对全面无产阶级化的压力进行反抗,对转变为一个干部的诱惑进行抵制。因此,当机会重新来临时,他们尚具有重新进入资产阶级化轨道的愿望和能力。

(二) 宏观结构的历史延续性

我们试图超越个体层次，也从家庭传承现象之外进行分析。那些对历史哲学感兴趣的读者可能会发现社会结构中相似的历史延续性。匈牙利农村最近资产阶级化的发展，可以被理解为迈向资产阶级化这样一个长期的历史性趋势的复苏，它在1949年只是临时被打断了，虽然不是第一次被打断。

培育一个农村的资产阶级并将农业转变成市场导向的家庭农场，总体来讲，这在东欧尤其是匈牙利已经被延误了好几个世纪。一些历史学家和社会学家认为，农村的资产阶级化第一次受挫可以回溯到17、18世纪（甚至是16世纪）[①]。经济史家发现，17世纪末从土耳其独立出来以后，匈牙利就兴起了"第二次封建主义"（second feudalism）。在土耳其统治的150年里，农奴们开始像自耕农那样生产生活，作为自由农民而存在。部分人甚至开始像"农民—资产者"、"企业家"，或农场主那样行动。现在，他们却被迫回到了"第二次农奴制"，他们的土地被剥夺，他们被强制要求为重新建立起来的庄园提供劳动服务。到18世纪中期，容克庄园制度（Junker estates），或者列宁所说的"农业发展的普鲁士道路"（Lienin, 1907 [1962], pp. 238 – 242）发展起来，因此，先前匈牙利农民的资产阶级化发展就被阻隔了。

在19世纪末、20世纪初，容克庄园逐渐失去了对社会的控制力。虽然，匈牙利及整个东欧地区的农奴只是在一定程度上从封建大庄园体制中解放了出来，但是，到20世纪初和内战期间，资产阶级化导向的家庭农场已经开始掌握土地。奥尔班（Orbán, 1972, pp. 16 – 22）那种主张大庄园优越性的观点开始受到挑战，鉴于小农场和市场导向的园艺生产的成功，大庄园是否确实具有效率开始受到置疑。因此，土地改革是必须的，不仅以社会公正的名义，也包括经济效益的原因（Kerék, 1939）。二战刚结束，激进的土地改革马上就开始了，这就为农村的资产阶级化敞开了大门。确实，1945—1949年之间，匈牙利的农业经历了一次大发展，这既表现为发展速度之快，也表现在性质上的革新。

---

① 对东西欧地区封建主义发展的更全面的比较研究，请参见：Brenner, 1976；关于匈牙利的"第二次封建主义"，参见：Pach, 1963; Szűcs, 1981; Gunszt, 1974。

社会主义的农业集体化可以看成农村资产阶级化进程中的第二次受挫。官方的说法是，集体化是"第二次农业革命"（第一次是1945年开始的土地改革，参见Orbán，1972）。但是，在某种程度上，它表现为向一种更早期的经济组织方式的倒退，也许将之"标记"为一次"反革命"更加符合实际，或者"第三次封建主义"（third feudalism）。 (21)

确实，不少研究者指出了集体农庄和容克庄园之间的惊人相似性（Juhász，1973；T. Toth，1981；Szabó，1968；Szelényi，1981）。当匈牙利的农民被迫进入集体农庄时，政府允许他们拥有一块"自留地"（面积稍大于一英亩）。这恰好就是二战前在大庄园中劳动的庄园劳动力得以保留的土地份额。二者还有许多其他方面的相似性。比如，在社会主义的匈牙利新建立的集体农庄中，家庭是禁止拥有马匹的（政府鼓励他们去养猪，也允许拥有一到两头牛）。几个世纪以前，封建庄园主也禁止他们的仆人拥有马匹，可见，集体农庄的这一"新"规则仅仅是复制了容克庄园的法规。

实际上，用以规制大庄园和"自留地"之间关系的统治规则的相似性并不令人吃惊。集体农庄和容克庄园都将"自留地"作为绑定廉价农业劳动力的主要机制。同时，对农民在"自留地"上投入过多的时间进行限制是非常重要的，因此"自留地"被限制为生计性生产。通过对"自留地"面积和家庭运输手段（比如禁止拥有马匹）的控制就达到了这一目的。

容克庄园和集体农庄之间的相似性还不仅限于大庄园和"自留地"之间的共生关系，同时还扩展到劳动组织的诸多其他方面（Juhász，1973；Szabó，1968）。在田野调研过程中，我们发现，许多集体农庄占据的土地就是以前大庄园的耕地。在某个案中，集体农庄1972年的领导正是1945年以前同一大庄园的管理者。从这个角度看，农业集体化确实开启了"第三次封建主义"（third feudalism），迫使农民进入了"第三次农奴制"。

这种历史的延续性没有逃脱一些老农的注意。1973年在对纳葛亚格（Nagyage）村进行田野调研时，一位受访者告诉我们他在集体农庄的体会："我们是为农庄服役的农奴"（továbbszolgálo cselédek vagyunk），他很清楚自己在说什么。二战前，他就是当地地主斯佐姆亚斯（Szomjas）家里的一个马车夫；后来，他就成了集体农庄的赶车人。

因此，家庭农业企业家在20世纪70年代末、80年代初的复苏，可以理解为是向资产阶级化道路的一次回归，它在1949年第二次被中断。匈牙利正在向其"内生"的发展轨道回归，重新进入了一个深深植根于自身历史的演进模式。在这一内生性的道路上，家庭农场和大型庄园之间、市场竞争和官僚性"父爱主义"之间、市民精神和统治权力之间正在小心翼翼地协调平衡。其目的是要避免滑向邻居的发展模式：要么是东部的全能性的国家权力模式，要么是西部的无政府主义个体主义模式。过去40年可以说是走上了一条相当不幸、社会成本高昂的"岔道"，这使匈牙利（也可能包括东欧的其他国家）在历史时间上发生了倒退，在地理空间上出现了"东移"（eastward）。在战后的岁月中，苏联试图迫使西部的邻居建立一种整体性国家主义的、官僚性的、庇护主义形式的社会经济组织，事实上，这对他们来讲是格格不入的。因此，建议匈牙利（也许还包括波兰？）去重新找寻一种可以将其与苏联模式和西方资本主义区别开来的社会认同是非常有道理的。"第三条道路"的问题再一次进入了东欧知识分子的视野。

这是一本关于历史延续性的著作，但是它同时也关注社会变迁。我们的故事表明：要自上而下的推动社会变迁是何等艰难。我们的经验研究也将指出，人们学会了如何去适应变化中的社会结构，如何规避统治者的愿望，从而根据自身的意愿去过日子。一旦机会重新来临，他们就会回到更熟悉的老路。我们对现代精英推动的自上而下的革命性变迁的有效性深表怀疑。相反，匈牙利的半无产者的日常实践正在创造一种自下而上的结构性变迁，这是一次"无声的革命"。最近，一些研究匈牙利政治的学者指出，吊诡的是，1956年是一次成功的革命。虽然苏联的坦克镇压了它，但是革命者的大多数要求在70年代的中后期得到了实现。"第二次"革命，也就是"后1956年革命"（post-1956 revolution）的成功，通常都归功于亚诺什·卡达尔（János Kádár）和他手下那些开明的同僚，或者归功于匈牙利改革派知识分子，或者异议知识分子的智慧。事实上，他们可能都起到了作用。但是，本书主要强调农村半无产者在反抗全面无产阶级化的压力和追寻经济自主性和市民精神过程中的重要作用。社会学家的最基本的任务不是去阐述这一转变中的意识形态，而是充当一个历史的见证者，去记录这新一波"无声革命"中的故事。

(三) 匈牙利经验有多特殊？

我们希望能对"社会主义的无产阶级化"理论作出贡献，但是我们的分析却仅基于匈牙利这个相当特殊的社会主义国家的经验证据。因此这些发现不能被过度推广。

在过去10年中，总体来看，除中国之外，这种匈牙利体制在趋向家庭农业生产和小家庭企业方面，采用了一种最自由和务实的政策。①

但是，匈牙利和其他东欧国家在许多方面还是不同的：

首先，与东欧其他一些实行农业集体化的国家相比，匈牙利有更大比例的农业产出来自家庭企业。

当然，人们也不应该夸大匈牙利的特殊性。家庭生产在这个地区的任何地方都很重要，特别是在苏联，根据苏联的资料，在农业集体化实行50年后，仍有超过四分之一的农业产出来自于"自留地"生产（Shmelev, 1981, p. 44；Wadekin, 1973, pp. 55 - 68）。即使是东德，那里的农业无产阶级化比国家社会主义下的其他任何地区都要彻底，但是，一些特定的关键农产品的40%—50%仍旧是家庭小农场生产出来的，比如像蛋类和家禽（Münch and Nau, 1983, p. 668）。

其次，在匈牙利，来自家庭农业生产的总产品所占的比重在过去十年中一直十分稳定，然而它在大多数国家却下降了。其他国家以一种较高的速度在社会主义无产阶级化道路上前进。

最后，最重要的是，从资产阶级化的理论视角来看，相较于匈牙利，家庭企业家在东欧其他国家的复苏是有限的。

因此，我们对匈牙利的个案研究可能不会过多地反映其他东欧国家的现状。当然，我们也希望那些想去探究这个地区和这些国家社会主义国家一般将走向何方的人士，会发现我们的分析的有趣之处。毕竟，原创性的理论可能不仅只限于了解正在发生的现状，它对即将来临的未来可能更感兴趣（Mannheim, 1925 [1971], pp. 104 - 115；Horkheimer, 1972, pp. 188 - 243）。如果匈牙利的混合经济和二元社会分层体系的

---

① 关于其他社会主义国家的家庭生产的程度和农业政策的讨论请参见：Wadekin, 1973, 1982, pp. 94 - 100；Grossmann, 1977；Shmelev, 1981；Eckart, 1983；Münch and Nau, 1983；Schmeljow and steksow, 1983；Fisher, 1984。

先行试验取得了成功，那么其他的欧洲国家（在某种程度上甚至是苏联）都可能效仿。

很多经济和历史方面的因素促使我们相信：我们正在研究的这一实验有很大的机会取得成功，不仅在匈牙利，甚至在整个东欧。

首先，管理一个正在集约性增长的经济的任务日趋复杂，这很可能会要求向一种混合经济转型。大萧条之后，当时西方国家也出现了一次集约性的经济增长，虽然这背后的主要推动力是生产力的上升而不是生产规模的扩大，但是，它们的经济体制仍旧变得日趋多元。主导性的市场调节机制出现了功能障碍，因此越来越依赖于政府再分配部门的调节，虽然这种行为仍然是附属性的。同理，从斯塔克的"镜像比较"（mirrored comparisons）的方法来看（Stark，1986，p. 439），我们认为，如果希望适应一个快速变迁的大众消费社会和世界经济，社会主义社会可能也该学会如何利用市场来修正主导性的再分配机制的负功能（Manchin and Szelényi，1987）。

其次，当我们对正在迈向"第三条道路"的部分地区进行更仔细的考察时发现，纯粹的国家主义形式的经济与匈牙利和其他东欧社会一直有些格格不入。市场的复苏、一个相对自主的市民社会的重建，都表明匈牙利正在回到一条更加内生性的发展道路。而其他有些国家，它们在二战前就已经有了相当成熟的市民社会，特别是波兰、捷克斯洛伐克和德国，如果它们的人民能够生活在一个混合经济和二元社会分层体系的社会中，难道他们不会感到生活得更加惬意？确实，匈牙利的实验似乎对东欧其他的改革者很具诱惑。在匈牙利出现的模式不仅是一种"匈牙利模式"，它很可能代表着"第三条道路"的第一次现实化（materialization）、一个东欧或中欧模式，这种说法可能有些过于乐观，但绝非荒谬之谈。

四 研究设计和本书的计划

现在，我们已经为经验分析做好了准备。在这部分，我们将简要交代本书的分析策略及相应的写作结构。

这些经验分析的民族志材料一部分来自于1972—1973年我们首次为匈牙利科学院社会学研究所（ISHAS）组织的一次全国性农村调查，

另一部分田野工作则是在1983年和1984年的夏天完成的。本书的统计数据则来自于匈牙利中央统计局（HCSO）在1982—1983年间实施的收入调查和社会流动与生活史调查（关于数据库的一个更详尽的说明请见附录A）。

在第一章中，运用收入调查和其他已公布的官方统计材料，我们将概要阐述关于过去十年的匈牙利，我们对其家庭农业生产及其变迁了解了多少。我们将阐明家庭生产的相对稳定性，以及企业家转向在何种程度上得以立足。

第二、三章将对有关家庭农业生产者的特性的三种替代性理论进行评述。

（1）一直到最近，对集体化社会主义经济中的家庭生产最通常的看法是：它是一种必须的但也是暂时性的现象。随着集体农庄的日益稳定，以及来自工资和奖金的收入达到一个能够接受的水平，家庭生产者就会主动放弃"自留地"生产，并实现全面无产阶级化。

（2）20世纪60年代末、70年代初，另一种我们称之为"农民工"（peasant-workers）或"新工人阶级"（new working class）的理论认为，个体化家庭农业生产即使在农业集体化之后也将是一种持久性的现象。对于如何抵制无产阶级化，农民们已经花费了整整一代人去学习。他们利用家庭生产来补充官方雇佣的收入，因之也增强了他们相对于雇主的谈判地位。

（3）最近的理论认为，日益增长的市场导向的家庭农场生产是迈向资产阶级化的重要标志，它曾经被农业集体化打断了，到现在才复苏。一些家庭农业生产者将永远不会无产化，相反，他们会变成企业家。

综合上述理论，我们认为无产阶级化、新工人阶级的形成，以及资产阶级化三种进程是同时发生的，应该将它们视为不同的"转型方向"（destinations）。经验研究的任务是阐明哪种家庭将朝向哪个方向转型。我们假设不同的家庭背景和生活史可能会影响个体转变成企业家的机会。

第四章至第七章将呈现我们的经验发现。第四章提供了一个系统性的理论讨论和一个关于干部、无产者、农民工和企业家四种转型方向的田野描述，他们在当前的匈牙利农村中是能够区别开来的。第五章将试图构造一个样本选择模型，来评估第二、三章中已经讨论的各种理论的相对解释力，并呈现出我们的"被中断的资产阶级化"（interrupted embourgeoisement）理论较其他理论的优越性，当我们以商品生产的价值代替家庭农业生产的总价值或生计性生产的价值作为因变量的时候，这种优越性就更加明显。第六章讨论了家庭背景及不同转型方向的家庭在社会背景上的巨大差异。第七章对"户主"的生活史提供了一个类似的分析。第六、七两章都引介了一个具有理论导向的人类学分析。在每一章中，我们都会回到第五章所建构的样本选择模型，添加新的变量和对旧变量进行微调，再评估模型的解释力的变化。

样本选择模型是我们定量分析的核心，其中的因变量是家庭生产的货币价值。我们建构了一个嵌套模型。基准模型中的自变量是对家庭人口特征的描述，比如户主的"年龄"和当下的农业工作年限、家庭中的劳动力人数等。接着，我们将社会流动性变量（1944年家庭拥有土地的规模、土地改革中获得的土地）加入模型，最后添加生活史变量（在不同工作中的工作年限、户主的教育特征）。每一章中我们都以不同的方式对自变量和因变量进行限定。

在第五章中，我们开始构建样本选择模型，我们用最粗糙的方法对模型的因变量（家庭农业生产值）进行测量。我们的测量是针对产品总的净货币价值的，包括用于生计和市场销售的部分。通过对因变量进行这种限定，我们就为验证资产阶级化理论提出了最严格的要求。（毕竟，我们的理论是专门针对商品生产的，而不是关于生计生产的！）因此，如果此处的模型能够成立，我们就会对下一步分析充满信心。

在第五章中，我们依据无产阶级化理论限定人口和职业性的变量。因为这一理论预计：大家庭中的、年龄大的农业体力劳动者最有可能在家庭农场中一直从事农业生产，我们将把人口和职业性的变量定义为这样的虚拟变量。我们对无产阶级化理论是非常宽容的，我们刚开始就对模型作出限定，使其尽可能多地解释生产值的不同。

在接下来两步中，我们根据资产阶级化理论来界定社会流动和生活史变量，这一理论认为，中农或富农家庭出身，有自我雇佣的工作经历，以及对教育特别重视的农民很可能成为大生产者。第五章证明，即使在对资产阶级化理论做出最严格限定的条件下，社会流动和生活史变量还是增加了模型的解释力。而且，样本选择模型包括两个方程。第一个给出了probit值，表示一个家庭变成一个大生产者的可能性；第二个则对家庭更多地生产的可能性做出估计。即使在第一个方程中,这些限定性的社会流动和生活史变量也增加了模型的解释力,正如能够通过我们的理论预计到的,第二个等式得到了更大的改进。

第五章的最后一部分中,我们对因变量进行分解,以建立一个与资产阶级化理论更加匹配的模型。在自变量的限定与第五章的前一部分保持一致的情况下,我们把我们的因变量调整为用于市场销售的农产品货币价值后,成功构造了拟合优度更好的模型。就像预测的一样,当用家庭生计生产的货币价值来测量家庭生产时,社会流动和生活史变量对解释家庭生产所作的贡献最小。

在第六章中,我们保留了新的因变量(用于市场销售的农产品货币价值),但是我们添加了更多的家庭背景变量,并对旧的自变量进行了微调。我们证明,那些根据我们的田野分析得来的、显示无产者或干部家庭特性的家庭背景变量,在样本选择模型中的系数值为负。

在第七章中,我们对生活史变量进行了同样的操作。我们证明,那些从本章呈现的民族志材料而来的、导向无产者或干部身份的生活轨道在样本选择模型中为负值。

第一章　家庭农业生产：匈牙利个案

(28)　　在本章中，我们首先会阐明，到1980年代中期，虽然匈牙利已经完成了工业化并进入后工业时代，但它仍有一个规模庞大的农村人口，并且，他们之中仍有很大比例的人员在从事食物生产。我们认为，这两种现象都与这个社会的社会主义特性和工业化政策密切关联。其次，我们将比较匈牙利的家庭农业生产在1972年和1982年所占的比例。结果表明，家庭生产保持相当的稳定性，某些方面的下降被其他方面的上升所弥补。最后，我们分析了1972年到1982年间朝向农业商品生产的趋势和家庭生产的集中化或专业化趋势。那些最面向市场的、生产规模最大的生产者都呈现出一定的增长趋势。事实上，在近来的农业历史上，最重要的变化就是小农业企业家的诞生。

一　后工业时代的社会主义国家

　　早在1971年我们就认为，在社会主义国家高速的、粗放型的工业化时代里，匈牙利或可能大多数东欧国家都呈现出了一种"低度城市化"（underurbanized）现象，这一术语是我们在与"过度城市化"（overurbanization）的类比中提出来的（Konrád and Szelényi，1977）。[①]一些研究20世纪50年代的第三世界城市化的人口学家指出，在一些发展中国家，城市人口的增长明显地快于城市经济和工作机会的增长，尤(29)其是快于城市工业所能提供的工作机会的增长。虽然城市经济还没有做

[①] "过度城市化"的概念首先是由戴维斯（Davis）和高尔顿（Golden）（1954）提出来的，在联合国教科文卫组织的调查中进行了测算（UNESCO，1957）。这一理论受到了索瓦尼（Sovani）和其他学者的猛烈批评（Sovani，1964），但是古格勒（Gugler）已经尝试性地（至少是部分地）对其进行了恢复（Gugler，1982；Gibert and Gugler，1982，pp.163-164）。

好吸纳他们的准备，但是人们仍旧涌向城市。这些国家就出现了"过度城市化"，城市人口快速增长导致了各种社会问题，比如贫民窟的增长，大规模、长时期的失业以及隐性失业等。

20世纪70年代初，当我们为首个农村研究项目做准备时，我们就开始对城市和农村人口分布的累积性数据进行分析。结果发现，匈牙利在粗放型的社会主义工业化过程中，农村人口的下降速度非常缓慢，对此，我们感到非常惊讶。

如果对城市—农村人口的分布机理与人口的职业构成变化进行对比分析，那么城市化的相对滞后性就表现得更为明显。1949年以来，社会主义国家的加速工业化政策在增加全职非农就业人口的比重方面取得了引人注目的成功，当然这主要是在城市工业里面。举例来说（从能够得到的最简单和粗糙的测量来看），1930年非农就业人口仅仅比城市人口多10个百分点，到1949年，这个比例就增加到12.3个百分点，1960年为23.6个百分点，1970年则到32.2个百分点。（K. Kulcsár，1982，p. 27）因此在一个相对过少的城市人口和相对过大的非农就业人口之间就出现了一个很大的"缺口"。虽然那些面临工业化和集体化的双重压力的农民逐步放弃了他们全职的农业工作并在工业中就业，但是他们中的许多人并没有或无法永久性地移居城市。他们仍旧是农村居民，只能往返于乡村和城市工作场所之间。1949年，76%的农村人口仍旧是农业劳动者，但是到1970年代中期，大部分的乡村居民都在农业外就业，其中有1/3的人往返于城市与乡村之间（Andorka and Harcsa，1982，pp. 193，200；Andorka，1979；Márkus，1980，pp. 14 - 15）。因此，如果"过度城市化"是指城市人口较城市产业工作增长过快这一现象的话，那么匈牙利就可被称为"低度城市化"，因为非农产业工作的发展较城市人口的增长要快得多。[①]

我们将"低度城市化"和快速社会主义工业化（有些理论家称之为社会主义原始积累）概念连接起来。我们相信，相对延迟的城市增长是由最大限度的快速工业化所导致的一种不可避免但又出乎意料的结果。计划人员通过大幅削减个人消费和基础设施建设开支的办法来达到

---

① 我们的"低度城市化"的概念与高拉科沃斯基（Golachowski，1967）的"半城市化"的概念非常相似，他用这个概念来描述二战后波兰城市化的奇异特征。

十分超常的工业投资比率。他们在缩减政府对于城市住房建设方面的投资方面尤其成功。社会主义加速工业化的逻辑是尽量最快地创造最多的工业工作，并为新生的无产化的农村工人提供公共交通服务，这使得仍属于农村居民的他们，能每日通勤到城市工作。因此，政府不必为他们建设新的房屋、学校、商店或其他设施。在 1973 年《社会学》（*Szociológia*）上的一篇文章中，吉日·穆齐尔（Jiri Musil）用来自全部西欧和东欧国家的数据验证了我们的假设，他证实：大多数的东欧国家（特别是捷克斯洛伐克、东德、波兰，一定程度上包括罗马尼亚）在它们粗放型的社会主义工业化过程中，确实经历了一定程度的"低度城市化"。

计划者经常引用传统的谚语——"不要吃掉下金蛋的鹅"——来为低度的个人消费、延迟的基础设施投资和推迟的城市化做辩护。他们保证在工业基础成功建立起来以后将快速地增加消费和基础设施投资。

相当有趣的是，当这些国家进入集约型经济增长之后，其人口的相对"去集中化"（decentralization）状态好像也维持下来了。就城市化来讲，这里至少没有发现什么"金蛋"：由于在加速工业化时被延迟，城市化到目前也远远没有赶上经济发展。比如，以匈牙利为例，到 1970 年代中后期，虽然基础设施投资已经开始增长，但城市的增长却进一步变慢了。

当然，农村人口下降缓慢的现象并不是从未有过。从 1968 年开始，美国也经历了一次"人口回流"（demographic turnaround）：一个世纪之久的人口都市化聚集和非都市化人口的下降趋势突然发生了逆转。但是如果将这种现象和"低度城市化"看成相似的现象，那将是一个很大的误解。在美国和其他一些发达国家，当它们发生"人口回流"现象时，都市人口已经占到总人口的 70%—80%，农业人口则下降到了 4%—5% 的水平。相反，匈牙利和其他一些东欧国家根本没有真正经历过"离土"（fly from the land），当至少还有一半的人口仍旧生活在传统村落中时，农村人口就已经停止下降了。

因此，虽然存在一个异常庞大的农村人口，但是，匈牙利和许多其他国家社会主义国家不仅完成了粗放型的工业化，而且似乎还能维持如此庞大的农村人口很好地进入后工业时代。这是如何做到的呢？我们认为，"低度城市化"或这种经济集约型增长背景下的特异的社会主义城市化模式之所以出现，关键在于兼业性家庭农业生产和大量的农村半无产者的存在。这也是我们的研究项目从初始的"低度城市化"研究，到最后变成一项关于无产阶级化及对其抗争行为的调查的原因。

"低度城市化"之所以可能，还得归功于第一代产业工人，他们因为强制集体化离开农业到了城市工业之中，但是作为补偿，政府允许他们保留"自留地"。因此他们能够达到一个合理的生活水平，甚至是在雇主那里也有了一定的自主性。与西方国家的发展模式相比，在社会主义向集约型增长的转型背景下出现的"农村复兴"（rural revitalization）是一种"早熟"现象，这是家庭农业生产进一步稳固的结果。在1970年代的十年中，人们不再离开匈牙利的农村，有些甚至还往回挪，这是因为农村比城市开放了更多的经营机会。重新转向商品生产的兼业性家庭农业是我们理解"低度城市化"，以及随着匈牙利经济进入一个集约型增长时期而出现的"社会主义城市化"（socialist urbanization）的关键。

农业集体化二十年后，家庭农业生产依旧扮演重要角色。60%的匈牙利家庭在从事粮食生产。1982年，几乎90%的农村人口和30%的城市人口还在种植农作物。据政府的农业调查显示，这个国家的1000万居民中，大概有150万的小农场在规模上达到了企业的标准。这150万小农耕种了略多于全国12%的耕地，但其产量却占了全国农产品总量的34%，除去成本，每个农民家庭平均每月有1765福林的收入（这个统计也包括稍大于10%的不从事粮食种植的家庭）。如果考虑到1981年的工业月平均工资——4332福林，这已经是一个很可观的收入。当然，有一点值得提醒，这收入中的一个较大的比例是对那些被家庭自身消费掉的农产品的估计价值。1981年，小农生产者仍旧消费掉他们自身产品的38%。因此，虽然他们生产了总农产品中的34%，但是却只生产了总农业商品的25%。（见表1.1）

表1.1　　　　匈牙利家庭农业生产：1981—1982年

家庭企业数（个）	1500000
家庭企业耕种的土地（公顷）	810000
占所有可耕地的比例（%）	12.2

续表

占所有生产农产品的家庭的比例（%）	60.6
占所有生产农产品的农村家庭的比例（%）	88.3
农村家庭月生产的净价值（福林）	1765
国有工厂的人均月工资（福林）	4332
家庭企业占农业生产总价值的比例（%）	34.0
家庭企业占农业商品生产的比例（%）	25.3

资料来源：CSO（1982）、Oros（1984），以及我们对1982年中央统计局（CSO）收入调查的计算；对中央统计局（CSO）所界定的"企业"标准的讨论可见附录A。

在家庭农业生产的重要性方面，匈牙利领先于其他社会主义国家，但是它绝不是一个例外。在罗马尼亚、苏联和保加利亚，家庭生产同样是成规模的。甚至是在最"纯粹"的国家社会主义国家，例如捷克斯洛伐克和东德，它们的生活照样离不开那些小型的半私有化生产部门。[1] 与西方的市场经济相比，人们可以预想，在其他的社会主义国家的经济增长水平下，它们应该会有更多的半无产者和兼业人群，同时，它们也会有不成比例的庞大的农村人口。

二　1972—1982年间家庭生产程度的变迁

那么，国家社会主义下的家庭农业生产将走向何方呢？

农业集体化以后，农民被允许保留了部分"自留地"（houseplots），但是农业集体化的倡导者认为这只是一种暂时性的让步，实际上，这很可能是一种长期性的妥协。苏联和东欧的农业计划者都设想农业的前景

---

[1] 1980年，对一些被选择进行调查的农产品来说，家庭生产在总产品中所占的比例如下（百分比放在了国家名字后面的括号内）：

蔬菜：匈牙利（46.6），罗纳尼亚（41.7），苏联（32.9），保加利亚（27.7），捷克斯洛伐克（39.3），东德（28.3）。

水果：匈牙利（51.0），罗纳尼亚（49.5），苏联（42.1），保加利亚（39.8），捷克斯洛伐克（59.6），东德（59.7）。

蛋类：匈牙利（62.0），罗纳尼亚（60.0），苏联（32.2），保加利亚（54.2），捷克斯洛伐克（40.6），东德数据暂缺。参见：Oros, 1984, p.85；Eckhart, 1983, p.416；Münch and Nau, 1983, p.668；Wadekin, 1973, pp.43-80。

是一种按照工业化原则组织起来的大规模的生产单位。他们认为"自留地"生产是过时的，是一种向传统农村的风俗和小农意识的倒退和妥协（Vágvölgyi，1976，p. 270）。对农民们来说，自留地的存在使得吞下集体化这味苦药变得更容易一些（Fazekas et al.，1985，p. 155；Biró et al.，1980，pp. 34 – 36）。但是，新生的集体农庄并没有达到它的目标，家庭生产倒弥补了它相对低效的生产力（Fazekas et al.，1985，pp. 157 – 158）。

目前，这种视角仍然是主流认识，即使是西方的学者也发现，要去反驳这些技术官僚的农业乌托邦是非常困难的。彼得·贝尔（Peter Bell）是美国研究匈牙利农业的最主要学者之一，在对匈牙利一个村庄的集体化历程进行了较为细致可靠的研究之后，他也认为家庭生产只是暂时的，农业的"工业化"是不可避免的。他说"传统农业已经让位给大规模的现代集体企业"（Bell，1984，p. 297）。提起农业的未来，他认为这些新生的、受到更好培训的集体农庄的劳动力"将会更加强调闲暇时间……不会再愿意去维持很多'自留地'生产；虽然'自留地'将继续是匈牙利农业的重要组成部分……但再也不可能是核心"（p. 302）。

在一个超长的历史时段中，这可能是对的（但是别忘了，社会科学家在过去就已经被认为是臭名昭著的先知、算命先生或预言家），但是过去几十年的经验却显示了来自家庭生产的顽强的抵抗。

这种顽强的抵抗可以从描述匈牙利农业变迁的数据中反映出来。在某些特定方面，家庭生产确实向集体农庄妥协了，即那些符合国家统计局（CSO）规定的"企业"标准（参见附录 A）的家庭农场数量下降了，他们种植的耕地面积也下降了。但是，那些放弃家庭生产的集体农庄成员（据贝尔的估计，这种人很多），却被那些不在集体农庄却在从事家庭生产的人大大抵消了。他们中的一部分只耕种极少土地，所以在官方统计中甚至没有作为"企业"出现。其他人则是规模很大的市场导向的生产者。而且，那些保留下来的少数家庭开始将更多的时间投入到家庭商业中，对自身正式工作的投入则越来越少。如果他们真是对闲暇如此感兴趣，那么他们明显更有可能从其官僚性雇主那里获取闲暇，而不是从家庭商业中获得。最后，虽然家庭生产占农业总产品的份额下降了，但是它在农业商品生产中的份额却保持稳定。换句话说，家庭生

(34)

产并没有衰落，它看起来更像是为了适应变化的时代要求，而且在这方面可能做得比集体农庄自身要有效、迅速得多。因此，对于那些说家庭生产还"仍旧"在我们身边的人，我们是否还有必要以同样的语式来回应：集体农庄还"仍旧"在与我们同行吗？事实上，两种现象表现得一样久远。

（一）更少家庭"企业"，更少土地归家庭经营

让我们首先考虑家庭农场是否在衰退。有坚实的证据显示，就像苏联或东欧的一些农业专家所预测的那样，家庭生产确实在"撤退"，而社会主义的、按照工业化和科层化原则组织起来的大规模企业生产正在上升。

在过去十年中，企业的数量及其耕种的土地都有显著下降（二者分别下降了11%和23%）。两种类型的家庭企业在数量上都下降了，"自留地"下降的速度比附属农场更快（分别为14%和8%）。① 就耕种的土地面积来说，起初看来，貌似呈现出与企业数量变化相反的趋势。但事实上，"自留地"有效耕种的土地面积下降得甚至比附属农场更快。

"自留地"和附属农场这两种家庭生产形式的变化是由不同原因引起的。"自留地"生产的下降主要是由集体农庄针对家庭生产政策的变化引起的。1970年代，集体农庄为那些不要"自留地"的农民提供现金或动物饲料作为补偿。虽然原因不一，但许多家庭都对这种做法很感兴趣。就像贝尔所说，有些人想从费时耗力的"自留地"劳动中解脱出来。其他人（也许是大多数）则决定增加生产的集约化程度，他们放弃了低效且无利可图的干草和玉米种植，把精力都集中到牲畜饲养上来。因此仅仅10年时间，有效耕种的"自留地"面积就下降了55%，拥有"自留地"的家庭则仅下降了14%。可见，只有极少的家庭确实放弃了农业生产，同时，至少对某些家庭来讲，种植少量土地反而为扩大农业生产提供了机会。

附属农场的衰落主要是因为规模较大的生产单位数量的下降，尤其是5英亩以上的农场（CSO，1982，p.22），这反映了全业私人农场在

---

① "自留地"是指分配给一个集体农庄成员家庭的"自留"用地；附属农场是指那些非集体农庄成员家庭所经营的小农场。一个更细致的界定，请参见附录A。

不断地消失。在1960年代集中精力推行集体化运动的时候，只有极少数顽固的（典型的是老人）农民留在了集体农庄之外。在60年代，这些农民都在经营着相当传统的经济单位，并逐渐去世了，所以，他们的数量是持续下降的。但是，他们从视线中消失并不是家庭农业生产方式在"撤退"的可靠证据，这仅仅表明那种传统的小农生产方式正在匈牙利乡村中消失。非常有趣的是，1972—1981年间，那些只有一英亩甚至更少土地的微小"企业"的数量却上升了（CSO，1982，p. 22）。当那种古老的农民消失的时候，一种新型的小型农业生产者却在形成。

（二）新人进入生产，更多的时间投入家庭"企业"

如果不仅仅限于分析"企业"，而是考虑将范围扩大到所有的家庭农业生产者，那么，家庭农业生产没有单方面下降的事实就会更加明显。

虽然"企业"的数量下降了，但是从事粮食生产的家庭数量却上升了，这在城市和农村都是如此。较大规模的农场下降了，单干农民退休或去世了，那些按照传统方式耕种"自留地"的集体农庄的农民放弃了家庭生产，但是却有更多的农民开始在分散的小块土地上种植粮食。他们中的一些人仅仅是为休闲耕种少量土地，但是另外一些则是非常重要的生产者。

因此，对"自留地"和附属农场而言，衰退只是一种表象。而在这种表象背后，我们看到一种结构性变迁。

过去十年中发生的最引人注目的变迁是农业体力劳动者在农业家庭生产者中所占比例的下降。1972年，21%的拥有农业"企业"的家庭是农业体力劳动者或集体农庄的农民；到1981年，这一比例下降到了11%。退休人员在家庭生产者中的比例开始上升，但是这还不足以解释活跃的集体农庄"农民"的下降。即使在1972年，有人还可以认为家庭农业生产并不仅是一种小农现象，也不仅仅表明小农意识的尚存；因为在总生产者中只有55%是农业体力劳动者、退休人员（他们中的大部分以前可能都是农民）和同时拥有农业和工业收入的家庭成员。但是到1981年，确切地说一半以上的家庭生产者都已经变成工业或城市白领工人。最引人注目的是，1972—1982年间，非体力劳动者在家庭农业生产者中的比例翻了一番。如果仅仅由于那些古老的"小农意识"

(36)

还没来得及消散,那么,用以嘲笑地说家庭农业生产还"仍旧"在我们身边的这些数字从何而来?

此外,虽然"企业"的数量及由其耕种的土地下降了,但是那些经营"企业"的人在家庭生产中却更加努力。他们将更多的时间投入到家庭企业中,更少的时间投入在(正式)工作上。

从上文我们可以得出许多重要的结论。首先,在每一种单独的职业类别中,花在工作上的时间减少了,相反,花在家庭企业里的时间增加了。这显然不是社会主义生产部门不可抗拒的拓展的标志。相反,1972—1982年间,匈牙利工人对自身进行了重新定位,他们开始将更多的时间放在家庭企业里,对原有的工作及国家雇主则投入得越来越少。其次,在家庭"企业"的投入时间上,不同职业群体的差异性正在消失。1972年,集体农庄的农民在其"自留地"上投入的时间较白领工人在其附属农场上投入的时间要多出50%。到1981年,这一差距已经缩减到20%。再次,可能是受上一点的影响,附属农场和家庭"自留地"之间的差异也正在消失。相比于"自留地",附属农场的生产集约化速度更快。因此,只有"自留地"才是真正的家庭农业生产,而附属农场只是工人阶级的业余爱好的说法越来越难以信服。相反,在过去十年中,附属农场成了"第二经济"中一种非常重要的生产活动,而越来越不是一种消遣。最后,虽然小型农场所耕种的土地面积下降了,但是投入在小型农场生产活动中的时间却增加了。到1981年,人们在小块耕地上投入越来越多的时间,劳动的集约化程度提高了,每亩耕地的生产力也增加了。所以,利润率可能也在提高。(CSO,1984,pp. 12,32.)

但是,小家庭生产者的增加,从更传统的农民生产类型转移,以及劳动集约化程度的提高都不足以弥补家庭企业数量及由其耕种的土地面积的下降。因此,总的来看,1972—1982年间,家庭企业生产的产品在总农产品中所占的比重还是下降了。

即使在匈牙利比较自由的1970年代,家庭农业生产事实上还是向集体农庄妥协了。令人记忆犹新的是,1970年,小生产者仍然在农业产出的总价值中占据40%的比重;但是到1981年,这一比例已经下降到34%。表现最为明显的是粮食生产的下降。但在畜牧饲养中,总的来说,家庭生产者保持了在国民经济中的地位。

小生产者所占比重下降的主要原因是集体生产部门的动态扩张，而不是家庭生产的下降，相反，1981年的家庭生产产值较1970年还增长了10个百分点。小生产者在牲畜饲养方面的产值增长尤其迅猛，但是其速度仍然赶不上集体农庄的增长。

1970年代，集体部门的生产增长一直异常迅速，然而，这种增长速度在80年代能否得以维持还是不确定的。因此，那些将家庭生产所占比重下降这一现象，当作兼业农业不可避免的、长期衰落证据的学者应该要保持谨慎。1970年代，匈牙利政府为增强集体部门的生产能力下了很多工夫。新一代年轻的、有活力的技术官僚型（technocratically oriented）农业工程师进入集体农庄（Swain，1985，pp. 114 - 129；Juhász，1983a；Hann，1983，pp. 89 - 90；Sárkány，1983，pp. 51 - 52），投资基金也向它们敞开大门（Swain，1981，p. 234），同时，年轻技术官僚的专业知识和最新技术的联合也发生作用。作物的亩产量快速增长，在许多领域，匈牙利达到了令国际社会瞩目的地位。半无产化的小农场完全无法与那些接受大量政府输血资金的企业巨头展开竞争。

但是，我们不得不考虑集体农庄这种发展策略的成本。匈牙利农业的资金成本上升的非常快，这对其国际市场竞争力不利。匈牙利集体农庄的许多农产品都有令人瞩目的亩产量，但这是以更高的资金成本为代价的。比如，1970—1973年间，匈牙利集体农庄中的玉米单产为3.8吨/公顷，1980—1983年达到6.3吨/公顷。小麦的同期变化为2.9吨到4.4吨，马铃薯为3.8吨到6.3吨（Fazekas et al.，1985，pp. 202，204，297）。同时，固定资产投资的增长也相当快，如果以1968年的投资水平为基数100，1975年上升到169.3，1983年达到246.8的水平（Fazekas et al.，1985，p. 187；Swain，1981，p. 238）。费伦克·多纳斯（Ferenc Donáth）试图去测量匈牙利农业的效率，尤其是资本效率。他的一个测量指标是"每100福林总农产品价值中的新价值"（总价值中包括资本成本，新价值则不包括）。如果将1961—1965年间的这个指标定为100，集体化的头几年，也就是在1966—1970年间，在集体农庄中，这个指标下降到87，1971—1975年间则下降到77（Donáth，1982 - 1983，p. 165；也可参见：Donáth，1977，p. 259）。每100福林的资本投资所能产生的净产值则下降得更快。这个指标在1960年还有1678福林，1965年就下降到543福林，1970年为302福林，到1975年[38]

就仅仅只有298福林（Donáth，1982，p. 167；也可参见：J. Juhász，1980，p. 18）。1984年，世界银行也指出匈牙利农业在整个80年代中的增长效率问题（World Bank，1984，pp. 75－79）。在这种情况下，我们应该可以预计集体部门的增长将会逐步放缓，因此，在1980年代，家庭生产应该不会再向集体农庄做出更多的让步，甚至可能会扭转过去二十年的趋势。

不少迹象已经指向了这个方向。比如，1970年代早期，集体农庄在高技术的猪牛饲养场里投入了巨资。到1980年代早期，由于这些饲养场的运行成本实在太高，许多农庄都已经开始将牲畜分包给个体家庭。通常来讲，某些家畜可能在19世纪的农场建筑中已经消失了，但是，许多饲养场现在却仍旧空立在那里。

因此，我们对80年代家庭生产的前景并不悲观！

确实，家庭生产者的成本在上升，利润在下降，同时还缺乏集体农庄正在进行的"有利可图"的投资。在粮食价格保持稳定的情况下，化肥、种子和油料的价格却在迅速膨胀。但是，与集体农庄相比，半无产化的小农场还是保持了投资效率。根据多纳斯（Donáth）的研究，集体农庄中每100福林总产值中的新价值在1960年后的15年之内下降了23%，在家庭生产中只下降了9%。（Donáth，1982－1983，p. 165.）

三　家庭企业中的农业商品生产：生产的专业化

在过去10年中，匈牙利农村发生的最剧烈的变化就是迈向企业。1970年代，家庭农业生产仍旧是一种相当传统的、新版本的小农经济。除了极少数例外，农民在自家的"自留地"里种植足够的玉米来养一两头猪供自家食用。而且，他们也试着自己种植蔬菜，自己养几十只鸡以提供鸡蛋和鸡肉。这种模式在80年代仍然存在，而且，就像我们前面指出的，微型生产者的数量甚至还增加了。但是，农业体制的最新特点是市场导向的商品性小农场的重新出现。这些小农场不再由农民去经营，而是由企业家来经营。他们基本都是为市场而生产，也不再生产自给的粮食，他们更愿意去经营专业化的企业。

家庭农业生产在总产量上向集体农庄妥协主要是因为传统农民工的无产阶级化。许多以前经营着生计性农场的家庭生产者都放弃了生产，或者减少了耕种面积、将之变成了休闲（hobby），因此都变得完全无产化了。但是，那些继续从事家庭生产的人却戏剧性地转向了商品生产。小农场的总产量在70年代仅仅增长10%，但是其商品生产则几乎翻了一番。1970年代，家庭小农场基本都是维持生计的，它们的产品只有40%进入市场，到80年代，这一数据上升到62%。因此，如果说这些半无产化的小农已经向集体农庄做出妥协，但是有一个领域，它们在某种程度上保持甚至增加了份额，那就是它们在商品农业生产中所占的比重由1970年的24%上升到1981年的25%。

生产价值的增加呈现出一种双极分布：最顶层的5%—10%和最下层的10%的增长速度明显超过平均水平。就我们目前的分析来看，那些处于收入等级最顶层的人的收入增长表现得最为显著。1982年，最顶层的10%的生产者的年收入与集体农庄或国有工厂中的体力工资劳动者相当，甚至更高（每年超过47000福林或以上）。1981年，产业工人的平均工资为52000福林/年，集体农庄中的体力劳动者仅为46000福林。（Oros，1984，p.87.）因此"最大的"家庭企业每年的收入相当于普通工人工资的1—3倍。（最顶层的1%的家庭生产者的收入超过12500福林/年）。因此，1972年以来，即使他们仍旧是全职受雇于国家工厂或集体农庄，但是已经减少对工资的依赖，也明显地提高了自身的自主性。

80年代初期的家庭农业生产的主要特征（当然，这一方向性的转变自70年代已经开始）可总结如下：

（1）与处于相似经济增长水平下的资本主义市场经济相比，匈牙利和大多数（如果不是全部的话）东欧的国家社会主义国家在完成工业化的同时，留下了一个较预计更为庞大的农村人口和兼业农民。[40]

（2）"企业"的数量及耕种的土地已经下降，但是，家庭农业生产总体来讲还是非常稳定。虽然"企业"数量更少和土地面积变小了，人们却在家庭生产中投入更多的时间，也把更多的产品投入了市场。虽然政府一直在采取措施扶持集体部门，但家庭"企业"在总农业商品生产中所占的份额仍旧稳定。

（3）目前出现一种迈向相对大规模的、完全面向市场生产的"企业"的趋势。有5%的农村人口从家庭企业中获得的收入就已达到甚至超过"户主"从正式工作中得到的收入。一些家庭，不仅没有从半无产化的地位逐步转向全面的无产阶级化,相反,他们改变了"行程",正走在通往新的家庭企业的道路上。家庭农业生产的现状被许多因素所形塑,这些因素往往同时存在,也经常交叉作用。以前那些为维持生存而从事生产的小农,也只有少数变成了企业家;大部分人或者减少耕地、将之变成一种业余爱好,或者干脆彻底离开家庭生产。以前的一些农民工,如今已彻底无产阶级化了。但是,最近十来年,有不少的工人、白领甚至干部又加入到家庭农业生产之中,他们的到来弥补了前者留下的缺口。尽管他们中的大部分视之为业余爱好,但另一些则在其中搏击风浪,尝试着经营家庭企业。

在本书中,我们将同时对通常那些高估或低估家庭农业生产和"第二经济"的重要性的观点进行反思。过去,研究匈牙利社会的学者更可能低估它,因此,我们在第一章中就集中精力对这种认为家庭生产是一种过渡、暂时存在和不重要的观点进行批评。但是最近几年又出现一种相反的神话,他们认为家庭生产或者"第二经济"是解决国家社会主义的所有问题的药方。

确实,70年代末、80年代初期匈牙利经济的相对成功主要可以归因于匈牙利政府对小商业的宽容政策。不少迹象表明,匈牙利的中央计划人员并不比他们在波兰管理国有经济部门的同事表现出色。70年代的最后五年中,匈牙利的分配人员浪费掉大部分从国际市场上借来的硬通货,而这些资金原本准备用来重建钢铁工业和新建匈牙利的石化工业。匈牙利之所以避免了经济崩溃,主要不是因为他们比波兰人或罗马尼亚人在投资或借钱方面更聪明。而是因为他们投资得更少、把更多的钱用来购买消费物资,同时他们也更加重视"第二经济"。最重要的是,来自家庭农业生产和其他私人性经济活动的更高收入分裂了匈牙利工人阶级,将他们的注意力从一些社会问题分散转移到经济生产上面。匈牙利的工人们都很清楚,生活在下班之后才开始,他们必须在"自留地"或下班后的兼职工作中挣得真正的生活来源。所以,他们不大能够理解波兰工友们对工会、工厂会议等类似活动的痴迷。因此,总体来讲,"第二经济"在经济、社会和政治方面都是一个巨大的成功,它让匈牙利的经济免于崩溃,保持了政治体制的合法性,增加了社会的满意度。

虽然我们相信家庭农业生产是可行的,它也的确维持了下来,但是，我们必须指出从这些生产活动得来的收入毕竟很少。匈牙利农业给真正的企业家预留的空间并不是那么大，仅有5%—15%的农村人口可以被称为企业家。企业家仍旧是一个很小的少数群体，这不仅是因为大部分人没有企业家精神；毕竟，企业家在这里只有十分有限的空间。在一个由再分配权力主导的经济中，虽然家庭农业生产和"第二经济"一般来说确实对收入分配具有一种平衡效应（Manchin and Szelényi，1987）。但是突生的市场部门不仅会冲抵而且本身也会产生不平等，同时还可能会成为新型社会冲突的来源。我们对家庭农业生产基本表示同情，并将新生的企业家当成笔下的"英雄"，但是，"第二经济"不能成为对"第一经济"（the first economy）实行改革的挡箭牌。因此，在本书中我们将在两条战线上"作战"：一方面我们会反复地批评将家庭生产当做一种过渡、倒退或暂时存在的观点；另一方面，我们也会和将新生的小商品生产当做一种万能药的看法保持距离。

第二章　家庭生产的替代性理论

关于社会主义集体农业中家庭生产的社会学特征，有三种不同的理论：无产阶级化理论（proletarianization theory），农民工理论（peasant worker theory）和被中断的资产阶级化理论（interrupted embourgeoisement theory）。每种理论都产生一些关于家庭生产者的人口特征、当下职业和家庭背景的不同假设。

一　无产阶级化理论

这种理论一般是在苏联或东欧的社会主义农业教科书上阐述的，它已经被那些苏联式农业的官方理论家宣扬了好几十年。但是它也被当下大多数的社会学者共用，甚至在像匈牙利一样的自由国家也是如此。（关于这种观点的一个说明，参见：Böhm and Pál, 1985, p.77; Kulcsár and Szijjártó, 1980, pp.80 - 88, 193 - 214; Vágvölgyi, 1976, p.270。）这种理论认为，家庭农业生产是一种暂时性现象，反映了落后的小农意识，也是因为集体农场中技术和组织发展的不充分。社会主义农业肯定会逐步转变成一种工厂式体制，以前的农民自然也会向全面无产阶级化方向前进。

比如，有学者就将家庭农业生产者看作正在转型中的一个阶层（Vágvölgyi, 1976, p.270）：

> 这个阶层在许多方面都表现出一种双重特征。这个阶层中的成员在许多方面仍旧与农民阶层相关联：他们的生活方式具有许多农民特征，在他们的价值系统中，过去的小农依旧扮演着重要角色。这个转型中的阶层既不是工人，也不再是农民。当他们沿着从农民到无产阶

级生活的轨迹前进的时候，他们的特征会逐步变得无产阶级化。

博姆（Böhm）和帕尔（Pál）更进一步。他们认为，1950年代确实有半无产者和半农业家庭，这些人可以被确切地称为农民工。但是到1970年代，无产阶级化的过程已经完成。到1980年代早期，"大规模的去农民化过程已经结束，我们对那些住在乡村的'通勤工人'的无产阶级化特征已经毫无怀疑"。一个具有内部分层的独立的工人阶级已经形成，"各主要阶级间也已经出现和解"（Böhm and Pál, 1985, pp. 77, 78）。他们虽然承认农村的工人阶层、"通勤工人"和家庭农业生产者与城市已有的无产阶级是有区别的，但是，他们认为将他们当做工人阶级内部的各个阶层来看待是可以的。

博姆、帕尔和许多其他研究东欧农村社会结构的学者，虽然用了一套有点不同的术语。他们都认为以前的农民有些已经是无产阶级队伍中的一员，其他的一定会不可避免地向那一方向转化，即使目前还没有达到。

博姆和帕尔关于家庭农业生产者的未来的概论，特别是关于兼业农民的论述，是用一套匈牙利共产主义政权膜拜的马克思主义语言提出的。但这并非只在东欧存在。许多美国和西欧的社会学家关于兼业农民的看法也与此没有多大区别。他们也相信，大部分兼业农民无法通过农场来支撑他们的家庭，还必须有一份额外的工作。到一定时候，大部分人可能会觉得如果彻底放弃了家庭农场，他们的处境还更好一些。这背后的推动力量是生产规模，或者说来源于那些根据工业企业原则组织起来的、依赖于工薪劳动者的大型农业企业的优越性。为承认这套"无产阶级化理论"，人们未必要去信仰共产主义的、阶级被消除的未来。事实上，用"工业主义逻辑"的一套术语同样可以解释得很清楚。

当然，无产阶级化理论的有效性，最后还是靠历史来检验。但是，人们还是可以从中推演出许多假设来指导经验调查。目前，我们还没有发现相关文献尝试对这一理论假说进行系统性的经验检验。因此下面的假设仅是我们自己的建构，但我们还是希望这对于那些无产阶级化的理论家而言，是比较合理的。[44]

（1）无产阶级化的理论家预期，家庭农业生产者很可能会转变成农业体力劳动者，尤其是集体农庄的"农民"。当农民转变为产业或白领工人后，他们在一定时间内可能会继续家庭生产。但是，当他们吸收了工人阶级的价值观和适应了工人阶级的生活方式之后，他们就将放弃那些生产活动。因此在产业工人中，特别是"通勤工人"，农业生产者的比例会越来越小。

（2）"户主"年龄更大的家庭更有可能成为迷你农场的经营者。老年人身上还有农民价值观，因之他们会保持以前的生产生活方式。随着时间推移，也随着农民离我们越来越远，家庭生产者的平均年龄也会逐步上升。

（3）既然集体化农业下的家庭生产的主要目的是维持生计，那么家庭生产的产量应该会随家庭人口组成的不同而有所差异。假设1和假设2预测在所有农村人中，谁更有可能生产何种农产品；假设3解释了生产者中谁会生产得更多。我们可以想到两个更为细化的推论：（a）消费需求更高的家庭将会生产得更多，因此，供养人口更多的家庭很可能就是生产量较大的家庭。（b）由于家庭产量同样受劳动力供给的制约，因此那些妻子赋闲在家或成年劳动者更多的家庭可能生产得更多。三代同堂的扩展家庭很可能是最大的生产者，因为老一代会保证传统的价值观受到尊重，新生代则提供劳动力。最后，由于上述假设的限制，我们必须假定非劳动力的数量对生产有负面影响。他们可能增加消费需求，但同时也减少了劳动力用于农业生产的时间。

（4）无产阶级化理论在社会流动方面没有提供任何假设。家庭农业生产被当做一种"单代现象"：它会随着农民家庭中长大的那些人的退休或去世而消失。在这一代人中，家庭生产是维持生计的，也是非常普遍的。因此，从这种理论视角来看，认为父母职业或父代农场的规模将会在很大程度上影响当前的家庭农业生产的假设是没有道理的。

到1960年代末，新的经验证据开始对无产阶级化理论的有效性提出质疑，本书第一章呈现的证据也强化了这些质疑。首先，社会主义经济中的家庭农业生产并没有像这种理论预设的那样成为一种过渡性或暂时性现象。家庭生产保持了惊人的稳定：在农业集体化实行了20、30或40年后，家庭农场却生产出比以前任何时候都要多的农产品。其次，无产阶级化理论对于家庭生产者的社会和人口构成的预测看起来也是不准确的。当第一代集体农业中的农民（他们是从个体农民开始的）逐渐衰老并开始放弃"自留地"的生产时，年轻的工人阶级甚至是白领家庭又开始从事这种生产。最后，早在1960年代末期，有观察者就注意到农村家庭不仅没有放弃家庭生产，他们还开始将更多的产品拿到市场上出售。即使不考虑这种趋势或许会碰到的限度，它与无产阶级化学者的想法也是格格不入的。

二 农民工理论

伊斯特万·马库斯可能是第一位在无产阶级化理论之外提出了自成一体的替代性理论的人。[①] 1970 年代早期，他在布达佩斯东北部的格拉噶（Galga）山谷做田野调查，那里是一些从事市场园艺性生产的村庄。（Márkus，1973）他观察到，一些农村家庭（其中许多家庭的户主是产业工人）正在积极地参与相当有创造力的家庭农业生产。当这些封闭的村庄向巨大的布达佩斯消费市场敞开大门之后，他们开始在果园或菜园中加强生产，同时表现得越来越像迷你农场主而不是传统小农。为了分析这种现象，马库斯采用了孟德拉斯（Henri Mendras）（1967）的"后农民阶层"的概念。

马库斯用"后农民阶层"的概念来描述一种性质全新的现象，而不是"农民"和"工人"的简单混合。他们生活在城市/农村和农业/工业这两个世界之间，并且试图从这两个世界中得到最大的利益。马库斯试图用这一概念去包含"后农民阶层"这一群体在文化和经济行为上相对稳定和持续性的新特征。

同时，伊斯特万·喀迈尼（István Kemény）研究了匈牙利工人阶级的社会分层（Kemény，1972）。他指出约有一半的产业工人是第一代无产者（Kemény，1972，pp. 40 - 41），他们或者是农民出身，或者以前就是农民。他强调，这一"新工人阶级"的概念与老城市无产阶级相当不同，他们中的许多人都继续生活在乡村，并仍旧投入到家庭农业生产之中。"后农民阶层"和"新工人阶级"的概念互相补充，二者都向早先的无产阶级化理论提出了挑战。[②]

[①] 一些关于农村家庭的双重的无产者—农民特征的早期分析启发了马库斯的工作。请参见：Hegedűs，1970 和 Gyenes，1968。

[②] 喀迈尼采用的"新工人阶级"的概念当然不是来自于莫勒（Serge mallet）而是来自于米勒（S. M. Miller）。对米勒来讲，移民工人，特别是波多黎各人，在 1960 年代代替了美国的"老工人阶级"，因此，他们代表了一种"新工人阶级"。相反，莫勒在一种非常不同的意义上使用这一概念，他用之来描述工业中的那些最高度技术化的工人——技术员或者甚至是工程师。参见：Mliller，1964，pp. 81 - 85。

在一个重要的方面，马库斯和喀迈尼仍然坚定地扎根于无产阶级化理论之中。他们都将"新工人阶级"或"后农民阶层"当做通向无产阶级化道路的一个过渡阶段，都假定彻底的无产阶级化仅仅是被一代人延迟了。我们关于这一议题的早期论著也深受马库斯和喀迈尼的影响。（Konrád and Szelényi, 1971; Szelényi, 1981）基本上，我们试图综合他们的作品，但是，我们在一个方面扩展了他们针对无产阶级化理论的批评：我们已经开始质疑家庭农业生产的过渡性质。

在对马库斯和喀迈尼的理论进行综合的时候，我们强调的是：将家庭农业生产作为工人阶级的一种创造性的、成功的策略。一种可能的结果就是：新产业工人（农民工）可能较传统城市无产阶级的处境更好一些。居住在乡村的工人能够从日益面向市场的、高效和集约化的小型农场里补充他们的收入。典型的情况是，虽然这些农民工与传统的"老城市无产阶级"相比更加没有技术，但是他们却获得了更高的总收入。到1970年代中期，这已经成为一些新的社会紧张的源头。那些最技术化的城市工人，特别是那些在钢铁或机械制造类重工业中的工人，在1950年代或1960年代早期都非常有特权，他们的收入都显著地高于那些无技术或半技术化工人的平均工资。但是，随着"后农民阶层"的出现，这些收入上的差别逐步缩减。到1970年代中期，一些地位相对较高的工人或工头发现，那些来自于附近村庄、通勤上班的无技术工人十分容易获得工厂的工作。他们可能住着面积更大的房子，如果加上家庭生产的价值，他们比自己的总收入还要高。一些政党和工会中反对"第二经济"的保守派——工人反对运动（ouvrierist opposition）——试图以此为基给政党的改革者制造政治麻烦，他们支持城市工人阶级关于限制"不合理的农民高工资"的政策主张。这些企图最后都失败了，但是这种运动的存在表明，"新工人阶级"和"老无产阶级"之间的分裂（喀迈尼首次描述了这种现象）是真实存在的。

因此，通过对农村半无产者转变为"后农民阶层"后所得的强调，通过对他们的农民工、半无产阶级化地位的保留和再限定，我们开始设想社会主义体制下兼业农业长期的自我再生产的可能性。如果农民工的处境确实比无产阶级要好，或者家庭小农场能够保证更高的收入并且是一种反抗"社会主义剥削"（socialist exploitation）的有效手段，同时还能够提高工人们在劳动力市场上的谈判地位的话，那么，他们为何要在一代人稍长的时间就消失呢？

1970年代出现了一些关于社会主义农业的新理论，也认为"农民工"会长期存在下去。农业的无产阶级化理论假定大型的工厂式农场一定会完全取代家庭生产组织。但是农业经济学家已经开始强调大规模和小规模农场在社会主义农业中是共存的，确实，从长期来看二者能够互相补充。如果农业合作部门和小农场整合起来，如果两种形式能够在一个理性的劳动分工条件下共生共存，那么理论上讲，兼业农业就可能不会被判决出局，在对其未来的预测方面也不会那么的确定。与这种新视角相一致，新"工人阶级"理论／"后农民阶层"理论都强调：家庭农业生产并不是小农传统的遗存，而是一种在性质上超越了小农农业的全新现象。

1980年，马库斯为他的理论大厦添加了另外一块重要的基石：一种关于家庭农业生产者的社会起源的理论假设（Márkus，1980）。在这篇非常有影响力的文章中，马库斯认为贫农阶层是二战后匈牙利历史变迁背后最主要的推动力（他的主张可以推广到大部分的东欧国家）。根据马库斯的说法，1945年的贫农阶层：

> 真正发现了自己……（贫农阶层）是过去35年中每一种重要经济和社会事件的幕后的主要推动力量……如果没有他们，农业的合作化（至少是其目前的形式，当下的激励体制）是不可想象的。贫农阶层的后代又最早为大多数重要的新工厂提供了劳动力。
>
> （Márkus，1980，p.24）

(48)

土地改革和社会主义转型引起了一次社会能量的大爆发，贫农阶层对更好的生活、社会流动和社会地位的向往与期待被压抑了几百年，这一下突然就释放了出来。"这些能量也促进了大规模农场和兼业家庭农场之间的历史性的新联合。"（Márkus，1980，p.28）贫农阶层支持土地改革，建立最早的农业合作组织，成为集体农庄和村庄的第一批领导，也是社会主义工业化的先锋，更构成了"后农民阶层"的核心。市场导向的兼业家庭农场生产更是他们的创造性成果。①

---

① 尽管他强调大规模农业生产和兼业家庭农场的联合是一种历史性的创造，但是马库斯仍旧对家庭农业生产的前景表示怀疑。"它们必定会消失，因为不可能有另一代匈牙利的农村人愿意去接受这种过度的自我剥削。"（Márkus，1980，p.29）

现在，我们应该对这些从新一潮的家庭农业生产理论中推导出来的、有待检验的经验假设进行总结了。迄今为止，我们已经交替使用了"后农业阶层"、"新工人阶级"或"农民工"的理论"标签"，这主要是为了与作者所使用的术语保持一致。他们使用这些概念时存在一些细微的差别，但在这里我们将把它们当成同义词对待，同时，为了简洁起见，我们主要使用"农民工"这一概念。当然，我们的概念将试图综合来自"后农民阶层"理论和"新工人阶级理论"的所有洞见：

（1）虽然大部分家庭农业生产者可能是农业体力工人，但是，产业工人在他们中所占的比例会越来越大。毕竟，小农场种植存在的最主要原因不在于小农价值观的遗存，而是工人用来提高生活水平和劳动力市场上的地位的一种新策略。

（2）年龄与家庭生产之间的关联性比无产阶级化理论所估计的要弱。所以，我们不应预期：随着时间的后移，家庭生产者的平均年龄会上升。随着时间推移，年轻家庭也会加入小农生产者的队伍。

（3）既然农民工理论假定农民工家庭至少部分转向商品生产，所以无产阶级化理论所主张的家庭人口构成状况就不再是一个关于家庭产量的预测变量。当前的职业和在劳动市场上的地位对于家庭生产程度的预测至少是具有同等重要性的预测变量（如果不是更重要的话）。

（4）马库斯相信贫农阶层在"后农民阶层"的发展中扮演了至关重要的角色。从人们的社会地位中，我们也许可以推断，那些来自贫农阶层以下的社会阶层的农民将会变得完全无产阶级化，相反，那些在它之上的社会阶层的农民则将进入中产阶级。

毫无疑问，在对国家社会主义农业体制下的家庭农业生产进行确切的社会学阐释的道路上，农民工理论作出重要贡献。但是，最近的一些新证据考虑到小农场的生产机制，开始揭示农民工理论的局限性。第一章的数据显示，1972年到1982年之间，家庭生产，尤其是较大生产者的商品生产有走向集中化的趋势。在最顶层的5%—15%的家庭生产者的某些人中间，市场导向的生产已经取得了主导地位。一种性质上全新的现象看起来已经到了"前台"：小农业家庭企业。这些企业正在朝这些方面转变：①家庭收入的主要来源；②全职商业。虽然家庭中大部分的男人现在仍旧保留他们的正规工作，但是在过去大约五年的时间里，一些女主人已经辞掉了受雇于公家的工作，彻底转变成了全职管理者；③高度的专业化。他们将产品的绝大多数投向市场。这些生产者在市场里互相竞争，由此促进了自身积累。因此，这些小农经营者的行为越来越像那些逐步积累资本的真正企业家，而不再像那些任意扩大消费的"工薪阶级"。对这些企业家来讲，他们最初始的激励也可能来自于消费，但是他们已经开始超越于消费考量了。典型的情况就是，虽然目前已经积累起来的资本相当小，大约100万—200万福林（2万—4万美元，或者大约为一个产业工人20—40年的平均工资！），积累率却相当惊人。100万福林的投资每年能够产生的总收入能达到100万福林左右。最后，一些企业家已经开始雇佣工薪工人，虽然经常是在生产的高峰季节（摘水果或西红柿）或用一种合作性的方式（许多养牛的农民雇佣一个放牛娃）。无论如何，大趋势是在向"完全企业式"的方向前进，这是毋庸置疑的。(50)

当然，目前可能只有极少数的农场——可能少到只占总农业生产者的1%—2%——符合所有上述条件，但是，却有相当多的农场满足其中的一项或几项。同时，其中没有任何一条可以仅仅将之作为一种创造性的工人阶级的策略的标记来理解。更确切地说，他们是企业家意识觉醒，也是企业家精神的标志，帕尔的资产阶级化理论就是试图对这种新现象进行概念化的一种努力。

三 "被中断的资产阶级化"理论

帕尔·朱哈兹是第一位发现一些市场导向的小农场的经营者已经不再按照"工人阶级策略"行动的理论家。工作本身、来自工作的收入、在劳动力市场中提高自己的谈判地位，以及消费水平等不再是他们最主要的考虑事项。他们将自家农场当做企业来经营，考虑投资回报，同时开始有效地利用劳动力和资本。他们不再是工薪劳动者、工人，甚至永久性半无产者；就像一些匈牙利的社会学家乐于称呼的一样：他们成了企业家，"资产者"（burgers）或"资产阶级"（bourgeois）。因此，这个社会过程应该称为"资产阶级化"（"embourgeoisement"或者"bourgeoisification"），而不是"无产阶级化"或"新工人阶级的形成"。

(一) 资产阶级化：一个语义学分析

在过去几年中，资产阶级化这一理念引起了许多匈牙利社会科学家的想象，特别（虽然不完全）是那些带有批判倾向的学者。1984年，乔治·康纳德，一位著名的小说家和主要的异议政见者，接受了一家瑞典报纸的采访。当被问及匈牙利最近发生的最重要的事件时，他回答道"社会主义资产阶级化"（socialist embourgeoisement）。就像"社会"或"市民社会"这一概念在波兰的反对派的意识形态中所扮演的角色一样，"资产阶级化"概念在匈牙利的异议政见者的思维中扮演了同样的角色。

在这里我们试图对匈牙利批判理论家使用的"资产阶级化"概念进行重构。这可不是一件容易的事情。这个主题被谈论得很多，但是把它写作成文的情况却极罕见。如果以西方学术圈的标准和传统来衡量的话，那么，我们必须以一种不太寻常的方式来进行这项工作。我们会更加依赖过去三年中对数十位批判家或异议知识分子所做的访谈，而不是从学术性出版物中获取我们的分析资料。[①]

我们从一个很小的语义学分析开始切入。在匈牙利语中，"资产者"（polgár）和资产阶级化（polgárrosodás）被使用。匈牙利语中"资产者"（polgár）的概念和德语中"资产者"（bürger）的概念具有相同的意涵，因此，它将法语中 citoyen 和 bourgeois 的意义结合起来。就像在法语语境中一样，在英语中，polgár 或 bürger 描述了这样一个概念，我们只能用两个单词才能确切地表达它的含义：一方面是指"公民"或"市民"，另一方面是指企业家、资本家或资产阶级。因此，"资产者"（polgár）和资产阶级化（polgárrosodás）概念可以在一种适度宽泛的意义上使用：当我称一个人为"资产者"（polgár），这并不意味着他一定是个资本家、资产阶级或企业家。这个概念无须附带任何经济方面的含义。因此"社会主义资产阶级化"（socialist embourgeoisement）在概念上也不一定是矛盾的。Polgár 可以指资本家，但是，如果我明确地想排除这种可能性的话，我可能会用匈牙利语中的市民（állampolgár）

---

① 关于匈牙利的公民权和资产阶级化的少数更精细的（虽然基本是历史指向的）讨论之一可参见：Losonczi, 1977, pp. 129 - 184。

来表达，它可以确切地翻译为"市民"。但是"állampolgár"（市民）这个词中的"állam"（国家的概念），在 citizenship（英语的市民）概念中被"城市"的概念所替代。在匈牙利，那些对中央集权有强烈反对情绪的异议政见人士，之所以对"állampolgár"（市民）这一更加清晰的概念感到不安，一个重要原因就是它与"国家"概念的联系过于清晰。

正是由于资产阶级化（polgárrosodás）概念具有适度的宽泛性或模糊性，使它特别适合用来包含十分多样化的现象，如果需要，它还可以随着时间的变化对自身的含义做出微调。当这一概念在 1970 年代末首次进入批判分析的语汇时，其文化和政治方面的内涵备受重视。同时，那些在文化和政治社会方面具有自主性的人被称之为市民（polgár），因此他们与"国家主体"（state subjects）分开了。1980 年代，随着私有部门的增加和"第二经济"的扩展，经济维度也被加上。虽然它仍然不包括"资本家"的含义，但是，至少在某些情况下 Polgár 已经开始有了企业家的含义；而且，早期的文化和政治方面的内涵得以保留。朱哈兹（Juhász, 1983）用资产阶级化（Polgárrosodás）这一概念描述家庭农业生产里日益增长的企业化指向，这一用法为我们重新阐释 Polgár 这一概念迈出了重要一步。但是，我们认为，强调"Polgár"一词的经济内涵及其更为大众化的定义，并没有取代早期所看重的"文化—政治"概念。它描述了一类城市现象，也表达出许多人文学者的生活经历。而且，到目前为止，它在城市异议知识分子中间依然很受欢迎。因此，不同时段和不同的批判性知识分子群体对"Polgár"这一概念的理解存在一定的差异。

(52)

（二）Polgár 和 Polgárrosodás 含义的变化

在斯大林主义时期，资产者（Polgár）的概念是一个负面标签。它的双重性被忽略了，被简单地等同于"资产阶级"、"小资产阶级"或"资本家"，同时还被视为社会主义的反对力量。大约在 10—15 年以前，匈牙利开始出现重新评估这一概念的行动，使它再次具有一种积极意义。

这一现象首先出现在城市，社会主义之前的城市市民阶级价值观得以再现。这主要发生在"资产阶级知识分子"的美好家园里面，他们在摆满古老家具的起居室里一面用细瓷杯品下午茶，一面谈论着普鲁斯特（Proust）或马勒（Mahler）。市民阶级的价值观和行为方式重新被挖掘，并赋予价值。与共产主义所推崇的集体主义价值观相反，社会主义之前的市民阶级知识分子的自主性得以强调，这包括他们的嘲讽与幽默感、他们对朋友的忠诚、他们坚定的美学理念，等等。

帕尔·格日那伊（Pál Granasztoi）是一位备受尊重的市民阶级工程师和城市规划者的儿子，作为一名年轻的作家，他在月度文学评论杂志——《现代》（Kortárs）上对他父母家的市民阶级环境做了一个生动的、丰富多彩的怀旧性描述。他强调这种市民阶级的生活方式（和价值体系）在那时的环境中是如何幸存下来的。1950年代是他的童年时期，尽管外部被斯大林主义包围，但是市民阶级的生活方式依旧在布达佩斯的那些老式资产阶级公寓中延续下来，就像在他父亲的公寓中那样。

他的文章受到那些批判性知识分子的欢迎，这些人认为自己也有他描述的那种价值体系和生活方式，并为此感到自豪。对他自己来说，市民阶级或资产者（Polgár）概念具有一种正面的意义。我们1982—1984年间在匈牙利访谈的许多批判性知识分子都很喜欢他的回忆录，最主要的原因是它描述了当代匈牙利社会的一次变迁。在他们看来，这也是最有趣和最有希望的一次："资产阶级化"重新浮出水面，它在1949年后曾经被迫中断和隐藏起来。

格日那伊的回忆录所描绘的那种生活方式，文化偏好扮演了重要角色，但是，这一概念如此吸引人的最重要原因还在于人们意识到资产者（Polgár）这一术语的政治性特征。资产阶级生活方式所具有的顽强生命力和优雅的文化品位，彰显出这一阶级的力量和不可动摇的自主性。它成功地反抗了国家主义，即使在斯大林主义最疯狂的时期，它也能够将国家的力量阻止在家庭生活之外。资产阶级家庭保留了他们的"城堡"，将之变成了权威主义的汪洋大海中令人自豪的个体自主性的孤岛。在一个试图迫使每个人都变成国家的臣民的社会体制中，理想化的资产阶级象征着一种无声的、非暴力的抗争——国家社会主义中的甘地（Gandhi）。资产者（Polgár）的市民精神与国家臣民中的顺从和庇护主义形成强烈的反差。

朱哈兹提出的农村"被中断的资产阶级化"理论是对资产阶级化（Polgárrosodás）概念的拓展，超越了其文化政治取向和精英主义的边界，让人为之兴奋。他发展出一种更为大众主义的"资产阶级化"概念，在这一概念中，本质不再是精英知识分子理念的自主性和高雅的生活方式，而是指相对于一个以官僚等级为基础的社会秩序，生产者的自主性，特别是那些小商品生产者。[①] 一瞬间，市场园艺人员和饲养猪牛的农民成了资产阶级化的主角，替代或至少补充了城市批判性或异议知识分子。

令我们非常吃惊的是，这一强调重心的转移并没有引起许多批判性知识分子的不满，一些人甚至非常欢迎。1983年的夏天，我参加了一个所谓"流动大学"（flying university）的研讨会，会议地点在布达佩斯的一个私人家中，具体讨论的是资产阶级化问题。大约有40多位年轻人参加了这个会议，包括许多异议人士。其中有两位就是匈牙利社会运动的重要人物——拉兹洛·亚吉克（László Rajk）和巴林特·雷格（Bálint Nagy），他们自称"民主反对派"，因此也主要是由城市中的异议知识分子组成的。我们的自由讨论是在文化主义取向的资产阶级化概念的指导下进行的，这引导我们去考虑在国家主义者或主流知识界中资产阶级化的可能性。我们能够想起思想领域中许多有成就的人物，他们是国家体制绝对的辩护士，但是他们的生活方式、品位和个人价值观却一直或在最近开始变得十分资产阶级化。许多与会人士都很赞成这种看法：资产阶级化过程起初是与异议人士相关，但是已转变成一次无声的革命，几乎在不经意间就进入了权力堡垒之中。但是巴林特·雷格十分反对这种推理方法。他关于资产阶级化这一概念的见解非常类似于朱哈兹，巴林特·雷格认为：资产阶级化的核心是经济转型，它的主要代表不是知识分子，而是那些"农民—资产者"（peasant-burgher）或"工人—资产者"（worker-burgher），这些农民和工人通过家庭企业创造了自身的主体性。因此对巴林特·雷格来讲，资产阶级化的主要舞台应该是"第二经济"。

（54）

（三）资产阶级化的家庭农业企业家的增长

朱哈兹和巴林特·雷格阐述了农村的资产阶级化理论，关于它的起

[①] 举例来说，可参见朱哈兹的一个评论，是关于由古雅什（Gulyás）兄弟执导的纪录片中的一个新型农业企业家，一个"农民—资产阶级"。参见：Juhász, 1983b。

源，我们可以从它与费伦克·埃尔戴的"农民—资产阶级"（peasant-burghers）理念之间的联系开始探索。

埃尔戴在临近二战和二战期间所进行的研究工作预示了"被中断的资产阶级化理论"的诞生。埃尔戴是社会主义之前最有创造力的社会学理论家，他认同匈牙利乡村和"农业城市"（下文将定义）的资产阶级化趋势。青年时代的埃尔戴在 30 年代末和 40 年代初创作了一些社会学作品，其中的"主角"就是"农民—资产者"（paraszt polgár），也就是那些正在经历资产阶级化的农民。"农民—资产阶级"，他们作为埃尔戴作品中的"英雄"，可同时与农村的士绅阶层和城市的资本主义资产阶级相提并论（在埃尔戴的观点中，他们也开始变得"格格不入"，就像德国人和犹太人一样）。青年时代的埃尔戴认为，在通向现代化的道路上，这些匈牙利和东欧的"农民—资产阶级"一般来讲代表了一种特殊的，但又非常必要的社会力量。

埃尔戴（1939）在他那本脍炙人口的著作（《匈牙利的城市》）中认为：匈牙利的农民已经在资产阶级化轨道上行走了好几个世纪。在逐渐让自家农场转向市场生产的过程中，他们同时发展出市民制度（civil institutions）和地方自治。他们最持久和引人注目的成果是匈牙利的"农业城市"（agricultural city）。16、17 世纪，在土耳其的占领下，匈牙利的农民阶层开始将自身从封建地主和教父手中解脱出来，后者因土耳其军队的胜利而逃走了。只要他们能够收到税收，土耳其人并不想给他们强加一种社会秩序。在这种情况下，为了提高他们与掌权的土耳其人进行谈判时的地位，农民离开了村庄，搬入了相当巨大的"农业城市"。在这里，在经济技术相对落后的基础上，他们创造了一种面向市场经济、良好的市民精神和文化体制。在埃尔戴看来，这些市民制度首屈一指，能够与西欧最先进国家的体制相媲美。

在一代人里，以前的农奴学会了如何管理自己和如何为市场（甚至是世界市场）而生产。他们变成了"资产阶级"：作为生产者他们像企业家一样，作为城市居民他们变成了"市民"或"资产阶级"。

埃尔戴的分析很巧妙地运用了韦伯的资产阶级化理论，尤其是他对新教伦理问题的分析。这些生活在 16 世纪新生的"农业城市"里的"农民—资产阶级"也在寻求一种新的宗教意识形态。罗马天主教会将其置于土耳其的统治下，他们也找到了一种世俗信徒在里面具有更大发言权的宗教。加尔文主义长老派正好是这样一种宗教。虽然生产力的发展确实尚未完全证实这种演变，但是，对匈牙利市民制度和市场经济的演变来说，长老派教义的确成了前提条件。因此，埃尔戴在对韦伯知之甚少的情况下，在匈牙利的语境下再现了新教伦理。

根据埃尔戴的说法，匈牙利历史的悲剧是由于"农民—市民精神"（peasant burgherhood）在后来被阻滞了。随着土耳其的战败，匈牙利（一般来讲东欧也一样）重新恢复了封建秩序。第一波资产阶级化浪潮已经结束，同时转向了"第二次封建主义"。从18世纪开始，士绅阶层开始限制农民的资产阶级化。埃尔戴对士绅阶层表示强烈的不满，他认为这是一次重大的灾难，特别是因为农民资产阶级化的中断带来这样一种危险：经济的现代化很可能需要由"外来者"（资本主义元素）来完成。士绅阶层的长期统治使匈牙利社会发生了畸变，也破坏了其拥有的对"贪婪"的"防御机制"（defense mechanism）。通过对"贪婪"的一味放纵，"外来"的城市资本主义元素能够生产出最野蛮的资本主义。（Erdei, 1976）

在他的早期著作（《流沙》，《匈牙利的乡村》和《农民》）中，埃尔戴反复强调，重新开启已被中断的农民的资产阶级化可能是摆脱当时两难困境的一种办法。在这种困境中，人们被迫在两种都不满意的道路间做出选择，要么是士绅统治的现状，要么是一种对匈牙利社会而言非常陌生的贪婪资本主义的未来。[①] 他的主要结论是："虽然建立一个（纯粹）农民的国家是不可能的……但是，人们可以在资产阶级化的农民之上建成一个国家。"（Bibó, 1940 [1982], p. 332）

后来，埃尔戴的主张发生了变化，他从一个最早主张资产阶级化的理论家变成了（在某种程度上）主张无产阶级化的理论家。在他的有关农民的第二本主要理论著作——写作于1942年的《匈牙利的农民社会》——中，他开始对"资产阶级化"这一词语加上了引号（Erdei, 1942 [1980], p. 163），同时开始强调"无产阶级化"的前景。在反对纳粹主义（anti-Nazi）的Szárszó会议（1943年匈牙利左派学者的一次

[①] 伊斯特万·碧波是匈牙利第三条道路的主要理论家，他接受这一推理，并对埃尔戴早期的工作做出了非常积极的评价；参见 Bibó, 1940 / 1982, p. 329。他自己的资产阶级化和第三条道路的理论可参见：Bibó, 1945, 1946a, b, 1947, 1948, 1971 - 1972。对他的第三条道路概念的一个有趣批评，请参见：Lukács, 1945。

会议）上，他做了一次重要演讲，在这次演讲中，他既接受了正统马克思主义所说的无产阶级化是不可避免的观点，也接受了匈牙利在二战后将被俄国占领的政治现实（Erdei，1943 ［1983］，p. 209）。1945 年后，他彻底放弃了资产阶级化的理念，似乎是接受了社会主义无产阶级化是历史的必然选择这一主张。

"被中断的资产阶级化"理论应该在这种背景下来理解，把它看成对青年时代的埃尔戴工作的一种实实在在的改编和拓展。从埃尔戴对 1945 年以前的匈牙利社会的解析中，我们可以推测：1945 年以后，随着士绅统治在乡村的瓦解和土地改革的进行，新一轮的资产阶级化会重新开始。但是，1948—1949 年间它又被斯大林主义打断并被迫转入地下。[1]"被中断的资产阶级化"理论的核心看法是：70 年代末、80 年代初兴起的市场导向的家庭农业生产应该被理解为上述同一过程的再次复苏。

朱哈兹与青年时代的埃尔戴分享着同样的理念，认为农村资产阶级化不一定就意味着资本主义的贪婪，相反，这倒可能是它最佳的治疗办法。在 Polgár 这一概念的双重意义中，他更强调"市民"（citizen）的含义，对"资产者"（bourgeois）的含义不怎么强调。资产阶级化最重要的标志之一是，家庭生产不再是劳务交易中被赋予的一种特权，相反，它成了一种市民权。（Juhász and Magyar, 1984，p. 189）这些新生企业家再也不是国家的臣民，相反，他们与国家之间形成了一种契约性关系，同时还会发展出一种公民意识（civic consciousness）来阻止资本主义式的发展。[2]

（四）资产阶级化与市民社会：匈牙利和波兰的异议理论

"资产阶级化"理论在匈牙利的批判思想界扮演的角色就像"社会"或"市民社会"理论在波兰的反对派思想界中扮演的一样。事实

---

[1] 可悲的是，埃尔戴不仅为全面集体化提供理论性的论证，同时还在打断农村"第二波"资产阶级化的过程中扮演了一个积极的政治角色，而那本是他年轻时期的梦想。

[2] 通过访谈，我们加深了对朱哈兹所解释的为何资产阶级化不是资本主义复辟的认识，他在解释中反复回到这些新型企业家的"共同体感"和"市民责任"之上。他认为，即使是最成功的企业家，也不想变得特别富有，因为资产阶级化正在打破村庄中种姓式的分配体系，平等主义日益成为主导性的规范。

上，匈牙利人刚开始对资产阶级化（Polgárrosodás）的理解与波兰人对市民社会相对于权力的进化的观念并没有太大差异。但是，随着最近匈牙利人对企业家的强调，这已经开始变化了。在国家社会主义寻找一条非苏联式道路的过程中，上述两种理论路径开始表达出两种不同的社会现实和两种不同的解放策略。

最近，匈牙利的异议思想家开始强调企业家、个体主义和个体自主性。波兰的异议理论家为了培育一种社会从权力之中脱离出来后进行自主性发展的理念，具有更多的集体主义腔调。这种区别可能与国家文化传统或过去的历史关系不大，相反，它更有可能反应了匈牙利和波兰人目前为摆脱苏联式国家社会主义的束缚所采取的策略上的差异。在过去十年中，当匈牙利人通过扩大"第二经济"（随之而来的就是一定程度上的个体自主性策略）来获取更大的自主性时，波兰人则在政治领域中直接对抗权力结构，具体手段包括工会、工人保卫委员会（KOR，由一群异议知识分子在1970年代成立的组织）、政治组织和集体行动等。

罕有例外的，两个国家的异议知识分子的共识是明确地寻找"第三条道路"。他们阐述的目标并不是转向资本主义，而是从权威性的国家社会主义脱离出来，逐步转向政治和经济的自主性、自由和"第三种体制"中的民主，这一体制既不是美国式资本主义也不像苏联式社会主义。从最近的历史情况来看，苏联式社会主义好像能够更加经受住这种以集体行动为基础的波兰式的挑战，但还没有做好准备来迎接更加个体主义的匈牙利式的解放策略。人们甚至可以这样认为，如果我们的目标是民主，那么匈牙利人是在历史已知的道路上前进，即使在西方也是先有企业家的发展，民主才尾随其后。波兰是在做一种不太可能的尝试，他们试图从政治层次上开始发动变迁。"匈牙利道路"（Hungarian road）可能值得投入更多的理论兴趣。那么，"资产阶级化"的"匈牙利道路"是否比早先那些试图摆脱国家社会主义的尝试更加可行呢？如果它确实如此，它是否正在走向"第三条道路"？[①]

[①] 对匈牙利和波兰之间的一个更加细致的比较分析可见：Manchin and Szelényi, 1985。

（五）"被中断的资产阶级化"的经验假设

现在，在介绍完这些有趣的元理论问题之后，我们必须回到具体研究，试着用可操作方式来定义我们的概念，并发展出一些可检验的经验性假设。

首先，我们必须对所谓的"资产阶级化"的含义做出一个明确的界定，由于资产者这一概念的模糊性，这并不是一件容易的事情。在这里，我们基本将"资产阶级化"当作"企业"的同义词来使用，因此，此处并没有假设企业的演变会与市民精神的发展相一致。那些稍微具有公民意识的企业家是否就是那些比市民阶级更加资产阶级化的个体，这既可能是，也可能不是，对此我们还有点怀疑。此处的任务不是去测量市民精神，我们将专注于企业家精神。

对"被中断的资产阶级化"理论有了上述限定之后，我们就能够发展出一些可检验性的经验假设。当然，这里的核心问题是，在经历了三十年社会主义实践的匈牙利社会中，企业的重新出现是如何可能的？哪些人成了新型企业家？在过去的几十年中他们"藏身"在何处？从"资产阶级化"理论中我们可以发展出如下假设：

（1）没有理由认为，家庭农业企业家与户主的农业职业之间存在关联。如果我们试图解释为什么一些特定家庭更多地为市场生产（而不是解释为什么他们生产，或只为生计而生产），"户主的农业职业"这一因素就失去了解释力。

（2）在预测商品生产的增长方面，年龄的相关性会变弱。年轻人也进入了企业家群体中。

（3）在预测商品生产的增长方面，由于家庭生产的主要目标已经是商品生产，因此家庭的人口特征所扮演的角色就不再那么重要。虽然劳动力供给仍然重要，但是消费需求将不再具有影响力。

（4）"被中断的资产阶级化"理论提供了一个挑战"农民工理论"关于社会流动的假设。马库斯认为新型家庭农业生产是贫农阶层的又一个历史性的创造；朱哈兹却认为以前的中农或富农阶层（以前的"农民—资产阶级"）或他们的子女更可能发展出一种新的家庭生产模式。

表2.1 总结了由不同的家庭农业生产理论发展出来的一些假设。

表 2.1　　　　　　　谁是家庭农业生产者？替代性假设

变量	无产阶级化理论	农民工理论	资产阶级化理论
生产者的当前职业	农业体力劳动者	产业工人	无假设
年龄	老者	也包括年轻人	无相关性
人口构成	有更多的劳动力和消费需求的家庭	一样，但关联更弱	和消费没有相关性，与劳动力供给弱相关
家庭背景	无假设	贫农	中农和富农
生产的性质	生计	生计，部分市场生产	主要面向市场

第三章　重构"被中断的资产阶级化"理论：几个研究假设

(61)　我们倾向于"被中断的资产阶级化"理论，它对我们的分析起指导作用。但在如下两个重要方面，我们进行了改造：

第一，我们尝试整合"被中断的资产阶级化"、"农民工"、"无产阶级化"三大理论。我们假定成为企业家仅是当前东欧社会结构转型的可能方向之一，同时，我们区分了其他几个转型方向（destination）。

第二，我们的问题是：当常见实施机制——私有财产继承缺失时，企业家身份如何进行代际传递？在这里，我们会探讨生活史对企业家产生的重要性。

一　国家社会主义的阶级变迁图谱：方向几多重？

在第二章中，我们以"替代性"假设集的形式，阐述了三个家庭生产理论，它们之间也有互补性。我们认为，东欧国家社会主义体制下，农村社会结构正经历复杂转型，几个过程交织展开，有些互相补充，有些互相冲突。

(62)　因此，由马库斯和朱哈兹提出的假设不再互相排斥，而变得相补充。"后农民阶层"和"新工人阶级"或许正在形成，而同时企业家也在重新出现。

资产阶级化在范围上很有限，从而使得这一切变得更加可能。根据我们的标准，可以被视为企业型的农村家庭大约只占到所有农村家庭的百分之五到百分之十。就算在最宽松的定义下，可视作"新资产阶级"

的家庭也不可能超过总数的20%—25%。如表1.1所示，1982年，家庭年均农业纯收入仅为21000福林（Ft），大约是产业工人平均收入的一半。大多数农村家庭都十分可能成为"农民工"家庭，家庭成员主要是工薪劳动者，生产农产品的目的只是贴补家庭收入，并且他们的生活基本由政府提供的工作决定。这些农民工的大多数确实可称为"后农民"。他们更愿意扩大消费而不是推迟消费，并且除非为了马上消费，他们也不愿意长时间工作。即使他们想成为企业家，也甘愿承担相应风险，但多数人还是做不到，因为在农业领域成为企业家的机会十分有限。在社会主义的土地产权制度下，土地的稀缺性不再制约企业家数量：小型农场仅靠非常少的土地资源，就能获利不菲。但农产品市场的规模严格限制了农业企业的扩张。

从70年代的商品蔬菜业发展中，就可见一斑。蔬菜生产，特别是塑料大棚的蔬菜生产，在1975年后呈爆炸式增长。到了1983—1984年，一场小型的危机开始袭击这些私有商品蔬菜种植业主们。[1] 城镇市场开始饱和，产量增长导致价格停滞，通货膨胀使生产成本水涨船高。一些新企业面临破产。比前辈们晚三五年才开始打造自己生意场的后来者们抱怨自己错过了最佳时期，那个时候，利润高，资本积累也容易。现在，他们不得不在黑市上借钱做启动资金，随着利润空间被压缩，繁重的债务简直令他们窒息。

在社会主义制度下，农业企业的破产第一次来到眼前。过去，人们一度认为社会主义的小型企业只可能成功，不可能失败。事实证明，这不过是痴人说梦。

企业家的机会毕竟有限，对农村家庭来说，这只是一种可能的发展方向，进一步讲，这只是少数人，甚至极少数人的专利。如果我们认识到企业家和新型农民工是两种不同的发展方向，那么朱哈兹和马库斯的观点就可被视为正确的：出身贫穷家庭的人更可能成为农民工，而出身

---

[1] 帕尔·希弗以此危机为背景，拍摄了一部精彩的纪录片。在他的"人间天堂"（Földi Paradicsom, Paradise on Earth）中，他访谈了一名森特什（Szentes）城的小番茄种植业主。下边我们对该危机的描述很大程度上基于该纪录片。

中等或者富裕家庭的人更可能成为企业家。①

首先，我们绘出国家社会主义农村社会所有"转型方向"的图谱，这特别便于我们客观看待无产阶级化理论（至此，我们只是在批判这个理论），主要指出，与以前预期的不同，它不具有普遍性和不可避免性。当然，在国家社会主义社会的农村里，也出现了无产阶级化，但也有相反的趋势。农村社会并不像早期研究苏联型社会的理论家认为的那样，只会在社会主义无产阶级化压力面前束手就擒。

然而，一些农村人口已经完全被无产阶级化。这些人占到农村社会的多大比例？家庭产值的统计显示，大约10%—30%的农村家庭只依靠或基本依靠薪水生活。无产阶级化很可能不能逆转，我们将在第七章中讨论的一种可能性是，那些完全被无产阶级化的人或许不可能再走向资产阶级化。

此外，无产阶级化并非让人们不可逆地（当然，历史中没有一种情况是完全不可逆的）偏离资产阶级化道路的唯一路径，它还有一个"平行路径"（twin process），我们称之为"干部化"（cadrefication）。我们可以明确指出，那些将党或国家机关工作当做终生事业的人是不可能进入资产阶级化轨道的。在一名普通村民看来，这些人从未"劳作"过，只是在权势职位上度过职业生涯，在党委书记（party secretary）、地方政府主席或书记（chairman or secretary of the local council）、合作社主席（president of the cooperative）间轮职（rotating）。②

因此，在国家社会主义农村社会结构的图谱上，我们至少可区分出四种发展方向——干部，无产者，农民工和企业家。我们还能识别通向它们的路径。

---

① 1944年前后，匈牙利的农村分层体系可大体概括如下（以农村家庭总数的百分比表示）：农业无产者（无地，或仅有很少地）超过30%；半无产者（工业和其他工薪劳动者，他们耕种不到1霍尔德土地）占10%；贫农（主要收入来源是土地，土地数量少于5霍尔德）超过20%；小农（拥有5—10霍尔德土地）占10%；中农（拥有11—25霍尔德土地）占10%；大庄园主、士绅（gentry）或商业土地所有者（拥有超过25霍尔德土地）占5%。农村"中产阶级"，小资产阶级，无地的固定产业工人占不到15%。参考自：Donáth, 1977, p. 22；Andorka, 1982, pp. 32 – 54；Berend and Ránki, 1972, p. 150；Andorka and Harcsa, 1982, pp. 213 – 217；Hanák, 1982, pp. 250 – 256。

② 贝尔指出，"从工人角度讲，大多数领导不做任何劳力活。就像一名妇女说的，'噢，他们不劳作，他们不过是这类领导班子。'……［对农村工人来讲］唯一真正的劳作就是体力活"（Bell, 1984, p. 170）。

在这个图谱上,主要以干部/无产者为轴。在此,追随韦伯主义者的传统(Weber, 1921 [1978], pp. 302 – 307, 926 – 939),我们将这个社会分层的主要体系称为等级秩序(rank order),将它和一个正在出现但仍处于从属地位的、以市场为基础的社会分层体系区分开来,我们称后者为阶级秩序(class order)。

在家庭农业生产调查中,我们试图寻找人们用来顶住屈服于等级秩序压力的防卫机制。农民工仍处于支配性的科层等级下,但凿出了自己的"藏身所"(hiding places),即"第二经济"(second economy)中的生产活动,在这里,工作有些许自主性,能被干部们容忍或逃过其法眼。有时,那些平日在国家部门工作时遭遇痛楚的人们退至这里"疗伤"。成为企业家是一种更加积极的反抗策略。它创造出一种新的层级结构,并且如果成功,可使农村社会结构从一种以官僚等级秩序为基础的单一层级向一种二元层级结构转型,那时,另一个具有竞争性的、基于市场原则的层级结构将浮现。

1983—1984年夏,我们在匈牙利乡村及农业城市进行田野调查,被当地显著的二元层级结构特征深深吸引住了(Manchin and Szelényi, 1987)。一个民族志描述:过去十年中,匈牙利乡村出现了一种新型两层式的家庭住房(传统乡村房屋只有一层)。这种令人艳羡的新式两层建筑高出传统村庄的房屋。期间,我们选取了给我们印象最深刻的几幢房屋,向当地消息灵通的人士询问出谁是这些房屋的拥有者,然后有系统地访谈了两组:一组是当地的干部精英,从集体农庄的负责人到兽医师;另一组是成功的企业家(包括农业和工业的),例如电视修理工,汽车技工,"大型"养猪场的农民,以及商品蔬菜种植者。

90年代初,在匈牙利农村,有两种向上爬的方法:一是在官僚层级的等级秩序中爬升,二是下海经商。(中国问题专家曾指出1979或1980年后中国农村中存在类似的二元等级结构,参见 Unger, 1983; Whyte, 1985。)

二 作为家庭背景中介变量的生活史

作为对"被中断的资产阶级化"理论的再次修正或拓展,我们将对生活史的探察引入我们的分析。我们希望借此解释:1945—1948 年间的家庭背景在三四十年社会主义化后的70年代末及80年代初，为什么和如何对创办企业产生深远影响？在物质财富遗传缺位的情况下，我们倾向于对企业家的起源进行一种韦伯式的"文化主义"解释：通过对教育类型、程度和工作类型的选择，企业家精神存续并传承给下一代，这些都受到了家庭早期社会化过程中内化价值观的引导。某些价值观和思想观念（尤其是那些与自主性与风险承担相关的，不愿受官僚结构支配，不愿在某个科层等级上听天由命，更愿自己当自己的老板，将勤奋工作奉为圭臬，情愿延迟消费等素质）或许对企业家阶级的形成至关重要。注意：当企业家体制已经开始运作，企业家阶级业已形成，私人财产可以继承时，一个更直接的马克思主义视角就已足够。

通过将生活史引入我们社会结构分析的中心，我们表达出对汤普森（E. P. Thompson）阶级理论在认识论层面上的认同。汤普森是马克思主义结构主义（Marxist structuralism）的批判者，拒绝将阶级概念视为一个空箱，对他来说，"阶级是一个事件"（Thompson，1963）。汤普森认为，阶级斗争、阶级的形成过程，以及两者当中的个人经历是社会结构分析的中心。这种行动主义（activist）或"实践中心主义"（praxis-centered）的阶级概念似乎很适用于最近的东欧史，过去的四十年就是颠覆阶级、创造阶级、重塑阶级的历史。改造，"继续前进"（stay on course），为维系自主性而不断奋斗，这业已构成一个个体对于社会结构的终极体验。

一度中断、现在又复兴的资产阶级化进程是个很好的例子。用导弹科学领域的语言来说，1945—1949年是发射前期，但很快报废，已在资产阶级化轨道上的人们屈服于新兴官僚等级的压力，或者成为干部，或者滑向了无产者轨道。直到大约70年代中期，重新进入之前被中断的资产阶级化轨道才成为可能。问题在于，谁将把握这次机会？

从很大程度上讲，这将取决于在过去四十年间资产阶级化的候选者选择了怎样的生活策略。那些未能抵抗住无产阶级化和干部化双重压力的人已在资产阶级化道路上迷失了。而那些在计划经济下，成功将自己定位在"暂泊轨道"（parking orbits）上的人，将重新继续他们资产阶级化的旅程。"暂泊轨道"便是"藏身所"，这是一些有一定自主性的工作，在此处，他们可拒绝屈服，以待天时。

因此，举例来说，在匈牙利农村中，某些更具企业家禀赋的人在企业家大门关闭后，或许会去当干部，很多人也的确是这样做的。在科层结构中获得权力职位，成为新成立的集体农庄的负责人或是当地政府的主席，或许是拒绝无产阶级化的理性策略。道路很清楚：要么自己成为老板，要么让其他人成为你的老板。同时，人们还得知道何时从干部轨道中撤出。那些待得太久、内化了此套价值观的人，会变得过于依赖官僚等级中的升迁及关系网，当机会大门重启，他们已很难重新回到企业家的道路上。曾经是个领导，但当得时间不长，或许是人们处于"暂泊轨道"很好的标志。

另一个例子是加入合作社的抉择。能坚持一阵个体经营（自我雇佣）的人们不会过早屈服于集体化压力，更有可能成为企业家。

我们预期，典型的情况是，最成功地维系在资产阶级化轨道上的是那些到1960年还在坚持个体经营，或者虽然加入了集体农庄，但实际上只有妻子在那里干活的人。他们自己干点私活，乐意在当地或邻近城市工作，在那里取得某种不高的资格证明，数年后返回乡村甚至集体农庄。根据我们的田野调查，这些返乡者在带回城市工业技术、创造新型企业模式方面扮演了极其重要的角色。(67)

因此，我们的理论可被称作"重返被中断的资产阶级化轨道"，以此强调生活史、计划经济下的策略选择是关键的初始动力。我们表明，来自"正确的"（right）家庭背景的人们（到1949年还走在资产阶级化道路上的家庭）可能会进入"错误的"（wrong）生活史轨道，他们过早、过深地被无产阶级化，或在干部岗位待得太久。无论哪种情况，现在，他们不可能再次把握成为企业家的机会。

可以想象，那些来自"错误的"家庭背景的人（例如：过去的贫农甚至农业无产阶级家庭）可能发现自己干了一份"正确的"的工作，学到了有用的技术，拥有了相对自主性。实际上，他们进入了"暂泊轨道"，现在可以进入资产阶级的序列之中。马库斯非常看重贫农的高社会期待以及他们的勤奋工作及向上流动的渴望，如果他是正确的，那么我们或许会发现，成为企业家的贫农比我们预想的要多。

测量可能的轨道，确定何种工作可被视为"暂泊轨道"，都是艰巨的任务。为了更好地解释1945年后人们可能会选择的人生轨迹的特点，识别东欧农村社会结构的变化，界定战后各主要时点的最典型的结构压力及过程将是有用的。我们将给过去半世纪农村人经历过的三个时期描绘几张"速写"(snapshot),分别是 1944 年、20 世纪 60 年代早期以及 1984—1985 年间。

在第一张速写(如图 3.1)中,我们将主要参照埃尔戴对匈牙利农村社会结构的概括。1945 年土地改革前,埃尔戴描绘了匈牙利乡村和农业城市中社会分层的二元体系。占主导地位的阶层界于"士绅"(gentleman)和农民(peasant)之间。在传统的农村社会制度中,层级划分是基于等级的。最上层的是地主,每个村庄有那么一个或几个;在地主下面有一些家庭属于士绅中产阶级(genteel middle class),比如教师、医生、牧师、律师、当地管理部门的工作人员比如县区办事员,等等;之后是家庭财产规模不等的拥有土地的农民,最后是没有土地的季节性工人或庄园劳动者。

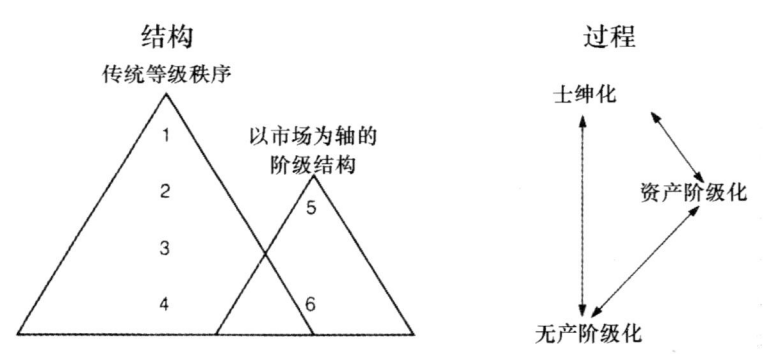

结构位置:(1)地主;(2)士绅中产阶级;(3)有土地的农民;(4)无土地的农业半无产阶级,庄园劳动者;(5)小资产阶级,农民企业家;(6)私有企业里的工薪劳动者。

图 3.1 1944 年左右及更早的农村社会结构和过程

资产者、当地小企业主、商店店主、技术工人、磨坊厂主,以及市场导向的农业企业的所有者—管理者(owner-manager)居于另一重社会分层体系的上部。他们后面是农民—资产者(peasant-burgher),这些农民家庭已经进入了资产阶级的发展道路,经营家庭企业,越来越不像农民或者生计产品生产者,而更像家庭农场主或市场生产者。在最底层,是给村里或农业城市的企业家和资产阶级打工的工薪劳动者。塑造这种结构的主要机制是士绅化(gentrification)、无产阶级化和资产阶级化。

正如我们前面所述,对埃尔戴而言,这个体系最主要的缺陷在于,传统官僚等级处于支配地位,而资产阶级化处于被压制状态。正如埃尔戴反复提到的,就连企业家阶级也被士绅化吸引,他们与当地士绅联姻,渴望他们的生活方式,因此并不是真正扮演一种文明化或者现代化的角色(Erdei,1942[1980],p.164)。那些资产阶级化轨道上的人受到无产阶级化和士绅化的双重威胁,这两种压力可使他们偏离既有的轨道。

〈69〉

第二张速写(如图3.2)的背景是20世纪60年代初匈牙利农业全面集体化之后。在之前的15年中,统治阶级被彻底换掉了。地主和相当一部分士绅中产阶级已被消灭,剩下的那部分中产阶级转型成了干部或无产者。伴随着集体化,原来拥有土地的农民在很大程度上被无产阶级化,虽然大多数成功地维持住了兼业农业,形成了"农民工"的地位。之前的农业半无产者中,除少数人成为干部外,其他的全部无产阶级化了,其中,大多数与之前的农民一道,过上了农民工的生活。

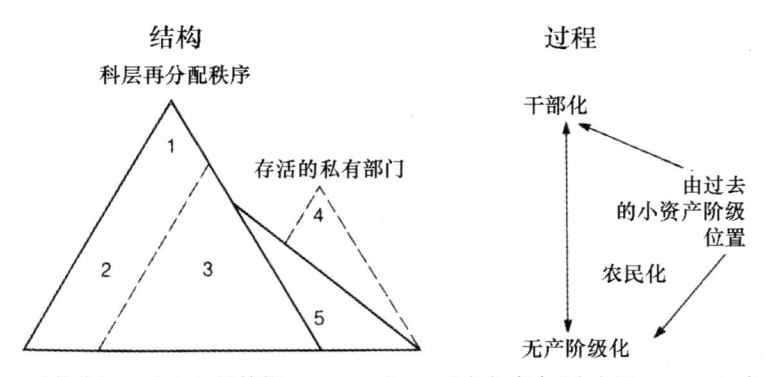

结构位置:(1)干部精英;(2)工人(工业部门和农业部门的);(3)农民工(介于第一经济和第二经济之间);(4)"阉割的区域",即原来的小资产阶级和农民资产阶级被强制推入科层再分配秩序;(5)赤贫的农民。

图3.2 集体化后不久的农村社会结构和过程(1960年代早期)

曾经占主导地位的士绅—农民轴线如今变成干部—无产阶级轴线。这个剧变不仅体现在精英人员方面,而且在一定程度上也体现在社会关系的质量方面。再分配性的官僚等级秩序取代传统的等级秩序,构成迈向理性化的一步,体系中各位置某种程度上变得更加开放,位置筛选的

"先天性"在某种程度上弱化了。然而，两种体制下，失败者的处境极为相似：两种情况下，他们都处于等级秩序的底部。

随着该体系日益稳固，干部的日常言行开始有些士绅化（gentrified）。恰如旧时村里的士绅，如今的村干部外出打猎，在狩猎房中对上级溜须拍马，特别是对那些平日里村子赖以攀附的"同志"。讽刺的是，俚语"同志—士绅"（elvtárs-úr）鲜活地表现出其中的一脉相承。当然，国家社会主义的科层再分配等级秩序与战前的情况也并非一一对应，新人上台了，多少总有些不同。但是两者都是等级秩序，除了两者的不同，我们也必须承认它们之间的连续性。

当前农村社会结构的真正新颖之处是等级秩序的一家独大。如图3.2 所示，社会分层的第二体系被处以极刑。在大多数东欧国家，私有部门并没有绝迹，但被压制了。这些国家发生了集体化（南斯拉夫和波兰从来没有大规模地进行农业集体化，关于它们的农村分层体系，参照 Franklin，1969，pp. 180 – 217），大约2%—3%的农民仍然维持私营状态。他们往往是些硬骨头，因为这样那样的原因被排挤。你必须得有些疯狂，才能抵抗集体化带给人的巨大压力，实际上，那些仍徘徊在集体化经营外的人们通常都有些另类。

在集体化之后，要博取财富和声望，私有部门根本不能和集体部门竞争。坚持私营的农民被挤到财富空间的旮旯，一贫如洗。最终，存活下来的私有部门真的不是可暂保身以待企业家机会来临时东山再起的"暂泊轨道"，更像是一种避难所（asylum），在这里，那些"受到社会和精神双重打击者"可暂栖身。（与此处同样的论调，可参见 Bell [1984]，他指出，在他访谈过的村庄中，只有六个人在集体化后还坚持私营，他们"更多是被怜悯的，而非艳羡的对象"[p. 138]。）

大部分以前的资产者不接受这样的"避难所"，他们宁愿硬着头皮进入科层再分配体系。很多人确实成了农民工，这显然是历史的倒退。这的确是一步倒退，他们曾经经营商品生产，曾经拥有精到的农业和贸易技能，如今却重拾更古老、用于维持生计的家庭农业生产，通常还会在工厂找份不需要技术或需要稍许技术的工作。尤其在 1960 年之后的匈牙利，当时集体化相当宽容，那些较幸运而有野心的人便当了老板。20 世纪 50 年代（苏联的 30 年代），激进的反富农运动将过去的企业家因子连根拔除。伴随着 1960 年的集体化浪潮，新成立的集体农庄负责人帽子纷纷被曾经事业有成的农民企业家摘取，一些"富农"和"资产阶级"确实接受了这样的工作。① 因此，挺过这段艰苦岁月的人施展某种策略，使自己的身份有干部成分、农民成分，还有无产者成分。

第三个速写的背景是 20 世纪 80 年代早期（如图 3.3）。正如我们之前所述，最引人注目的进步是"第二层级"（second hierarchy）的复兴，该体系的地位差异基于市场成就，而非科层机构中的位置。社会结构似乎回到了"正常"（normal）状态：第二位的、基于市场的、一度被迫暂时栖身于支配性官僚秩序的商人阶层重新找回了自己的相对自主性，虽然比 1945 年前更处于受支配地位。

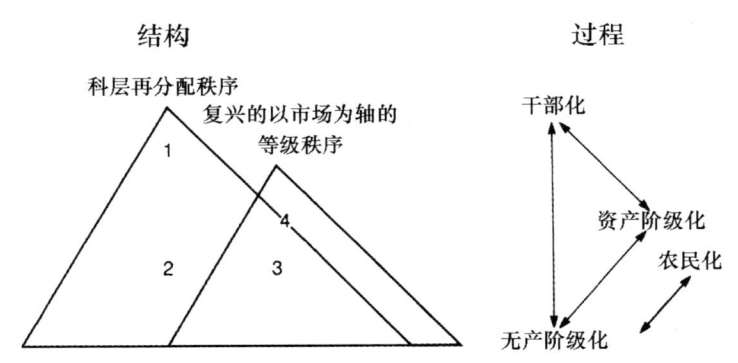

结构位置：（1）干部精英；（2）工人（工业部门和农业部门的）；（3）农民工；（4）新兴企业家（全职和兼职）。

图 3.3　1980 年代早期的农村社会结构和过程

最重要的事件是企业家资产阶级的复苏，一度被压制的资产阶级化卷土重来。再分配官僚等级的支配地位依然稳固，大多数新兴企业家依然"不敢玩大"（play safe）：他们保留了在国家部门的工作。但对这一批新生的企业家而言，即使是那些"兼业企业家"，来自国家部门的薪水也不再起主要作用。这种工作沦为对抗叵测的政治命运及生老病死的"保障"（security），毕竟养老金和健康保险（health benefits）在官僚部门更优越，在这方面，完全做一名企业家依然是个损失。

---

① 贝尔（Bell，1984，pp. 132，238，240）指出，在 20 世纪 60 年代集体化浪潮下，集体农庄的较富裕农民，甚至富农对集体农庄的形成和领导具有重要意义。

谁能够重返资产阶级化轨道？正如我们如下的分析框架所示，他们是那些能够抵抗成为无产者或干部的压力，在计划经济时代成功地在两者的中间地带生存的人。以前的资产阶级在纯无产者和纯干部的中间地带维系了一个"暂泊轨道"（parking orbit），如今重新开始资产阶级化。

与此同时，新一轮"农民化"（peasantization）浪潮也许正在进行。20世纪50年代和60年代早期，以前的小型农业企业家沦入了一种"半工半农"的生存方式，有时甚至完全沦为农民。就在70年代中后期，有些家庭开始重新进入资产阶级化轨道，有些曾经的农业无产者或城市破落无产阶级或许在形成一个新的农民阶层。资产阶级化的模式或抱负或许被个别成功企业家设定，跟在他们后边的是大批来自较低社会阶层家庭的人，这些人缺乏生产或销售技能。这些家庭同样想从科层结构中获得自主性，为此，若不能成为商人，他们便选择成为农民。

在这新一波的资产阶级化浪潮中，有一个悖论：从数量上看，最主要的趋势或许是农民工而非真正企业家的增多。在我们后两次田野调研中，我们听到了对资产阶级化理论的批评，宣称一个新的农民阶层，而非资产阶级，才是最终结果。有趣的是，来自城市周边的破落户回到农村，特别是偏僻的小村庄，即所谓"回乡移民"（return migration）。(Juhász, 1985)

最小乡村的固化是一个迷人的故事。举例来讲，1984年夏，我访问了匈牙利南部的伊巴发（Ibafa）村。20世纪60年代末70年代初，这个村子的人口锐减，但此后这个趋势刹住了。1984年，我碰到伊巴发及其邻村的一些家庭，他们近期刚从城市搬来。他们一般都很年轻，出身于缺乏技术的无产者家庭，他们怀着与村里人共享好运并成为成功的农业商人的梦想，搬到这个偏僻的地方。的确，这些家庭当中的某些人是集体农庄施行"外包制度"（putting out system），允许人们从集体企业中将牛取回家饲养后第一批申请领养的人。有些人得到了10—15甚至20头牛（按照匈牙利标准，这意味着一个相当规模的农场）。看他们如何迎接这次新挑战是最惊心动魄的事情。毋庸讳言，大多数人在养牛方面毫无技术可言，因此这副担子对他们来说，简直令人窒息。他们并非真正的企业家，成为企业家也不可能。他们在走向"新农民"（new peasants）的路上。

在社会等级的最底端，是与新农场主同时出现的私企工人群体。他们是来自完全无产者家庭的典型兼业工人,没有专门技术,也不愿承担风险。他们对"第二经济"的利用不是体现在成为兼业的、自我雇佣的农民工或企业主,而是在新兴企业主那里从事工薪劳动。少数这种工人依然存在,该现象在理论上很有趣,因为它表明"第二经济"能够生产自身的依赖者(或被剥削者)阶层(或阶级?)。进一步讲,某些人的资产阶级化对其他人或许意味着进一步无产阶级化。完全的企业家阶级怎么可能离开完全的无产阶级独自存在呢?如果资产阶级化被允许继续进行,工人阶级将被分为两个部分,即"国有部门的工人"与"私营部门的工人",这种结局难以避免。

我们对第三个速写下个结论:在过去5—10年里,"第二等级"的复兴,新兴企业家阶级的逐渐形成最引人注目,但除资产阶级化之外,仍然有其他变迁:老无产者的农民化,老农民工的无产阶级化,以及各类人群的干部化。

三 识别"暂泊轨道"

我们希望,前文的三个"速写"能够生动地刻画出我们的调研对象所生活的世界是何等多变。因此,在这纷繁变幻的社会空间里,对社会学家来说,要完全弄清楚谁"原地不动",谁向上爬了,谁向下滑了,是多么艰巨的任务。用这些洞察做武装,我们首先识别那些在支配性的无产阶级/干部的等级秩序下,人们生活史当中能作为"暂泊轨道"的职位。(74)

沿着干部/无产阶级轴线,这些职位可通过三个维度得到衡量:权势、自主性和技能。干部身处有权在握的职位,他们现在是领导(boss),或曾经长期当领导。与自主性相比,干部更看重权势。很多干部是专业人士,他们本可以自己当自己的老板,控制自己的生产过程,但那样做就意味着丧失了高人一等的权势。他们不满足于这种工作,他们更愿意牺牲自主性,谋得权势。

干部往往技术精到。他们尤其想拥有布迪厄(Bourdieu, 1979)或古尔德纳(Gouldner, 1979)所称的"文化资本",而不仅仅是人力资本(也可参见 Martin and Szelényi, 1987)。对干部来讲,只拥有技术能力(或人力资本)是不够的,他们还需要社会支配术,需要御人术,往往还需要借以凌驾于人的文凭。

在国家社会主义社会里，已获得上述能力的一个很好的标志是参加了不同层次的党校（party school）。以一名拥有相当"人力资本"的农业工程师为例：如果他/她想成为集体农庄的负责人，他/她或被期望曾就读于马克思—列宁主义的夜校，或者全日制地在共产党的政治学院上过一两年课。有时候，这种"意识形态教育"是谋取"达官要职"（nomenklatura）的先决条件（Voslensky，1984）；在其他时候，人们首次登上权势要职后，也会去参加党校。

同样的逻辑也适用于较低层次。想当干部，想放弃体力活而去管别人，或业已谋得具有升迁候选资格或可能更加位高权重的职位的工人首先会参加马克思—列宁主义的夜校。得到的文凭，以及同时学到的本事都是仕途的特质，它们是"可流通的通货"（convertible currencies）。就像钱财之于资本家一样，这些特质能保证干部从一个权势职位走到下一个权势职位。

综上所述，干部可被定义为那些身处要职，有潜力拥有自主性，但更愿意用之谋取权势的人。他们技术精到，有文化资本（用来获取或维持权势地位的文凭）可资利用。

(75) 无产者在另一端。他们完全无产阶级化了，不仅受权势支配，也难以维持自主性。在加入集体农庄的压力下，他们轻易放弃了自我雇佣，也难以找到能够自己控制生产过程和工作进程的工作。与无产阶级化相伴随的往往是去技术化（deskilling）。集体化之后，很多过去的农民，尤其是"农民—资产者"被剥夺了曾拥有的复杂的农业或商业管理技术，沦为非技能性的工薪劳动者。布雷弗曼（Braverman，1974）指出，与东欧农村去技术化的深度和广度相比，他描述的去技术化就小巫见大巫了。

我们将"暂泊轨道"界定为两个极端的中间地带。最可能保存实力以重新进入资产阶级化轨道的人，是那些成功地在干部和完全无产阶级化之间维系着一个"两面性职位"（contradictory position）的人（埃里克·赖特1978年提出的这个词或许非常贴切地抓住了这种职位的本质）。

在集体化时代和市场经济复兴时代之间，待在"暂泊轨道"里的是那些尽可能长地维系着自我雇佣地位的人。当不得不被雇佣时，他们寻找那种最具有自主性的工作。如果必要，他们会接受权势职位，以避免受制于权势。他们往往还学到新技术，建构新网络（有时在城里的工作中），这些东西被证明在将来对自我雇佣有用，比如当个电工或其他手艺人。过去的商人家庭或许还鼓励子女继续读书，积累"人力资本"，以在将来的劳动力市场上有更大筹码。

这样，"暂泊轨道"的一系列特征便是：很可能，或至少有可能成功地谋得自主性；暂时性地接受权势位置，以免受权势制约；中等程度的文凭，看重"人力资本"，漠视"文化资本"（如图3.4）。

权势	自主性	技能	结构	过程
长期待在权势位置	愿牺牲自主性换取权势	教育程度高，有"文化资本"	干部：无关利润	干部化
或许曾在权势位置待过一段时间	尽可能长时间地自我雇佣；注重工作中的自主性	注重人力资本和实用技能	"两面性职位"——"暂泊轨道"	资产阶级化
未曾待在权势位置	较早放弃自我雇佣；工作中无自主性	去技术化	无产阶级化：无关利润	无产阶级化

图 3.4 干部/无产者轴线的三个转型方向及其"暂泊轨道"

现在，我们要开始检验得到改造的"被中断的资产阶级化"理论。在第四章和第五章，我们将前面的理论推理操作化，首先进行民族志描述，接着对四个转型方向进行统计检验。在本书的其余部分，我们将论述家庭背景多大程度上有助于阐释人们在20世纪80年代早期达到的转型目的地，以及通过对户主生活史的分析，我们的探讨有何助益。

第四章　四个转型方向：家庭经济的民族志

(77)　　为确立统计划分四个职业转型方向——干部、无产者、农民工和企业家——的可靠标准，我们主要依据数年来匈牙利农村田野调查中得来的民族志资料。我们阐述企业家农业家庭及其特性（既包含经济方面，也包括态度方面）的机理，这种机理使其与农民工区别开来。我们用同样的方法将无产者、干部与农民工区别开来。最后，由于我们相信：最近国家社会主义体制下农村社会的最突出进展是企业家的兴起或复兴，我们特别花时间制作了企业家家庭的民族志，它描述了集体化实践几十年之后农村家庭用以建立商业性迷你农场的方式；在资本匮乏、专业技术不够，或者仅有少许资本和专业技术的条件下，人们能做什么？假如明天你决定在匈牙利农村建一个商业性迷你农场，我们能给你什么建议？该生产什么？用怎样的技术？要具备何种技术和管理知识？需要多少资金？

　　在第五章里，我们将表明，我们能够得到有统计学意义的子总体，并简要描述这些具有不同发展方向的子总体的人口学和社会学特征。接着，我们将建立一个样本选择模型，以评估第二、三两章描述的替代性理论的相对解释力。我们区分四个转型方向，并将因变量分为三个：家庭农业生产的总产值（FAP），用于销售的家庭生产总产值（FAPS），以及用于生计的家庭生产总产值（FAPC）。

一　区分企业家与农民工

(78)　　我们采用一系列标准，区分四个转型方向以及与之相对应的家庭经济类型。除了生产的绝对**数量**，我们还考虑了**市场导向的程度**，**利用资本和劳动的程度，或仅仅是否节省成本**，以及**专业化生产的程度**

与特性（如表4.1）。

表4.1　　　　　　　　不同转型方向家庭的家庭经济

家庭经济的特征	企业家	农民工	无产者/干部
生产规模	高	高	从低到中
商品生产的比例	高	从中到高	无
优先：			
利用资本	高	低	低
利用劳动	从高到低	高	低
节约成本	低	低	从高到低
专业化生产的程度和特性	从高到低 迈向碎片化生产链	中等 迈向连续生产链	从低到高 专业化，无连续

（一）为市场而生产

在市场上销售一些产品的农业生产者并不必然是企业家。农民工远非只为生计而生产，他们同样销售一些产品，换取现金收入。

埃里克·沃尔夫（Eric Wolf）强调为市场而生产的重要性，甚至在界定"农民"时仍如此。按照沃尔夫的意思，农民之所以与部落农业劳动者（tribal agriculturalist）不同，是因为他们常在市场奔波。农民是社会的一部分，并常常从属于一种"非农民秩序"（nonpeasant order）。[79] 他们必须付租金，纳税，或者献贡（Wolf，1966，pp.7-10），需要现金，获得现金则只能靠销售自己的产品。

东欧农民工之所以像农民，是因为他们不仅为生计，而且为市场而生产。但两者为市场生产的动机不同：农民需要现金，以支付租金和税收或购买土地；农民工则用现金换取更高水平的消费，以及尽可能地不把国有部门的工作当成唯一收入来源。

（二）利用劳动，还是资本？

农民工是最重要的工薪劳动者。他们维持生计的主要来源是薪水，理念也和工薪劳动者相同。他们之所以从事家庭农业生产，主要是为了利用在国家劳动组织工作之外的时间，既不希望也不打算完全自我雇佣。他们的主要目的是通过在家庭工作组织内开辟"第二岗位"（second shift），挣点外快，补充工资收入。农民工鄙视无所事事。马库斯（Markus，1973，1978）颇有说服力地指出，他们被近乎极致的"新教"工作伦理驱使。但是，对早期的资本主义企业家来讲，勤奋工作和禁欲主义主要是为了资本积累；对农民工来说，这种禁欲主义是一名工薪劳动者最后考虑的，他们的工作是为了消费，而不是积累。东欧农民工勤奋工作，推迟消费，只是为了节省更多，为了更具战略意义的消费：为自己或子女改善住房，购买其他耐用消费品。因此，农民工想尽可能多地从家庭生产中挣钱，尽可能少地进行资本投资。仅因生产性投资而花钱是不明智的，会进一步延缓消费目标的实现，而这恰是他们最主要的追求。

当然，农民工不可能毫不进行资本积累，但它往往与耐用消费品（特别是住房）的积累相关。生产性投资对消费目标的附属地位有时会产生扭曲以及某种程度上的功能失调。匈牙利农民工的所谓"方形屋"（square house）就是明证。

（三）凌驾于生产性投资的消费：匈牙利"方形屋"

20世纪60年代与70年代早期，"方形屋"在匈牙利农村广泛出现。它大幅改变了19世纪和20世纪早期的传统农民住房。[①] 传统住房将居住和经济功能在一个建筑内有机地结合起来，典型的样式是前院用来居住（一间或多间卧室与厨房），院子的扩展部分用于经济活动。

"方形屋"打破了传统。它有一个重要的符号性功能：表明户主不再是农民。与农民的房子不同，它强调居住功能，在住房的三个角建造三间卧室（或者两间卧室，一间浴室），在另一个角建个厨房。只是厨房的大小和位置表明家庭企业的存在是前提。

建筑师历经数年去提倡标准的、"城市化"的住房设计，来满足这些所谓新农村工人阶级。这些设计标准常假定居住者只是一名工薪劳动者，他们将厨房与用餐场所连接起来，并限制其大小，以将生活空间最大化。

这些建筑师信奉无产阶级化理论，他们并不理解农民工的生存现

---

① 下文的论述得益于米豪理·哈帕尔（Mihály Hoppál）1983年写的一篇风格轻松的文章。

状。"方形屋"是对城市设计的民间起义,是老式农民住房与典型城市无产阶级住房的折中。新的方形屋有个大厨房,同时用于服务家庭农业企业。举例来讲,在这里,有为猪或鸡准备的饲料。宽大的厨房向院子敞开,而不是向着用餐场所。他们将住房的居住和经济功能连接起来了。

专业的建筑师厌恶这些方形屋的泛滥,它们由不够格的农村建造者设计和实施。但是,对设计更好的标准住房的排斥是用户的理性选择。这些沉闷乏味、相当丑陋的方形屋与"后农民阶层"的实际需要相契合,它们表现出这些人对摆脱农民风格的渴望,同时又维系着和农业生产的衔接。

这些房屋表现出农村"新工人阶级"对消费价值的看重,以及不情愿把钱纯粹花在生产性投资上的态度。同时,它们为家庭的生产活动提供了新的空间与设施,将对消费的投资和对生产的投资联系起来。在为自己建造住房的过程中,农民工在某种程度上扩大了自己的固定资产,但同时使生产从属于消费,导致一系列扭曲的不良结果。最致命的是,与老式农民住房不同,这些方形屋被证明结构僵硬,不够灵活,难以随着家庭农业生产的扩展而扩展。到了20世纪80年代早期,有些农民工成了企业家,着手向院子方向增加通用建筑,导致自己的住房扩展成了面目可憎的"怪胎"。传统农民住房的老式"成排有序"结构能轻易这样扩展,但扩展后的方形屋则变成了散乱、功能失调的结构。⁽⁸¹⁾

由于农民工有意避免纯生产性投资,他们的家庭经济往往有"外包制"(putting-out system)的痕迹。集体农庄雇佣的农民工尤其如此,它通过将一些任务移交到家庭完成,强奸农庄成员的劳动意愿,使其在上班时间之外继续劳作。从某种意义上说,农庄成员可在下班后将工作挪到家里做。那些在官僚监控下的上班时间从事的活动,现在被他们以"自我剥削"的方式继续在家中进行。

举例来讲,在森特什(Szentes)的阿尔帕德(Árpád)集体农庄里,有些温室被分配给园艺组成员,让他们进行家庭生产。一天当中,他们花八个小时待在集体的温室里,八小时之外,他们在家里的小块土地上做着几乎相同的事情,只是控制体系和收益方式不同而已。

农民工经济的经济理念被一种"工薪劳动者意识"塑造。由于来自家庭生产的收入毕竟是第二位的,家庭保障还靠雇佣关系,纯生产性投资就被规避了。只要有空闲劳动力,农民工的家庭企业就会开动,无所事事是"有罪的"。只要有时间,人们必须挣钱以尽快实现消费目标。任何收入高于加班工资的生产活动都被认为是理性的,尤其是当它没有以一种"无用的"的、不可立即变现的不变资本束缚临时性收入时。

随着企业家和资产阶级的出场,生产性资本积累开始被看重,在住房设计的变化中可见端倪。随着新农业企业家阶级的出现,一种新型农业住宅出现了,即"双层别墅",它与旧式农民住房和农民工的方形屋均有很大差别。这种别墅以一种新的、在很多方面"城市性"的方式,将居住和生产功能重新衔接。新企业家们投入大量资金,建造了住房的地下室,包括大型停车场,还有工作坊,以服务于住房后面的资金密集型家庭农业企业。

我们开始看到方形屋中一段"不幸联姻"的终结,联姻双方分别是居住功能和技术非常老式的农业生产功能——准备猪食和做饭在同一个厨房,往往还在同一时间。双层别墅的工作坊用来支撑技术上更先进的经济,需要工程学或电力工程技术和设备。由于日益增加的资金密集度以及农业企业的普遍工业化,新企业家的别墅表明钱也花在了生产性投资上,只是通过一种"城市化的"真正市民的方式。

(四)向资本积累转变

开始承担生产性投资的风险,根据资本收益思考问题,是从农民工向企业家转型的第一个重要步骤。这种转变要在一段较长的时间内逐步实现。

20世纪80年代早期,企业家轨道上的很多家庭都曾经是农民工,他们因追求消费(比如,一所新房子、一份给女儿的体面嫁妆、一个新家具、一台冰箱和彩电、一辆轿车)而起家。他们梦想着最终过上悠闲的生活,而一天"两班倒"不会永远持续下去。他们希望当孩子离开家庭时,他们就能习惯于舒适、甚至富裕的工薪劳动者职位。当马库斯一再强调后农民现象只是暂时性的,这种艰苦的岁月不会持久时,他告诉我们的只是从20世纪70年代早期或中期的匈牙利农民那里听到的。他把受访者的话当真了(后来的事实表明,他甚至太当真了)。典型的情况是,这些梦想没有实现。大多数农民工难以放慢脚步,其中一些少数但举足轻重的人基本背离了当初的想法，开始扩大生产。他们不仅继续长时间工作，而且冒险使用少量过去积累的财富，开始向企业家转型了。(83)

纪录片《人间天堂》（Földi Paradicsom）的男主角亚诺什·科雷柯斯（János Kerekes），正是从消费导向的工薪劳动者理念向资本积累的企业家理念转型的明证。当科雷柯斯家庭开始建造自己的番茄生产"迷你农场"时，他们主要受通常的消费驱使。他们有十几岁的孩子，希望他们的生活有个好起点。如果辛勤工作几年，他们能帮孩子们支付住房的首付，或者帮他们买家具和轿车。当他们开始在塑料大棚温室里种植番茄时，市场形势很好，他们用从亲朋好友那里借来的微少资本运营着，用在购买小型农场和塑料大棚温室上面（科雷柯斯的初期负债是10万福林）。通过少许资金和大量劳动，他们很快挣到了一笔数量可观的收入。

初次的成功只是吊起了科雷柯斯的胃口。他开始攀比城中那些更成功的市场园艺老板。有些人能将温室加热，从而比科雷柯斯的番茄早两三个月上市。他开始计算如果购买了加热系统，能多赚多少钱。由于当时利润很高，资本投资的收益看起来有保障，他比较容易就找到了乐意借钱给他的人，利息高达惊人的25%—30%。

科雷柯斯借到了数倍于启动资金的钱。他迅速扩大生产，但大约就在那时，市场形势开始恶化，因为高额利润诱使越来越多的人种植番茄，更多人购买了加热装置。首季番茄的价格开始停滞，但生产成本，特别是燃料费，则在飙升。

即使不考虑偿还贷款，科雷柯斯若想要维持之前突临家中的较高的生活水平，他也只能继续扩大生产，以冲抵利润空间的缩水。"唯一的"方法就是借更多的钱，以扩大生产规模。这里说"唯一"是因为，他当然可以顶住从农民工向企业家生活方式转变的压力和诱惑，接受一名工薪劳动者的生活，但放弃资产阶级化，重新成为无产阶级队伍中的一员对此时的他来说，并不容易。他也承受着来自孩子们的压力。事实证明，最初制定的家庭消费目标是弹性的。给孩子们的越多，孩子们想要的也水涨船高。日益残酷的市场竞争带来的种种压力，利润的缩水，家庭不断增强的消费需求等因素都在坠着科雷柯斯下沉，他必须更加勤 (84)
奋，承担越来越大的风险，只为了使自己的"船"继续漂浮。1983—1984年间，他从黑市上放高利贷者手中借的钱超过100万福林。经过十年的艰辛劳作和挣扎求生，他最多能够勉强还清贷款，以免债权人取消作为抵押品的农场的赎回权。就算只为避免破产，他也必须每年产出大约价值一百四五十万福林的番茄（对一个年平均工业收入刚超过 5 万福林的国家来讲，这个数目很大）。难道十年的辛苦劳动就要竹篮打水？不是的，毕竟，他已经建立起一个令人印象深刻的高度资本密集的迷你农场，他已经成为一名企业家。

企业家和工薪劳动者理念的碰撞甚至也在科雷柯斯家里上演着。随着家庭贸易日益滑向企业型，科雷柯斯夫人日益紧张和不满。科雷柯斯在某种程度上是个冒险家。他也感到焦虑和不安，但同时非常享受贸易带来的风险，他喜欢冒险。他的妻子则不同，她难以忍受增加负债的想法，有一种受骗感。她认为自己的丈夫不负责任地将自己拖入现在的泥潭。她羡慕邻居们靠薪水持家的日子，想改变现在的生活状态。每次科雷柯斯接受采访，他都是乐观的。他不断地告诉我们，最终他们会成功的。科雷柯斯夫人则深陷悲观情绪。她在录像机镜头前不停地责怪丈夫，《人间天堂》开拍几个月之后，她离开了家（这不是第一次）。她对导演和采访者说，她不会再回来了，但实际上，几周后，她就回家了。

科雷柯斯家庭内部的火花将从后农民转向企业家，从利用劳动力转向冒险进行资本运作过程中的焦虑戏剧化了。在这部"企业家的诞生"家庭剧中，科雷柯斯的母亲站在儿子一边。她或许是最富有企业家精神、对冒险最上瘾的人。自始至终，她都支持儿子，与儿媳则冲突不断。

科雷柯斯的母亲是一名小资产阶级企业家的女儿。她的父亲租了100 霍尔德土地（以战前匈牙利的标准衡量，这是大家业）。她嫁给了一位富农，他从事大量的牛、马、猪贸易。或许正是她不甘于集体化带来的无产阶级生活，当 1960 年儿子失去了 17 霍尔德农场，她或许就敦促儿子下定决心不当无产阶级的一员，并尽快尝试创业。在亚诺什的大半生里，他都承受着来自相反方向的压力。母亲把他推向创业，妻子则向他鼓吹安全感、大量闲暇和工薪劳动者邻居们的恬淡生活。

这样，这部"新型小资产阶级"的家庭心理剧就完成了。科雷柯斯的故事告诉我们市场机会的诱惑如何拉着，"市场竞争的铁律"如何推着一些农民工从消费中心的经济行为，走向资本积累和创业。

(五)"外包制度":迈向家庭企业的第一步

外包制度的变化(特别是在养殖业领域)促使利用私人资本押注的趋向加快了。即使是大型社会主义企业,或许也在为促进私人资本的"原始积累"添砖加瓦。前文我们将外包制度作为农民工经济活动的范本。的确,至少在初始阶段,以市场园艺业为例,这个制度仅被当作一种加班方式,是对法律规定八小时工作日的一种扩展。有段时间,将猪、牛带回家也是如此。集体农庄之所以这样做,是为了使劳动组织更有效,同时也为了减轻主要由官僚们担负劳动过程管理,以及实施高成本、低效率控制的责任压力。这种外包合同不涉及资本积累和所有权。这些牲畜仍然归集体农庄所有,它也承担了对牲畜进行资本投资的所有风险。如果进入家庭经济的动物死了,或者丧失了价值,损失就是集体农庄的,它唯一能做的是追究工人的失职之责。

养殖业中外包制度的经验令人们对这种安排的合理性提出质疑。20世纪 80 年代早期,集体农庄开始试验一种新型承包合同①,在这份合同里,它不仅将动物管理权下放给家庭,一并下放的还有风险承担(渐渐地,还加上了所有权)。在圣拉斯咯(Szentlászló)村(位于匈牙利西南部)合作社的集体农场里,动物养殖业亏本了,便将牛承包给单个家庭养殖,每户大约最多能分到 20 头或 25 头。在这份合同里,集体农庄提出了逐渐赎买制(gradual purchase arrangement),据此,如果家庭把它们养个几年,牛就归自己了。

即使家庭企业里的动物管理出现失误,这种租赁—赎买制(lease-purchase arrangement)也能保障集体农庄的利益。如果动物的价值比预先约定的跌得更快,租赁方家庭必须赔偿给集体农庄超出约定数额的损失。这种安排对有能力的农民很有利,如果动物得以保值,并使它们比预先约定的保值期更长,他们就能进行资本积累,并成为所有者。这种新合同的引入是从农民工转向企业家的重要一步。(86)

从此,涌现出的新型企业家开始承担风险,积累资本,并提高自己企业的资本密集度。长期来看,他们的大多数收入可能会来源于自己的家庭经营。有些人渐渐变成全职的私人农场主。但直到 1987 年,我们

---

① 在 1982 年,第一个由日哥瓦(Szigevár)的缥豪斯(Sovhoz)引入。

(六) 企业家有多少？

正如我们之前所言，只有极少数农村家庭（大概只占所有家庭的3%—4%）从"第二经济"中取得的净收入大于国家发的工资。我们必须指出，特别是当我们考虑社会和经济政策的形成时，薪水对于绝大多数家庭太重要了。一般意义上的第二经济，尤其是家庭农业经营，对家庭收入来源的重要性常被社会学家和新闻工作者夸大。

这些新型家庭经营者向全职私人农场主的转变还处在非常早期的阶段。1970年后，全职私人农场主的比例还在轻微下滑。但1970—1980年间，他们的平均年龄开始下降，十年前它还是上升的。普通私人农场主日益年轻化的事实表明，眼下他们并非"濒危物种"。老一代退休或死去，新一代至少部分替代了他们。但大多数人不愿放弃工作，在这种体制下的"经营信心"微乎其微。或许私人创业的新潮不会持续太久，为应付更坏的年头，人们保留着工作。有些人继续工作是出于社会保障的考虑，靠工资生活使养老前景更光明些，还能帮助他从储蓄银行贷款。此外，在这样的社会中，不辞职的优势还有很多，私有部门长期受置疑，当一名政府工作人员才是"主流"的生活方式。

有些农民工变成了事实上的（即便不是法律意义上的）全职农场主。1983年和1984年夏天，我们在田野调查中发现了人们从事兼职工作的案例。例如，一位受访者当守夜人。这种兼职工作在个人身份证上有标记，但允许持证者成为事实上的全职企业家。从某种程度上讲，官方统计数字或许低估了在私有部门全职工作的人口比例。

因此，新兴企业家阶级还处在起步阶段。只有少数家庭是真正完全意义上的企业家，他们将资金运作放在首位，大量利用已积累的资金，全职为自己工作。然而，在资产阶级化轨道或通向企业家方向的大道上的家庭比例或许很高。这是潜在企业家的大本营，他们或许还未积累足够的资本，但已开始承担资本运作的风险，并摆脱工薪劳动者的理念。

(七) 农民工与企业家：不同类型的生产方式

1. 农民工多样化的"迷你农场"

当一个家庭从农民工转向企业家，家庭经营中专业化程度和生产方式的性质都会发生变化。

典型的农民工家庭会达到中等程度的专业化,往往是"连续生产链经济"(uninterrupted production chain economy)。由于他们生产的主要目的是创造现金收入,用于家庭消费的食品生产是次要的,"后农民"可以大幅削减食品方面的生产。然而,典型的农民工家庭排斥过度专业化,常常力图进行一种精心计划的多样化生产。

大多数农民工家庭的生产模式与战前中农的交易和生产方式一脉相承。中农传统性地打造具有一定多样性、采取连续生产链经济模式的农场。与商业性的农民不同,他们对待市场的态度是谨慎的。他们为之生产,同时也试图避开其不确定性。例如,两次世界大战间的中农养猪户倾向于在自己的农场上维持多种生产链。相对于购买猪食,他们宁愿生产猪食的大部分或全部。同时,他们尽量避免碎片化的生产链,因此在养猪过程中,往往将饲养和育种(feeding and breeding)链接起来。除了饲养几十只猪外,他们还养一些母猪(用来配种)。① 中农常在自己的农场里打造两条连续生产链。他们或许会给猪的连续生产链搭配一条类似的鸭子或火鸡连续生产链。这些连续生产链的最终产品往往远超农民所需,便被销往市场。比起只生产自己所需物品的农民,这些中农更加不那么提心吊胆。从这个意义上讲,他们已不再是传统意义上的农民,但也不是职业农场主,他们还不够信任赖之进行产品交易的其他生产者。通过种植数种农作物,他们能确保即使面临气候差,或市场形势不利于任何农作物时,他们能够挺过年关而不至于倾家荡产。

但连续生产链的维系背后往往也有文化驱动力。传统农村的职业技能理念难以与过度专业化兼容。饲养自己所育种的猪不仅仅是一种经济理性行动。典型的中农还倾向于认为,他是村里最优秀的育种人。如果从市场上买猪,就表明承认自己的无能。不信任他人、谨慎、职业自豪感、自尊,都是中农偏向于连续生产链经济的重要原因。在强调文化因素,包括警惕陌生人、谨小慎微、高度重视安全感等农民式文化特征时,我们并非质疑这种行为的经济理性。特别是在保险和银行体制落后的情况下,连续生产链也许是一种有安全保障的方式。

20世纪60年代晚期和70年代早期,当农民工轨道上的农村家庭开

---

① 将专门从事饲养的农民与专门从事育种的农民的劳动分开,是"碎片化生产链"的例子。

始增加商品生产,他们发现将要承续的村庄文化和组织模式正是战前中农所有的。他们父母的(抑或,如果他们是贫农或农村无产者出身,他们那更成功和市场导向的邻居们的)农场上经营的是连续生产链经济。60年代末期和70年代早期的某些宏观经济条件也迫使农民工采用这样的生产方式,在那些岁月里,农村服务水平(特别是保险和银行方面)甚至比战前还差。向社会主义转型破坏了战前在东欧慢慢兴起的小型服务业、保险业和银行业的基础设施。在改变传统农民生产套路,增大家庭总产值中的商品生产比例方面,连续生产链是已知的最为经济理性的方式。

若说连续生产链是支配性的,还要说它是农民工家庭经济的唯一生产组织方式,就太夸大了。当集体农庄开始成功地整合家庭生产时,他们打破了家庭内的这种生产链条。举例来讲,集体农庄将家庭种植农作物的担子卸下来,将它们交给能够更低成本、更有效地进行农作物生产的大农场。家庭就能专门养猪。饲养猪的人也被卸下了育种的"担子",他们不会因此而颜面扫地,可以从集体农庄买猪崽(他们自己也可能在集体农庄里当一名职业育种人)。因此,有些农民工家庭变得高度专业化,将自己的生活限定在整个生产过程的某一环节上面。他们正在变成"碎片化的生产链"式家庭经济,更像美国商业性农民,而不是战前的东欧中农,虽然这只体现在家庭经营的微观经济层面。

2. 新型企业家的碎片化生产链

与农民工家庭不同,对新型企业家来说,碎片化的生产链才是法门,或至少是一种趋势,连续生产链则是异类。

就他们的专业化程度和向碎片化生产链的转变而言,他们不只是在中农1949年左右离开的节点上重返资产阶级化轨道。20世纪80年代早期,某些新型企业家运营的专业化程度比前社会主义时代村中最富有的农民都要高。如今,土地来源有限或许是企业家家庭放下传统农民的谨小慎微的主要原因。由于每个家庭最多能拿到1.5—3英亩土地,他们将生产链条拆开,以建造一个企业性质的猪/牛养殖场。一个集中养鸡场(大的或许能够年产四五万只鸡)、大型牛奶场(拥有20—25头奶牛)、大型养猪户(每年卖出100—200头肉猪),自身均难以生产出所需的饲料。这些家庭从集体农庄中购买所需,集中精力于生产的某一环节上。进一步讲,他们已在集体农场上学到很多农业技术。他们明白,在大农场中,经过受过高等教育的专家指导,往往能够更加高效地产出高质量的种子和牲畜育种。

通过碎片化生产链,他们将技术创新带到家庭经济。

但这种生产方式的转变也有自身的问题。银行和保险的基础条件甚至比四五十年前还差。集体农庄经常是不可靠的合作者。饲料交付难以预料,种子和牲畜育种的质量参差不齐,这都可能导致企业家家庭向连续生产链倒退。

1984年夏天,圣拉斯咯集体农庄里上演了如下一幕。八月的某一天,伊巴发(Ibafa)卫星村的一群家庭生产者来到这里,向其负责人抱怨集体农庄在履行对外包制度下得到牛的家庭的义务方面做得不好。这位秉持技术官僚统治理念的负责人准许我们观察他和那些"承包商"们的交涉。迷你农场主的主要不满是集体农庄的不可靠。他们讲了很多例子,比如,由于饲料交付不准时,造成牛奶产量下滑。他们还抱怨说,他们想从集体农庄租赁的拖拉机和其他机械设备在需要的时候却偏偏不见踪影。这位负责人用一个多小时进行自我辩护,解释这些事情发生的原因,并试图保证它们不会再发生。但随着争论升级,他对自己的观点也丧失了信心。他意识到自己不可能准时、准确地提供他们要求的服务。仅仅为了一点菲薄的薪水,集体农庄的工人没有足够的动力加班加点,特别是在周末。最后,他下了结论:"大家听好,我告诉你们最后怎么解决。现在,你们从集体农庄承包了牛。但这还不够。我迟早会把土地租给你们,你们可以租40英亩,50英亩,或者更多土地自己来种植用于牛饲料的青草。以后,你们还能买拖拉机,买其他机械设备,要么从集体农庄买,要么从任何一家你们中意的商铺买。那样,你们就能自力更生,也就能更加有效地生产。"这话从集体农庄负责人口中说出,听起来多少有些别扭,但这很好地表明,只要"第一经济"运转低效,小企业主重返连续生产链的压力就会存在。

冲抵向碎片化生产链经济转型的趋势表明,要区分农民工与企业家,专业化程度和生产方式的性质的作用是有限的。两者最根本的差异是:在农民工轨道上的人利用劳动,而企业家轨道上的人已经转向风险承担和资本积累。 (91)

二　农村干部和无产者的住房

在今天的匈牙利农村(大体上,也可以说东欧农村),占压倒性多数的家庭，包括很多无产者和干部，生产一些农产品。很多干部家庭有自己的园子和休闲农场，大多数无产者家庭有一个颇大的菜园。为了完成我们的双重任务，即，首先更加精确地将无产者和干部家庭与农村社会的其他家庭区别开来，然后区分开无产者和干部，我们必须更加近距离地观察这些园子和休闲农场上种植了什么和怎么种植。

（一）干部和无产者的园子

干部和无产者的园子常常一眼望去非常相似。干部家庭经常在后院建一个相当多样化的菜园，随意种植几乎所有他们喜欢消费的东西。虽然干部更喜欢把菜园"藏"在房子或一条草坪的后边，但他们这种实用园子的产品单甚至外貌都几乎与无产者的菜地一模一样。在匈牙利农村，草坪是一种带有干部独特味道的东西。每个家庭都种花，特别是在房子前面，但只有干部乐意把时间花在没实用性的草坪上（尤其是后院的），比如浇浇水等。

凭借一点想象力，人们会将匈牙利干部、无产者的菜园和西方中产阶级、工人阶级的菜地进行比较。在澳大利亚或英国（或许较少意义上的美国），打理自己菜园子的嗜好超越了阶级界限。但中产阶级会着重将菜园与草坪、花卉分隔开来，草坪占据着住房前面的大部分空间。在工人阶级家庭里，实用园子散布各处，向世界宣示：这园子不是用来消遣的。

然而，人们不能将两者的对比过多铺开。在有意识的消遣性趋向方面，匈牙利的农村干部比与之对照的西方中产阶级更少，更为平民主义。在某种程度上有点禁欲主义的东欧农村伦理要求干部去"劳动"。

(92) 如果干部们整天坐在办公室里发号施令，那么至少下班后应该表明他们也能劳动，这种理念被普遍宣扬。通过向邻居们证明他能种出更大、更好的黄瓜和莴苣，干部们会赢得几分对其专业技能的尊重。

但在某种意义上，无产者的迷你农场和干部们更注重消遣性的经营很容易区分。即使在最小的园子里，大多数无产者家庭每年还会饲养和屠宰一两头猪。对干部家庭来说，这几乎不可能发生。干部出身的也有养猪的，但只要他们决定养了，就会大量养殖，而不是为家庭消费养个一两头。显然，对于干部家庭，只有钱的味道能消除猪的脏味。这些大量养猪的干部或许已不再属于干部行列，而向企业家转型了。

对猪的厌恶不限于匈牙利干部家庭。在我们一个关于威斯康星（译者注：美国中西部的一个州，被称为"奶制品之州"）兼业农民的个案研究中，我们发现，作为中产阶级的"士绅农民"也非常不愿成为养猪者。田野调查中，我们发现养猪是美国中西部农业利润最高的行业之一，但我们只在工人阶级的兼业农场里看到了猪。从某种程度上讲，在中产阶级的观念中，猪与"脏"密不可分，这导致作为中产阶级的农民羞于从事养猪甚至猪的育种。对他们来讲，牛，特别是马的育种更令人接受。

（二）干部的休闲农场

如果说在今天的匈牙利农村，饲养和屠宰一两头猪是典型无产者的活动，那我们也可以说，一种特别的休闲农场是干部的专利。大约1975年后，干部家庭开始修造"休闲型农场"，它们是高度专业化，往往也高度机械化和资本密集型的迷你农场。它们主要用来消遣，并作为威望和悠闲的象征，但透过膨胀的地产价格，干部的一只眼睛也盯着资本收益。这种经营的例子包括私人葡萄园或果园。

在匈牙利农村，很长时间以前，拥有一块葡萄园就是一个普遍性的地位象征，超越了阶级界限。农民、农民工和非农业企业家都喜欢有块葡萄园。农业企业家或许是能支付得起的人当中唯一不想拥有葡萄园的群体。但干部家庭的葡萄园凭借优质的葡萄藤，资本密集式生产，以及葡萄园里的高品质酒窖和建于其上的房子脱颖而出。

如果无产阶级家庭也渴望生产各种各样、数量适度的农产品（包括屠宰一两头猪），那我们如何将他们与传统取向的农民工家庭区别开来呢？最主要的判断依据是，对无产阶级家庭来说，家庭农业生产不产生现金流。当然，在这方面不能太较真。在乡村，每户家庭都会卖点东西（水果、鸡蛋，甚至蔬菜）换取现金，但对无产阶级家庭来说，这些是微不足道的，对农民工来讲，这在家庭生产性活动中的作用比前者更大。农民工之所以从事家庭农业生产，是想充分利用劳动力，在工作之余，利用空闲时间从第二经济中挣点外快。这是他们反抗国有部门压榨，努力取得高于科层再分配体制下劳动部门所给收入的积极策略。那些完全无产阶级化的人放弃了梦想与奋斗，甘愿让他们的命运锁定在受雇佣者地位。无产阶级家庭从事农产品生产的唯一目的就是省钱。他们不能显著改变自己的收入水平，只想在食品上少花点钱，进而提高自己

(93)

的购买力。那么,从统计学角度讲,我们预测:农民工和无产者或干部家庭的最有意义的分界点不是农业生产的数量,而是这些生产能否获得显著的现金流,特别是当总生产量大致相同时。

三 迈向农民工和企业家的类型学

直到现在,我们将精力放在农民工和企业家家庭经济的"纯粹型"或"理想类型"上。实际上,农民工和企业家都不是铁板一块的,我们可以将他们进一步划分出子类型。

(一)传统取向和暂时性的农民工

之前,我们着重指出理想类型的农民工家庭与1949年前或战前中农的经营模式在何种程度上一脉相承。但很多农民工或许与以前贫农经营农场的方式更接近。自此,我们把后一种类型界定为"传统取向的农民工"或"农民工1";前者,即那些向着市场导向的生产过渡的农民工,称之为"暂时性农民工"或"农民工2"。

子类型"传统取向的农民工"就是那些与旧贫农的价值观和文化、经济传统相似的人,特征是什么?他们不愿显著提高专业化水平,甘于维持一种具有多样性的传统农民式农场。对专业化的排斥是受文化和符号因素的影响。这些传统取向的农民工希望自己的农场像过去的农民家庭一样:后院有一两头奶牛,饲养和育种自己宰杀的猪,种植多种农作物和蔬菜。他们这样做的主要目的之一是表明自己多么富裕、老到和高明。

一定程度的"物品拜物教"(object fetishism)(巴林特·马扎尔使用的一个术语)抓住了传统取向农民工的特征。他们希望拥有某种物品,例如牛和马,以获取某种象征意义,而主要不是为了其实用价值。这些物品是地位的表征,拥有者便是成功者,境况不会比村里的农民更差。对农民传统的强烈偏好完全能够通过传统取向农民工的住房选择看出来,他们几乎不建造"方形屋",而更喜欢购买过去农民的农场建筑。

"农民工1"中的家庭与市场的联系不紧密。他们极少有目的、系统地种植超出自己所需的任何农作物。对"农民工2"中的家庭来讲,哪种产品卖的钱多，他们就生产哪种产品；对前者来说，家庭食品消费需求量决定他们迷你农场的产品单上有什么。传统取向的农民工往往也接受由官僚机构协调的经济部门提供的市场渠道。如果偶尔有剩余农作物，他们更愿意通过集体农庄卖出去。相比而言，向着为市场而生产过渡的农民工则认真评估不同的市场渠道，最终选择一种最挣钱或最便利的。

许多传统取向的农民工之所以如此痴迷象征符号和声望，是因为他们的农村无产者出身。他们是过去庄园里农奴或其他非农业无产者（比如，农村建筑工人或矿工）的子女。对他们来说，成为农民就意味着向上流动。有些农村无产者正是在土地改革后完成了社会阶层中的向上流动。1945年得到土地的人很多在1947—1948年间成为农民。相比而言，其他农村无产者就只能翘首以盼"第二次土地改革"。集体化和70年代初期一部强硬的土地所有权法案不准拥有第二或第三块土地和园子，通向了普适民主化（major democratization），使土地获取对任何人而言都是平等和容易的。大量过去的农民无产者利用了这次机会。由于对所有私人垄断的废止，集体化便成了走向"农民化"（由于对全职农民的生活方式失去希望，这些曾经的农业无产者便成了传统取向的农民工）的主要推动力。(95)

匈牙利农村结构转型很吸引人的一个特征是社会分层体系中几乎普遍性的上滤（upward filtering）：每人都向前迈了一步。过去的农村无产者进入了"农民工1"，很多贫农及其子女在20世纪80年代进入了"农民工2"，他们像过去的中农那样经营着自己的家庭经济。最后，相当一部分过去的中农和其后代变成了真正的企业家，完全不再是农民。

（二）企业家的类型学

怎样成为一名农业企业家？为此，人们需要什么技能，需要多少资金？有了技术和资金，人们能做些什么？人们能生产什么？大概要花多长时间？预期利润空间有多大？一名新型企业家能以多快的速度做大？在一个社会主义国家，就像今天的匈牙利，若有的话，对私人农业贸易的限制是什么？我们从一小段理论阐述开始，接下来用我们的民族志田野调查资料充实它（如表4.2）。

表 4.2　　　　　　　　　小型农业企业家的类型

	技能条件		
	中农	商品蔬菜种植园主	工业者
典型生产活动	猪、牛育种与饲养	蔬菜种植，果园	养鸡（鸡蛋，鸡肉，育雏）；猪饲养；兔、鸭养殖；温室大棚
基本要求	农场；水井；有生产功能的建筑物	园子；管道；电力	园子；管道；电力
资本回报率	25%	33%—50%	33%
自我生产的固定资本比例	半数固定资本可由家庭产出	只有少量固定资本可由家庭产出	大约25%固定资本可由家庭产出
扩大生产的类型	非连续型	过了某门槛值后为连续型	非连续型
劳动力投入	家庭成员	家庭成员；偶尔雇佣劳动力	个体
其他要素投入来源	饲料来自集体农庄；服务来自第二经济	来自国有商业企业和第二经济	集体农庄
产品渠道	国有批发企业，集体农庄；乡村市场	城市市场；监狱集体农庄；其他小生产者	集体农庄
价格与市场	价格有保障；市场风险小	价格无保障；市场有风险	某些价格有保障；市场有风险
竞争性	无竞争	私人生产者之间竞争	私人生产者对抗大农庄

1. 拥有中农技能和理念的原型企业家（protoentrepreneurs）

对那些具备中农的技术条件，或者有渠道获取过去富农和中农农场土地的人来说，20 世纪 70 年代末期或 80 年代初期[1]，他们往往以养牛或养猪起家。最大的养猪户每年饲养 100—200 头，年净收入可达 5 万—20 万福林。奶牛场主以 3—4 头奶牛起家，年净收入达 3.5 万—4 万福林，80 年代早期的最大农场主则拥有 20—25 头奶牛。[2]

---

[1] 参见苏让（Sozan）对匈牙利西部泰普（Tap）村的精彩民族志描述，内容涉及一些兼业养猪者和奶牛场主。(Sozan, 1983, pp. 123 - 143)

[2] 这么大数量的牲畜往往不归私人所有，而是从集体农庄或国有农场中承包。

拥有一块面积大、设施好的农场是经营猪、牛养殖的先决条件。这些农场价值不菲，均价值 100 万福林或更高。由于缺乏一个适当的信贷体系，找到启动资金很难，这本身也足以证明为何奶牛场都被旧中农及其子女控制着，以及为何前辈留下一块适宜的农场是多么重大的优势。

我们之前提到的圣拉斯咯地区的养牛户是个例外。圣拉斯咯是略偏远地区 11 个小山村的区域中心。在这些风景如画的村庄中，美丽的农舍点缀其间，还有过去一百年间由野心勃勃、非常富有的德国殖民者用石头砌成的大型牛舍。二战后，这些德国人被赶出匈牙利。新的居住者难以重塑过去的繁荣。他们或者能力不足，又或者动力不够，1949 年后的农业政策对重建战前的牛舍越发不利。这样，新来的匈牙利居民心灰意冷，纷纷离开村子，颇多进入相邻城市，如佩奇。较小的村子，像伊巴发、绮思巴发（Kisibafa）、克帕德（Korpád）1960 年后人口流失尤其严重（例如，1984 年，绮思巴发只剩四户）。于是，农场空置或被低价抛售。

20 世纪 70 年代后半期，这些衰落的村庄开始吸引新居民入住，这出乎区域规划者的意料，他们仅凭之前的人口流动趋势，就妄断居民会继续大批离开。曾经的农业无产者家庭，甚至工业大城市郊区的"流浪汉"，立即被吸引到这些破落村庄的产权交易市场。到了 80 年代中期，圣拉斯咯的"卫星村庄"里，很多居民都是这些人。纪录片《人间天堂》的导演保罗·希弗导过另一部电影，讲述的就是这些人的命运起伏。接下来的叙述既基于希弗这部大部分还未剪辑的纪录片，也源于我和同一批人的访谈。

最近迁往绮思巴发的丹尼斯·斯基（Dénes Csiki）来自布达佩斯的无产者近郊（proletarian suburb）——奥尔德（Érd），他是一名留着胡须的工人阶级小伙子。村中另一处空房（有一个美丽的石头牛舍，能轻松容下 20 头牛）被拉奇·桑塔（Laci Sánta）（他来自匈牙利西南部的一个庄园劳动者家庭）及其半吉卜赛式（half-gypsy）的同伴租了下来。丹尼斯和拉奇都是"拓荒者"（pioneer），对他们来讲，绮思巴发是一个冒险，一个挑战，也是一个机遇，等着他们征服。绮思巴发就是他们的蛮荒西部。确实，他们在谱写一支真正的西部思乡曲。虽然他们几乎不会用到马，但每人都买了一匹，把牛带到牧场的时候，他们骑着马，仿佛真正的"牛仔"。两人都没创过业。他们也许能成功，但也可能失

(98)

败、破产，从村里消失，或者在其他地方重整旗鼓。

当圣拉斯喀的集体农庄提出可以将牛承包到家中饲养时，两人都欣然抓住机遇。每人提走10头牛，开始孤注一掷。开始建养牛场时，拉奇梦想着每个月都净挣2.5万福林。但是，这很快被证明是天方夜谭。他们以前和现在都几乎完全缺乏能力。刚把牛从集体农庄领回家时，他们对奶牛养殖几乎一窍不通。拉奇对养牛略知一二的同伴成了"救命稻草"，她帮助他们度过了一道难关。一年来，他们努力破除无知，同时，还要和集体农庄低效的服务以及坏运气作斗争。到了1984年中，事业还在维持着。或许，他们挺过去并最终成为一名企业家的机会在增大。

丹尼斯·斯基和拉奇·桑塔都是养牛者中的异类。我之所以讲述他们的故事，是想表明：在今天的匈牙利，企业家的大门在某种程度上已大大敞开。在需要精细化操作的农业产业，比如奶牛养殖，人们在初始技能和启动资金都很匮乏的情况下，仍然可以尝试当一名企业家！大多数拥有和上述两人一样大事业的奶牛养殖者出身于中农，他们在自己老旧的农场上劳作，用的是从父母或祖父母那里传下来的技术。

像丹尼斯和拉奇·桑塔这样的人，出身于更穷的家庭，具备更少的技能，拥有更少的家庭遗产，更有可能先试试养猪，但不从事猪的育种，因为它和奶牛养殖一样，是一个有声望的活。极少农业商品生产的新手敢尝试育种，而宁愿去饲养猪。

但从其他方面看，两人在奶牛养殖中遇到的麻烦并不特别。能力不足并非企业成功和扩张的唯一障碍。他们还受到结构限制，在匈牙利的任何地方，即使实力更强的家庭奶牛场也会遭遇这些限制。正如表4.2所示，在中农技能都管用的企业家那里，集体农庄起着主要的整合作用。这是难免的，因为根据现行土地法，猪、牛养殖户不能随意扩大规模。在匈牙利，正如大多数其他国家社会主义社会一样，每户最多可拥有土地2—3英亩。到了20世纪80年代，这部土地法不再被严格遵照执行。有些人借亲戚之名购置土地，还有人半违法地租赁。另外，还有相当部分的野地被"蹲踞"着（squatting），这尤其发生在偏远独立又正在衰落的绮思巴发等村庄。当局假装没发现这些不正当行为，极少对此严格依法执行。在这种背景下，也许有些家庭大量增加了可用土地。由于这是一片灰色地带，我们没有找到私人土地占有扩张的可靠数据。然而，有些掌握消息的专家们认为，到了20世纪80年代中叶，通过这种半非法的扩张活动，家庭拥有土地或已达到 12—14 英亩。但即使依照最乐观的估计，这些半非法得来的土地也不够饲养 20 头奶牛或 100 头猪。几乎所有大型奶牛和猪养殖户都依靠大农场获得干草和谷物。集体农庄或国有农场往往和私人企业主有个合同。据此，家庭将牲畜从大农场承包走，后者还保证前者的饲料供应，并以合同价格收取最终产品。

大农场对私企的整合是喜忧参半之事。劳动部门帮助农场实现生产方式现代化，准许更有效的碎片化生产链取代更传统的连续生产链。但同时，集体农庄限制了他们的利润率和规模扩大的机会。正如我们前面提到的圣拉斯咯集体农庄负责人和私人承包商（丹尼斯和拉奇均参与其中）的论战所示，集体农庄在交货方面不可靠，影响牛奶产量和进料质量，进而威胁着这些新企业的前程。

但归根到底，中农类型企业利润率和规模扩张的最大障碍是对土地私有权的法律限制。如果将来匈牙利农业政策想鼓励猪、牛养殖企业扩张，农民必须被允许在没有法律限定的条件下购置或租赁土地。

2. 拥有商品蔬菜种植技术的企业家

在社会主义体制下的匈牙利，对具备蔬菜种植技术和园艺知识的人来讲，建立家庭企业的门是打开的。在这里，商品蔬菜种植便成了企业家的另一块用武之地。尤其是塑料大棚园艺业，它在 20 世纪 70 年代中期以后迅速扩大。(100)

这种经营的扩大，受土地私有权限制的约束较小。塑料大棚园艺业（尤其是具有加热设备的）是一项新技术，在 20 世纪 60 年代末之前，还几乎无人知晓，但在 70 年代它带来了商品蔬菜种植业的革命。红椒、胡椒、番茄和其他农产品的每英亩产量因之得到大幅提高，以高速增长的收益率，为投资者创造了高收入。

那些拥有商品蔬菜种植技术的人在自家小后院里就能开始运营，只需要相对较小的资本投入，能够快速积累资本和扩大生产。它的一个重大优势是对集体农庄的独立性，它不需要后者的服务、原料或市场援助。商品蔬菜种植者往往自己与城市市场对接，因此，政府对批发价的操纵对他们的影响小于牛、猪养殖者。

我们再次回到科雷柯斯家，以阐明家庭商品蔬菜种植业扩张的前景和局限。纪录片的标题似乎反讽性地表达出当今匈牙利新兴企业家阶级生活所面临的矛盾：在这里，Paradicsom 具有双重含义，包括"天堂"

和"番茄"。这个从事番茄生产的家庭企业,是像很多满怀羡慕的城里人认为的"人间天堂",还是另一种艰难又令人不快的谋生方式?

快速回顾一下科雷柯斯家庭企业的历史和经济:科雷柯斯家族的家庭农场(按照匈牙利标准,丧失的数量令人瞠目:17 霍尔德土地,100 头猪,3 匹马)被集体农庄收上去以后,亚诺什开始携母亲和妻子漂泊,试图躲过"第三次农奴化"(third serfdom)之劫。1960 年,他们离开自己的村庄,在几个地方尝试了不同的工作,1968 年,他们来到森特什城。他们在城外很远的地方购置了土地,开始了园艺业。森特什以园艺业著称。来到这里之前,科雷柯斯家庭对园艺业知之甚少,但决定学习这门技术。到了 20 世纪 70 年代早期,亚诺什和他的家庭开始尝试经营无加热设备的塑料大棚生产。开始时有些困难,但到了 1975 年,他们攒下了大约 10 万福林。有钱在手,如亚诺什自己所言,"耳根便发痒"(ears were itching)。于是,他花 50 万福林买了个农场,开始打造自己的园艺伟业,还购置了可用燃油炉加热的塑料大棚(一个 80 米的大棚大约要花费 25 万福林)。他独立建造了五个这样的大棚,他的母亲、已出嫁的女儿一家又添置了一些。为支付这些花销,他不得不借债超过 100 万福林。当时,由于政府条文禁止储蓄银行或其他任何银行贷款给私企,他不得不以 20%—30% 的利息(大约是官方利率的 5、6 倍,通货膨胀率的 4 倍)从放高利贷者手里借钱。这样,科雷柯斯摇身变成一名大企业家,是森特什最大的之一。凭借一点好运,每个大棚的农产品每年能为他带来 15 万,甚至 20 万的收入,这样,家庭的总收入便上了百万级。

亚诺什几乎不在塑料大棚里劳作。在旺季,他扮演管理者的角色。虽然他的家庭成员仍然做体力活,他还是雇佣了一批季节工采摘和包装番茄。这些东西统统销往布达佩斯市场。夜深之时,他驾驶自己的卡车离开家,前往布达佩斯的波斯尼亚(Bosnyák)广场的蔬菜批发市场。他四处探寻,掌握价格走势,接着将自己每日所收的一部分卖给批发商,一部分卖给零售商——城里其他地方的老熟人。这是充满压力的日子。价格不可预测,行程很容易以不幸收尾,当然也可能是个圆满的句号。

据亚诺什所讲,长期来看,市场形势在走下坡路。成本(尤其是加热成本)在飙升。1983 年 5 月,科雷柯斯估算,番茄价格在五年内没上涨,但油价涨了五倍。利润空间被压缩,他羡慕那些在他之前进入商品蔬菜种植业的人,他们没有过多的负债。亚诺什说,如果资本是你自己的，那你会靠商品蔬菜种植过得很好。问题在于，他们只能在一个消费者相当受限的市场上残酷竞争，对私人企业家而言，根本没有出口机会，因此前景并不光明。

像丹尼斯·斯基和拉奇·桑塔一样，科雷柯斯白手起家，毫无经验。也许"耳根发痒"使他成为企业家，单就他而言，他也许难以还清债务，难以打牢家庭企业的资金基础。和科雷柯斯不同，森特什的大多数商品蔬菜种植者在将自己的迷你农场变成企业时，是懂行的，而且也有更多赖以生产的家庭资本。但科雷柯斯家庭农场的困难绝非独一无二的。其他所有种植者都由于贷款渠道狭窄，不得不求助于黑市。他们都面临着市场的不确定性。20世纪80年代早期，国内市场趋于饱和。（102）商业组织的僵硬和垄断也伤害了种植者。尤其要说的是，政府垄断了对外贸易，导致走向国际市场成为痴人说梦。如果上述所有约束都不会改变，那么匈牙利私企在商品蔬菜种植方面，已碰到天花板。除非资本积累变得容易，对生产性投资的贷款成为可能，并且被允许成立新的（包括拥有出口许可的）企业，他们已寸步难行。如果匈牙利经济政策想通过鼓励小型私企的发展挽救匈牙利经济，或许它在迈向自由化方面必须再出新招。

3. 拥有工业技能的农业家庭企业家

表4.2中的第三类农业企业家凭借工业技术起家，是一个具有多样性的类型。他们的产品单各种各样，以封闭系统下的小动物养殖为主，包括鸡、鸭和兔子，这需要相当多的工业、科技和工程方面的技能。这些企业拥有相当高的技术含量，包括回转加热、照明、通风和自动喂养系统。有的农村人在20世纪60年代或70年代早期的工厂里掌握了这些技术，有些则在集体农庄学到。被技术武装起来后，他们能够独立（或在亲朋好友帮助下）建造自己的迷你农场。

这些人的迷你农场往往是碎片式生产链经济，通常被集体农庄或政府商业组织整合起来。大型鸡、鸡蛋供应户提供的肉或蛋数量太大，不适合直接销售。同时，由于很难保证饲养，他们往往以合同为基础来运营，这能让集体农庄、商业组织或团体提供价格保证。

1984年夏，我访谈了位于匈牙利西北部的哈顿那那斯（Hajdunánás）城的一个自动养鸡场。我们是偶然发现这个农场的。在县城周围闲逛时，我们在郊区看到了这栋白色而素朴的建筑物。其中一

(103) 位年轻的（大约二十五六岁）合伙人热情地带我们参观。那里有一间工作室，室内精心配置着床、电视、一块引人注目的自动开关板，房间的一角还有一间浴室。养鸡场 24 小时运作着，他和他的岳父轮班倒，因此他们要使自己在夜里也很舒适。通过开关板，他们能够控制鸡房里的空气质量、温度和湿度。喂养系统是全自动的。鸡房里有 1 万只鸡。他们买下刚出生一天的鸡雏，经过六周的饲养，它们会重达 2 公斤，接着他们便将之销往国营的商业公司。一年下来，他们能重复这种运营 5 次之多，能售出大约 5 万只鸡或 10 万公斤鸡肉，即使按照美国标准，这也是相当大的农场了。他们因此赚得盆满钵满，每年的净收入加起来大约有 40 万福林。我们的向导曾经是一名技术老到的砖瓦匠，他以前为政府的一家建筑公司劳动，能挣到当今收入的三分之一，至多二分之一。如今，他不仅挣得更多，而且自己当老板。我们聊了养鸡的世界市场形势。他在外贸政策、养鸡的国际前景方面的见解不输给我在威斯康星访谈过的任何一个农场主，给我留下了精明而博学的商人印象。

我们的向导是一名十足的"工业主义者"，接受过优秀的培训，掌握了有价值的技术。他和岳父建造了这所农场，在自动加热、通风和喂养系统方面得到了朋友的一些帮助。他们在鸡房建造上只花了 70 万福林，如果它能每年持续地产生 40 万福林的净收入，这笔投资就太划算了。

这个精致的养鸡场的规模达到了现有条件允许的私有农场的最大值。据当地专家，也是社会学家伊姆雷·卡瓦奇（Imre Kovách）讲，在哈顿那那斯，有大约 15 个这样的农场。进一步的发展受到工薪劳动者数量限制和国际市场不通的双重制约。只有所有者渐渐变成管理者，并能够雇佣工薪劳动者做那些枯燥又令人不快的体力活，它们简单（不断检查装置是否运转）和肮脏（清除死掉的鸡），企业的进一步扩大才有希望。在哈顿那那斯，像我们的年轻砖瓦匠这样的人，有技术、精明、有企业家天赋，从事这样的活有点虚度人生。对他们来说，雇佣一批人干这样的活，自己专心从事管理并不使人惊奇。然而，虽然对季节工的私人雇佣非常广泛，但对自动养鸡场这类活的永久雇佣依然非常不常见，甚至近乎非法。

至此，我们阐述了一个基于技术的企业家类型学。一个补充性的类型学应该基于他们利用资本的不同方式。所有资产阶级化轨道上的企业家都会在某种程度上利用资本，但资本密集度有很大不同。从这个角度看，我们可以将企业家家庭划分为两种子类型：

第一，积累资本，以减少劳动力投入，增大资本密集度，以扩大生产，即资本密集型企业。这种策略在专业从事牲畜养殖业的迷你农场里盛行。

第二，购买新的生产工具，以雇佣工薪劳动者，进而扩大生产，即劳动密集型企业。市场园艺企业或许更为接近这种类型。

在这个分析中，我尝试描述成为农业企业家的方式，以及企业家头上明显存在的结构性约束。表4.3概括了国家社会主义体制下农业私企成长中面临的结构性约束。

我希望，我们讲述的故事能够使读者明白，在今天像匈牙利这样的社会主义国家的农村中，农业企业家意味着什么。表4.3也指出企业家成长的限制，正如我们之前所讲，大约3%—5%的农业家庭符合条件。但是，如果算上我们称为"原型企业家"的中农家庭，那么相当比例的农村家庭，大约五分之一或六分之一，或许可视为正在资产阶级化轨道上前行。最宽泛地讲，我们估计不同轨道上的农村人口比例为：40%的无产者或干部，40%在农民工轨道上，剩下的在资产阶级化轨道上。

表4.3　　　　国家社会主义体制下私有农企扩张所受的限制

限制对象	
投入	产出
来自"上层"：	
土地私有权的限制	市场（国内外）饱和
资本和贷款渠道窄	商贸和加工行业的国有垄断
配套设施不完善	对能打破垄断的私有企业的法律限制
来自"下层"：	
小生产者数量由于如下原因增加：	消费者需求由于如下原因收缩：
（a）对集体农庄的货物"援助"支付	（a）休闲农场的存在
（b）低度城市化造成农村地区大量农民工从事商品生产	（b）低度城市化造成农村干部和无产者进行一些生计性生产，导致消费需求降低
（c）太多人因无个体经营渠道而从事农业生产	

在第五章的前面部分，我们将更精确地测量这些人口分布。

(106)

图 4.1 有钱（10 万福林）在手，如亚诺什自己所言，"耳根便发痒"，于是，他花 50 万福林买了个农场，开始打造自己的园艺伟业。

图 4.2 科雷柯斯在某种程度上是个冒险家。他也感到焦虑和不安，但同时非常享受贸易带来的风险，他喜欢冒险。

图4.3 科雷柯斯夫人难以忍受增加负债的想法……她认为自己的丈夫不负责任地将自己拖入现在的泥潭。

图4.4 科雷柯斯的母亲……或许是最富有企业家精神、对冒险最上瘾的人。自始至终，她都支持儿子……她是一名小资产阶级企业家的女儿……或许正是她不甘于集体化带来的无产阶级生活。

(108)

图 4.5 亚诺什几乎不在塑料大棚里劳作。在旺季,他扮演管理者的角色……他的家庭成员仍然做体力活。

图 4.6 亚诺什·科雷柯斯为女儿建造了一个"方形屋"……它有一个重要的符号性功能:表明不再是农民……它强调居住功能……只是厨房的大小和位置表明家庭企业的存在是前提。

图 4.7 在这些风景如画的村庄（圣拉斯咯附近）中，美丽的农舍点缀其间，还有过去一百年间由野心勃勃、非常富有的德国殖民者用石头砌成的大型牛舍。

图 4.8 最近迁往绮思巴发的丹尼斯·斯基来自布达佩斯的无产者近郊——奥尔德，他是一名留着胡须的工人阶级小伙子。

图 4.9 村中另一处空房（有一个美丽的石头牛舍，它能轻松容下 20 头牛）被拉奇·桑塔（他来自匈牙利西南部的一个庄园劳动者家庭）及其半吉卜赛式的同伴租了下来。

(110)

图 4.10 在圣拉斯咯合作社的集体农场里,动物养殖业亏本了,便将牛承包给单个家庭养殖,每户大约最多能分到 20 头或 25 头。

图 4.11 桑塔和斯基每人从集体农庄提走 10 头牛,开始孤注一掷……他们以前和现在都几乎完全缺乏能力。刚把牛从集体农庄领回家时,他们对奶牛养殖几乎一窍不通。

图 4.12 开始建养牛场时,桑塔梦想着每个月都净挣 2.5 万福林。但是,这很快被证明是天方夜谭。

图 4.13 拉奇对养牛略知一二的同伴成了"救命稻草"……一年来，他们努力破除无知，同时，还要和集体农庄低效的服务以及坏运气作斗争……事业还在维持着。

图 4.14 丹尼斯和拉奇都是"拓荒者"，对他们来讲，绮思巴发是一个冒险，一个挑战，也是一个机遇，等着他们征服。绮思巴发就是他们的蛮荒西部。

图 4.15　丹尼斯和拉奇在谱写一支真正的"西部思乡曲"。虽然他们几乎不会用到马,但每人都买了一匹……仿佛真正的"牛仔"。图为拉奇·桑塔在从牧场回家的路上。

图 4.16　集体农庄经常是不可靠的合作者……这位(集体农庄)负责人用一个多小时自我辩护……但随着争论升级,他对自己的观点也丧失了信心。

图 4.17 迷你农场主的主要不满是集体农庄的不可靠。他们讲了很多例子，比如，由于饲料交付不准时，造成牛奶产量下滑。

图 4.18 图中为绮思巴发一只不驯从的猪跑到了路上。在某种意义上，无产者的迷你农场和干部们更注重消遣性的经营很容易区分。即使在最小的园子里，大多数无产者家庭每年还会饲养和屠宰一两头猪。

第五章　对四种职业流动类型的测量

沿着前面的民族志论述，我们现在转向数据分析，将理论性和定性的划分进行量化。首先，我们量化帕尔·朱哈兹与巴林特·马扎尔发展出的转型方向的类型学，并将其结果与匈牙利中央统计部门（CSO）提供的不同货币测量方式下的家庭农业收入数据进行比较。

接下来，我们将生成一个复杂的回归模型——样本选择模型，来评估在第二章和第三章讨论的替代理论的相对解释力度。特别是在我们开始对第四章中假设的四种职业流动类型进行区分的时候，我们将会展现模型是如何改进的。

一　农村人口在四种职业类型中的分布情况

这个部分我们将做出如下处理：

第一，我们尝试对上面所展示的家庭经济的民族志直接进行量化处理。依据朱哈兹与马扎尔的研究结论，1985年他们根据对生产率的自然测量发展了家庭经济的类型学体系（我们把它称作朱哈兹—马扎尔类型学或者是转型方向的类型学）。作为描述工作的第一步，我们用这个体系去评估不同家庭最终的转型方向。

第二，我们利用朱哈兹—马扎尔类型学去评估：对不同转型方向进行非自然和货币测量的准确性。我们的任务是评估我们是否能利用这些货币计量的方法（从技术上来说，相比于更有理论意义的转型方向类型学，这种方法更适宜样本选择模型）对干部、无产者、农民工和企业家这四种职业做出区分。

（一）家庭农业生产的自然测量指标

根据朱哈兹—马扎尔类型学，在每种职业类型中，农村家庭各占有多大比例呢？

在第一章和附录 A 中我们注意到测量家庭农业生产率，最经常使用的货币指标存在着方法论上的问题。这种方法由 CSO 设计，运用一种很复杂的过程估计价格、成本并分配未申报的产量。在第四章民族志的描述中我们发现了另一个限制：除了绝对产量或者商品产量，一个足够灵敏的家庭经济类型学还要考虑其他因素，最重要的就是生产的真实指标，比如专业化的程度和生产体制的性质。

因此，基于家庭生产的自然指标，我们决定利用替代性的因变量去建立我们的家庭经济类型。我们希望这一举措能在如下两方面起作用：第一，我们为分析加入更多"血肉"。利用自然指标，我们看到的类型学图式没有模型本身传递的信息那么"干巴"。并且它与早先对于家庭经济的民族志或现象学式的描述都有直接联系；并且我们希望把民族志的描述和这本书高度抽象的多元分析相结合。第二，这一举措起到一种控制作用：对于家庭在不同转型方向上的分布比例，我们可以通过比较只运用自然测量手段和通过货币手段估计这两种方法，对货币测量手段的可靠性进行评估。

根据我们匈牙利同行——朱哈兹和马扎尔的大量田野实践，在实践中他们扮演了"法官"（jury）的角色，并利用自然测量手段对家庭农业生产进行了评估（以公斤为单位，或者以牛或鸡的数量等）。首先，他们探索性地评价了单项产品的产量，并且根据生产水平，做出如下三种分类：即商品生产（commodity production）、生计品生产（subsistence production）和次级生计品生产（sub-subsistence production）。通过在家庭层面将这些产品测量的加总，他们把每个家庭归为以上三类中的一种。其次，通过评估生产体制的特点和专业化程度，在这些广泛的分类中，他们进行次级分类。比如，他们将进行商品蔬菜种植和拥有工业生产技能的企业家与中农类型的企业家区分开；将暂时性的农民工和具有传统取向的农民工区分开。

运用这种方法，朱哈兹和马扎尔设置了 17 种统计学上可以接受的类型。在这个类型体系中，我们测量了家庭农业生产总值（FAP）在组间和组内分布的方差，并得到了高度显著的 F 值 510.9。但是，为了更容易地在朱哈兹—马扎尔类型体系和我们之前关于转型方向的理论间进行比较，并且为了证明我们划分的类型与民族志描述相对应，我们将十七种类型简化到七种类型。这种更简单的类型划分在方差检验中效果更好：组间和组内方差检验的 F 值达到了 1420.6，事实上高度显著。农村人口在朱哈兹—马扎尔类型学中的分布情况如表 5.1 所示。

表 5.1　　　　　　按职业流动终点划分的农村人口分布

	样本数	在所有农村家庭中所占百分比
无产者/干部 1 （不从事生产的无产者与干部家庭）	750[a]	9.7
无产者/干部 2 （从事次级生计品生产但不销售的无产者与干部家庭）	1080	13.9
无产者/干部 3 （从事次级生计品生产和部分销售的无产者和干部家庭）	1418	18.3
所有无产者与干部	3248	41.9
农民工 1 （传统取向型农民工）	2359	30.4
农民工 2 （暂时性农民工）	991	12.8
所有农民工	3350	43.2
原型企业家 （具有中农技能的企业家）	799	10.3
企业家	357	4.6
1. 具有市场园艺经营能力者	260	3.3
2. 具有工业生产技能者	97	1.3
所有企业家	1156	14.9
样本中所有农村家庭	7745	100.0

资料来源：整理自匈牙利中央统计局 1982—1983 年收入、社会流动与生活史调查。

[a] 在我们样本中的 7754 个家庭里，有 754 户家庭没有通过货币测量手段得到的生产记录；但是其中的 4 户家庭有通过自然测量手段得到的生产记录。

（二）家庭农业生产总值的分解

我们的任务有两方面：首先，我们将家庭农业生产总值（FAP）分为两部分：一部分是用于销售（商品生产）的生产值（FAPS），另一部分是用于生计的生产值（FAPC）。其次，我们根据对转型方向的类型学划分，对 FAP（即家庭农业生产的总产值）、FAPS（即用于销售的生产值）和 FAPC（即用于生计的生产值）的分布进行考察。

我们希望将 FAP 分解为 FAPS 和 FAPC 这两部分的做法，会带来理论和方法论意义上的双重改进。理论上讲，FAPS 会帮助我们更加清楚地在农民工和企业家之间做出区分。FAPC 有助于将无产者和干部从农民工和企业家中区分出来。在方法论上，我们希望得到一个较少受到 CSO 影响、更"纯净"的测量结果。正如附录 A 中解释的那样，CSO 的农业统计部门估计的家庭农业产量要比收入调查中得到的数据高出 20%。因此通过将这些 1982 年"未申报的产量"在小型和大型农业生产者中间平均分配，CSO 收入统计部门将 FAP 提高了 20%（但并没有改变数据盘里最初对于 FAPS 和 FAPC 的估计）。这种做法显著地影响了 FAP 的分布。在政治上，它的优点在于这一数据支持了政体辩护者，辩护者们声称匈牙利的不平等程度在缩小，阶级分化正在消失，每个人均等地参与到了"第二经济"的生产中。任何没有经过政治考虑而做出的理性修正策略都有一种倾向，那就是将全部或大多数未申报的产量分配到大生产者头上。关于这点，人们能够想到的最合理的假设就是这些大生产者没有真实上报他们的产量，因为家庭农业生产税自从开始征收，每年可达到 20 万福林。

（118）

通过运用 FAPS 和 FAPC 而不是 FAP，我们至少可以去除收入分配曲线中由政治因素造成的偏误。因为我们忽略了低报导致的问题，FAPS 的分布比真实的销售收入呈现出更明显的指数分布特征。但是，因为我们的主要任务是将不同的家庭归入到不同的转型方向，在我们的分析中，不同转型方向之间的差距属于次要问题，我们可以在这个偏误的基础上继续进行研究。

根据表 5.1 建立的转型方向的类型学划分方法，在表 5.2 中，我们呈现了 FAP、FAPS 和 FAPC 三种货币计量方法的分布情况。

表 5.2 有助于估计有多少偏误来自于 CSO 对于 FAP 的操纵。对总人口来说，FAP 比 FAPS 和 FAPC 两者之和多出 20%。但对企业家来说，同样的比值是 6%。但对于无产阶级 2 范畴，这一比值高达 43%。通过高估小生产者的产量、低估大生产者的收入，CSO 的确推动了无产阶级化理论的发展。通过 CSO"操纵"的 FAP 显示企业家的收入仅是几乎所

表 5.2 根据职业流动类型学得到的加权后的 FAP、FAPS 和 FAPC 均值
（以福林为单位的家庭月收入）

	FAP	FAPS	FAPC
无产者/干部 1	0	0	0
无产者/干部 2	586	142	267
无产者/干部 3	1070	295	446
农民工 1	1686	625	682
农民工 2	2617	1439	808
原型企业家	4991	3662	943
企业家	5683	4541	820
全部	1765	926	543

资料来源：整理自匈牙利中央统计局 1982—1983 年收入、社会流动与生活史调查。

注释：FAP：家庭农业生产净货币值

FAPS：在市场上销售的家庭产农产品货币值

FAPC：家庭自己消费的农产品货币值

有无产者家庭的十倍，但是真正的收入差距至少是十五倍。因此，我们推断，利用 FAPS 和 FAPC 作为因变量会得到更加可靠的结论。

另外，表 5.2 让我们相信：转型方向的类型划分，以及从理论上尝试在四种转型方向之间进行区分的举措是可行的。事实上，以每年生计品产量在 5000—6000 福林为线，变量 FAPC 看起来能够将农村人口（朱哈兹和马扎尔定义的无产者 3 和农民工 1）进行二分。从农民工 1 类型到原型企业家类型，FAPC 的数目增长很慢，并且在前 50% 的家庭生产者中，这一数目只显示很小的差异；在真正的企业家中，这一数字甚至有所下降。

但 FAPS 的变化却完全不同，它一直呈现指数式增长，并且可以将前 50% 的生产者再进一步分成两个类别。根据转型方向的划分体系，原型企业家与企业家这一阶层和那些具有传统取向的农民工家庭，甚至更具有市场倾向的农民工（临界值基本处于每个家庭月销售收入在 2000 福林左右，这种划分看起来是有效的）相比，其 FAPS 值有极大的差异。对于农民工 2 群体来说，商品销售值仅比家庭消费值高出 80%（这两个数字对于传统取向的农民工家庭来说基本一样），但原型企业家的销售值几乎是他们消费值的四倍，对企业家来说，这个数字是五

倍。因此，十分有必要将从事次级生计生产的家庭从那些自给自足的家庭中区分开来。同样，将那些主要从事生计生产的人从以市场为导向的生产者中区别出来也具有统计学上的意义。

这样，我们可以得到如下结论：（1）自然计量法和货币计量法彼此互相补充：利用这两种完全不同的方法，我们获得了一致的转型方向划分结果。（2）对于测量变量的企业家导向来说，FAPS 比 FAP 指标的测量效果更佳。在将来的分析中，我们将主要依赖 FAPS 这一工具，把企业家从其他农村人口或者农民工中区分开来。（3）若想将无产者和干部家庭从农民工与企业家中区分开来，FAPC 是一个尤为灵敏的手段。

现在，我们可以开始建立回归模型，来评估"家庭农业生产"替代性理论的相对解释力度。首先，根据第二章和第三章理论阐述部分得到的最基本自变量来构建最简单的模型，并把 FAP 作为因变量。在第五章的最后部分我们将对因变量进行微调，把研究重点从 FAP 转向 FAPC 和 FAPS。在第六章和第七章，我们将对主要自变量（首先是流动变量，其次是个人生活史变量）进行微调。

二 建立样本选择模型

（一）用来评估三种理论的四个模型：把 FAP 作为因变量

在社会主义集体化农业生产中，为了找到一种策略，评估关于家庭农业生产三种理论的相对解释能力，我们首先将 FAP 作为因变量[①]，这包括用于生计的产品和用于销售的产品两部分。根据市场价格的波动[②]，中央统计部门对这两类产品的价值进行估计。FAP 是一个净值：通过加总市场销售量和家庭消费量，可以推测出生产成本（但没考虑家庭成员的生产时间成本）。这一部分我们主要的任务如下：首先就是解释哪些家庭从 FAP 中获得收入；其次，在取得收入的家庭中，是什么因素导致 FAP 的变化。我们通过建立嵌套模型来完成这一任务。

作为基本模型，我们运用无产阶级化理论的假设（比较表 2.1）：

---

① 任何时候我们对于 FAP 方差的估计都是使用收入的对数转换形式，这是根据 Featherman and Hauser, 1978, pp. 288—289 和 Hauser, 1980, pp. 4—5。

② 在调查中，他们询问了生产的实际数量，并且让被调查者估计在全部产品中，用于生计的产品的比例。

第一个模型（模型 A）检验人口学因素对家庭农业生产值方差的影响，第二个模型（模型 B）测量户主现有职业的影响。

人口学变量对于无产阶级化理论十分重要，因为假设是这样的：由于社会化的作用，后继同期群更有可能成为工薪劳动者，因此他们失去了从事家庭农业生产以及其他私有经济活动的兴趣。在社会主义体制下，无产阶级化理论推断：人们很有可能成为雇佣工人，而私有经济活动或是由于过去的延续，或是由于特殊的家庭条件影响而存在。因此根据无产阶级化理论，我们预期人口学变量主要产生以下两方面影响：

（1）因为在农民的意识中，家庭生产者主要受到生存因素的驱动而从事生产，户主年龄越大的家庭，其生产能力越有限。作为年龄的测量方法，我们将运用自然年龄（AGE）和年龄的平方（AGESQUARE）。尽管我们预期年龄和家庭生产存在正向相关关系，同样也有理由假设非常年迈者实际上生产量很小，并且有理由推断家庭生产可能在户主中年而非老年时达到高峰。

（2）劳动力供给越多的家庭产量越多。我们假设，如果家庭中活跃的工薪劳动者数量（ACTIVNO）越多，户主的配偶没有外出工作而是在家中进行全天劳作，或者家中有其他未被雇佣的成年人（HOMEDUTY），那么家庭劳动供给也越多。我们也假设：处于学龄的孩子或者更小的孩子"消费"家庭中成人的时间，特别是家庭主妇的时间；因此，我们推测 19 岁以下需要抚养的子女数（CHILD）与 FAP 呈负相关关系。另外，如果家中达到退休年龄的人数（RETIRND）更多，我们假设劳动供给与家庭生产将会更多。我们同样推测，家中有一对配偶（ONECOUPLE）的"双亲家庭"和家中配偶超过一对（MORECOUPLE）的"三代同堂"的家庭比单亲家庭（single-parent）和其他碎片化家庭的产量更多。

我们将在模型 B 中对现有职业的影响进行探究，虽然它仍然保留着根据无产阶级化理论得来的假设。根据无产阶级化理论，户主不从事技术性工作而仍在土地上劳作，加入农业合作社并成为农业体力劳动者将会是家庭农业生产中最有效的手段。因此在模型 B 中，我们加入了一个虚拟变量（AGRAR）测量户主是否在农业中作一名体力劳动者。

正如我们在"四种转型方向的理论"的讨论中明确指出的那样，我们预期模型 A 与 B 中包含的变量具有一定的解释力。我们相信无产阶级化过程确实发生了，并且一些家庭生产者确实受传统因素影响而进行生产。这些变量与家庭生产动机和兼业农业生产能力紧密相关,因此,对于哪些农村家庭从事农业生产,它们能够提供合理的预测。但是我们推断,对于理解哪些农业生产者产量更多,特别是哪些家庭主要从事商品生产,它们所能提供的信息寥寥无几。我们希望通过对农民工理论,特别是对资产阶级化理论的洞悉,使后面的问题得到更好的解释。

  第三个模型(模型 C)用于检验最后两个理论的相对解释价值。在这里,我们假定在社会主义转型之前,家庭地位对家庭农业生产价值产生独立作用。在接受无产阶级化理论时,我们预期:那些 1949 年之前出身于企业家家庭的人,将在 1982 年成为家庭大规模生产者群体中的一员。

  我们尝试对两种效应做出测量。首先,我们假设在社会主义转型之前,那些以市场为目的从事生产的家庭,其成员在今天更有可能从事商品生产,因此 FAP 更高。在模型 C 中,我们给方程加入一个虚拟变量,用于测量在 1944 年家庭的户主是否拥有大于 10 霍尔德的土地(OFARM44)(基本上这是 1945 年土地改革之前家庭农场占地面积排名在前 20% 的数量;Berend and Ránki,1972,pp. 150,230;Donáth,1969,p. 361)。对于维持一个真正商业农场的经营,10 霍尔德的规模并不算大,但这些农场依旧大量生产商品,需要必备的管理和企业经营技能。以 10 霍尔德的土地拥有量作为分界点,这种划分方式虽然随意,但并不是没有依据。若想研究东欧农村社会的资产阶级化过程,1945—1949 年这段时间至关重要,第二次世界大战后爆发的激进的土地改革摧毁了之前的等级次序,开启了新一轮资产阶级浪潮。因此,测量土地改革的影响尤为重要,在模型 C 中,我们加入一个虚拟变量(REFORM),如果被调查的家庭户在 1948 年拥有的土地数目大于 1944 年时拥有的土地数量,则赋值为 1。

  最后,利用第四个模型(模型 D),我们检验我们自己的"重新进入被中断的资产阶级化轨道"理论。我们尝试证明:在解释 FAP 时,特别是在确定哪些家庭是大规模的商品生产者时,必须要考虑户主的个人生活史变量。

  我们依赖于在图 3.4 中所作的概要分析,对个人生活史变量进行操作化。为了测量对于无产阶级化和干部化过程的抵抗程度,我们加入了在工作中"户主在权势位置上待的年数"这一变量(BOSYEAR)。我们预期那些过久地待在"干部"职位,或者在企业家身份依然是无产阶级化和干部化之外的替代选择时期（比如 1945—1949 年，某种程度上甚至 1955—1959 年间）那些当干部的人，将永久性地进入干部阶层并且不可能成为"大型"生产者。我们也假设那些从未在权势职位供职的个体最终会成为无产者，他们同样不可能在家庭企业中从事大规模生产。因此，我们预测，在"户主在权势位置上待的年数"变量和 FAP 两者之间存在微弱的正相关关系。

我们同样尝试运用两种测量手段对于人们渴望自治的意义进行考察："户主在合作社中待的年数"（COPYEARS）和"户主自我雇佣的年数"（SELFYEARS）。但第一种测量方法很有问题。这是否是一种回到了考虑农业就业影响的方法呢？毕竟，如果从事农业生产的年数足以对家庭生产进行解释，这对于农民工假设和资产阶级化假设，特别是对于我们自己提出的"重新回到被中断的资产阶级化轨道"的假设都是致命一击。但我们相信，对比在农业合作社中工作的年数和在国有企业中工作的年数，这种测量可能是有用的。尽管东欧国家的农业合作社并不是真正意义上的农业合作社——真正的农业合作社受到中央政府的严格管制，而这些农业合作社则有更多空间进行自我管理而不是听命于政府。在农业合作社中，管理者至少在法律意义上是由合作社成员选举出来，它的工资体制更具弹性，至少人们对于农业合作社的幻想是：连合作社中的动物都能参与管理决策。因此，我们有理由假设：对那些重视自治的人来说，相比于国有和中央管制企业，他们更愿意在合作社中谋得一个职位。在此基础上，我们的"户主在合作社中待的年数"变量不仅仅测量从事农业生产的时间，因为在模型 A 中已经对现有职业情况进行了控制。有少部分现在不是集体农庄的成员曾在工业或者服务业合作社中供职数年。

"户主自我雇佣的年数"变量问题要小一些，尽管如我们所提到的那样，在 1960 年大规模集体化浪潮之后，自我雇佣的时间太长，过于顽固地保持独立，会显得"非理性"，但自我雇佣测量的是顽固程度而不是对自主性的理性投入。因此，我们假设在"户主自我雇佣的年数"变量和 FAP 之间存在着微弱而显著的正相关关系。

对于职业技能效果的测量也很复杂。正如我们在图 3.4 中表示的那样，接受太多教育或太少教育对资产阶级化进程都有反向影响。那些接受过相当教育、特别是接受非技术教育的人，尤其是那些在晋升后为使权势职位合法化而获得文凭的干部，不再可能走向资产阶级化。与之相对的是，很低的教育水平意味那些放弃接受教育的人，接受了自己在社会上的从属地位，并且事实上也没有流动到社会上层的愿望。

在模型 D 中，我们在方程中加入了两个教育史变量。一个虚拟变量用于测量户主是否参加过高中或更高层次的夜校学习（EVENING），另外一个测量户主受教育年数是否小于五年（FIFTHYEAR）。根据我们的"暂泊轨道"理论，这两个变量应该都会对 FAP 产生负面影响。

(124)

在图 5.1 中，我们对建立嵌套模型的策略进行了简要说明。

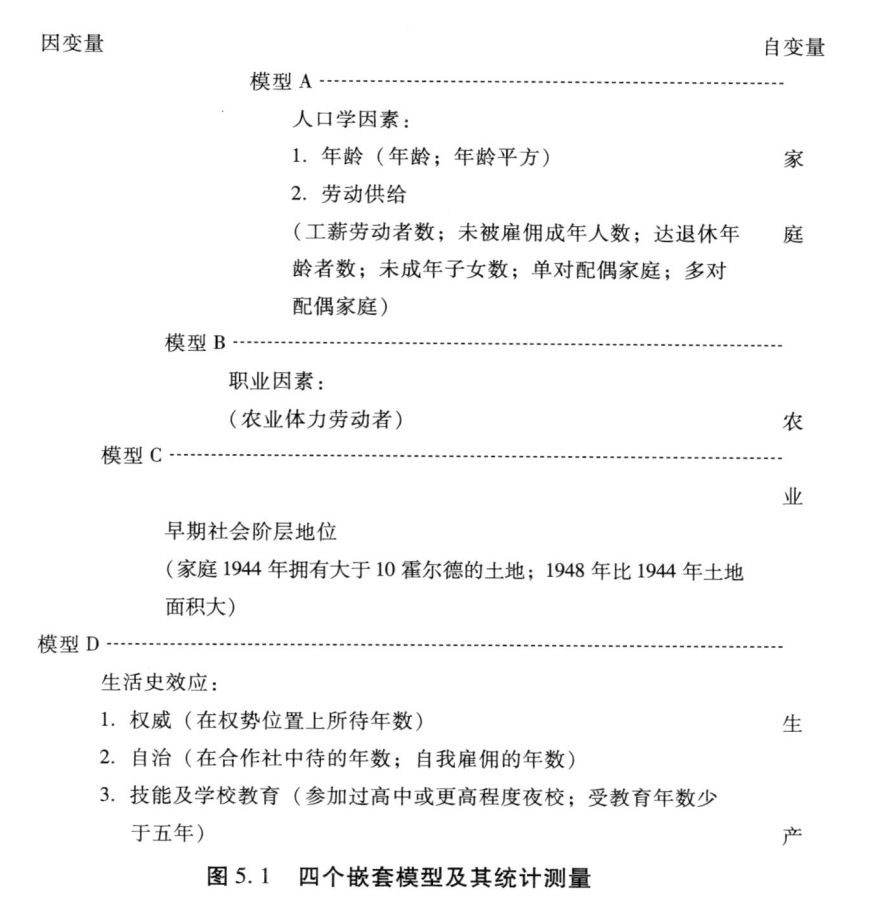

因变量　　　　　　　　　　　　　　　　　　　　　　　　　　　　自变量

　　　　　　　模型 A --

　　　　　　　　人口学因素：
　　　　　　　　1. 年龄（年龄；年龄平方）　　　　　　　　　　　　　家
　　　　　　　　2. 劳动供给
　　　　　　　　（工薪劳动者数；未被雇佣成年人数；达退休年　　　　庭
　　　　　　　　龄者数；未成年子女数；单对配偶家庭；多对
　　　　　　　　配偶家庭）

　　　　　　　模型 B --

　　　　　　　　职业因素：
　　　　　　　　（农业体力劳动者）　　　　　　　　　　　　　　　　农

模型 C --

　　　　　　　　　　　　　　　　　　　　　　　　　　　　　　　　　业
　　　　　　　早期社会阶层地位
　　　　　　　（家庭1944年拥有大于10霍尔德的土地；1948年比1944年土地
　　　　　　　面积大）

模型 D --

　　　　　　　生活史效应：
　　　　　　　1. 权威（在权势位置上所待年数）　　　　　　　　　　　生
　　　　　　　2. 自治（在合作社中待的年数；自我雇佣的年数）
　　　　　　　3. 技能及学校教育（参加过高中或更高程度夜校；受教育年数少
　　　　　　　　于五年）　　　　　　　　　　　　　　　　　　　　　产

图 5.1　四个嵌套模型及其统计测量

我们主要的想法是通过从模型 C 到模型 D，可以显著改善对 FAP 变化的理解。任何来自模型 C 的改进都说明"被中断的资产阶级化轨道"理论事实上可以对社会主义兼业农业做出解释。模型 D 的进一步改进表明我们对这一理论的延伸和修改可以得到证实。在这个阶段我们只想表明：描述家庭背景和个人生活史变量的确对我们要解释的现象产生了影响，但如何做出影响则是我们接下来要进行深入探讨的问题。

1982 年中央统计部门的收入调查为我们提供了因变量 FAP。1983 年流动与个人生活史调查，运用了同样的全国随机抽样方法，提供了我们研究的自变量。运用同样的标识，受访者在两种不同的场合接受访问，这样我们能对两个数据集进行合并。在所有 8172 户农村家庭中，我们得到了 7754 位户主的个人生活史和其他相关信息。我们现在的分析正是基于这一合并的数据。在统计分析中，我们尝试回应如下两个问题：

第一，究竟谁在进行生产？

样本中所有的 7754 户农业家庭，有 7000 户家庭声称自己至少进行些许生产，那么哪些变量对预测家庭生产尤为重要呢？

第二，在 7000 户从事生产的家庭中，哪些家庭的产量更多呢？

为了回答这两个问题，我们采用最大似然估计的方法，建构联立的双方程样本选择模型。其中第一个方程将对 FAP 的参与程度进行 Probit 估计，或者说在分析的后期对集约的商品生产进行 Probit 估计。在第二个方程中，我们通过同时将第一阶段操作化变量的统计效果带入 log 值的估计，我们对运用不同测量手段得到的家庭收入的 log 值进行估计。①

在第五章，我们会讨论，随着我们的分析由模型 A 转移至模型 D（表 5.3 到表 5.6），样本选择模型中的变量系数是如何变化的，同时我们也会对模型的拟合优度进行大致估计（见表 5.7）。

我们再次扼要地重申一下，根据所运用的统计工具的特殊性质，我们期望从表 5.3 过渡到表 5.6 时，可以得到如下信息：在最不利的理论条件下，我们开始对理论进行第一次实证检验。尽管在模型 D 与模型 C 中，我们列举了一些新的变量，以便能够对企业家导向进行预测，但仅仅使用了家庭农业生产总值（FAP），而没有将生计生产从商品生产中剥离。同样，我们允许那些被批判的理论能够首先起到解释作用，而事实也的确这样——它们提供了尽可能多的解释——接着我们希望展现，在这样的条件下，根据"被中断的资产阶级化"理论得出的假设仍然可以增进我们对问题的理解。如果满足以下条件，①当我们的分析从模

---

① 我们对罗伯特·迈尔和戴维·葛茹斯盖在帮助我们找到合适的测量模型时，提供的方法论上的建议表示大力的感谢。

型 A 移至模型 D 时,方程的拟合优度显著地提高;②比较说来,人口和职业变量在 Probit 方程中作用效果更好,社会流动与生活史变量在回归方程中作用效果更好;③我们的分析从模型 A 移至模型 D 时,第二个方程中人口和职业变量的作用逐渐消失,而社会流动、特别是个人生活史变量的解释作用则显著提升,则我们的理论通过这次检验,也就是说值得按照我们的思路继续进行解释。

表 5.3　模型 A 样本选择模型的非标准化和标准化参数值

(N = 7754/7000)

	Probit			回归		
	非标准化	标准化	t 值	非标准化	标准化	t 值
年龄	.103	1.624	12.6	.068	1.075	12.1
年龄的平方	−0.0008	−1.358	−10.2	−0.0005	−0.969	−11.5
工薪劳动者数	.137	.147	4.0	.122	.131	8.4
未被雇佣成年人数	.438	.077	2.1	.154	.027	2.5
达退休年龄者数	.205	.144	4.5	.056	.039	2.8
未成年子女数	.079	.083	3.1	.010	.011	0.8
单对配偶家庭	.540	.244	9.9	.475	.215	14.6
多对配偶家庭	.395	.096	2.7	.451	.109	7.4
截距项				4.828	26.8	
σ	.850		118.1			
ρ	−0.019					

资料来源:整理自匈牙利中央统计局 1982—1983 年收入、社会流动与生活史调查。

表 5.4　模型 B 样本选择模型的非标准化和标准化参数值

(N = 7754/7000)

	Probit			回归		
	非标准化	标准化	t 值	非标准化	标准化	t 值
年龄	.107	1.746	12.7	.071	1.154	15.5
年龄的平方	−0.0009	−1.102	−11.1	−0.0006	−1.102	−15.0
工薪劳动者数	.236	.160	5.7	.157	.137	10.1
未被雇佣成年人数	.305	.081	4.5	.121	.029	4.5
达退休年龄者数	.339	.161	6.4	.122	.056	5.7

续表

	Probit			回归		
	非标准化	标准化	t 值	非标准化	标准化	t 值
未成年子女数	.073	.076	2.8	.010	.006	0.8
单对配偶家庭	.418	.258	6.3	.427	.223	13.6
多对配偶家庭	.190	.108	1.1	.402	.120	6.3
农业体力劳动者	.661	.296	10.8	.455	.206	20.2
截距项				4.654		37.3
σ	.824		118.3			
ρ	−0.017					

资料来源：整理自匈牙利中央统计局1982—1983年收入、社会流动与生活史调查。

(127) 我们认为，表5.3和表5.4表明我们的理论通过了检验。对模型A和模型B来说，它们表明了无产阶级化理论的解释力度。特别是，如果我们的任务只是解释在农业人口中，谁会在家庭经济中生产农产品，事实上根据这一理论得到的假设得到证实还为时尚早。

在模型A中（如表5.3所示），按照解释力度排序，迄今为止年龄和年龄的平方是最重要的变量，其次是"家中有一对配偶"，"家中活跃的工薪劳动者人数"和"家中达到退休年龄的人数"。如果我们的任务只是通过人口学变量去解释在全部农村人口中，哪些家庭从事生产，那么我们可以做出如下结论：更容易从事生产的农村家庭有如下特征：①户主是中年人的家庭；②双亲家庭，也就是核心家庭；③成年劳动力数目更多的家庭；④达到退休年龄人员数目更多的家庭，他们的劳动力为了家庭生产而被调动起来。

在模型A的第二个方程中（如表5.3所示），两个年龄变量失去了大部分解释力度，同样失去解释力度的还有"家中达到退休年龄的人数"变量（它现在只成为边际显著变量）；但"家中有一对配偶"、"家中活跃的工薪劳动者人数"变量仍然保持着它们的解释力度。[1] 至于"家中配偶超过一对"变量，虽然它在第一个方程中与因变量呈现弱相

---

[1] 在解释此处和以下各处的模型时，我们总是用"得到"或者"失去"解释力度这种*相对*的说法。两个方程中的系数不可进行比较，我们能够进行比较的是不同变量系数解释力度的*排序*情况，或者说是在probit和回归方程中不同变量系数解释力度的差异。

关关系，且只是边际显著，但在第二个方程中却明显显著。这个最简单的模型显示：如果无产阶级化理论不但想解释家庭生产的事实，还要对为何有些家庭产出更多做出阐释，它将面临一些困难。和"家中有一对配偶"、"家中活跃的工薪劳动者人数"这两个变量的稳定性相比，年龄、年龄的平方、家中达到退休年龄的人数这三个变量的解释力度相对弱化，说明在那些从事生产的家庭中，年轻人相较于中年人所发挥的作用要比无产阶级化理论预期的更大。令人惊奇的是，退休人员——那些被人认为最具传统取向、与过去的农民联系最紧密的人员，对更多产出的解释力度却没有那么大。

表5.4的模型B阐明了以下两个问题：

（1）无产阶级化理论的一个优点在于事实上它假设农业体力劳动者有可能是家庭农业生产者。当"户主是否在农业中作一名体力劳动者"这一虚拟变量进入第一个方程的时候，它成为继年龄、年龄平方这两个变量后，第三大重要的解释变量。

（2）有些令人惊讶的是，在第二个方程中，"户主是否在农业中作一名体力劳动者"变量的作用效果比年龄要好一些。它失去了一些解释力度，排在"家中有一对配偶"之后的第四位。在模型A中，"家中活跃的工薪劳动者人数"变量比它在模型B的第二个方程中解释力度相对提高。

因此，正如模型A一样，模型B对无产阶级化理论给予了足够支持。如果我们的目标是预测哪些家庭在从事生产，那这个理论完美无瑕；但如果解释在所有生产者中，谁的产出更多，这一理论便遇到了某些困难。在尝试对后一个问题做出解释时，无产阶级化理论中最重要的两个变量——年龄和现阶段农业从业人数，失去了他们的解释力度。得到解释力度的变量难以被无产阶级化的理论家们进行概念化操作。相较于一般生产者，那些还未到中年的人——也就是更少受传统约束的人——更好地代表了那些产出更多的生产者。对从事非农职业的人来说，情况也是一样的。那么如何对这种状况进行解释呢？

同样，在模型A和模型B中也有一些未曾预料到的结果。"家庭中处于劳动年龄但未被雇佣的成年人数量"（HOMEDUTY）变量和"家庭中19岁以下、需要抚养的子女数"（CHILD）变量在两个模型和两个方程中解释力度均很弱，并且他们或是不显著，或是近乎显著。因此，家中受抚养子女数目看起来与家庭农业生产并不相关；如果两者有关联的话，就像我们假设的那样，正相关的可能性要高于负相关的可能性。"家庭中19岁以下、需要抚养的子女数"变量的作用如此，因为它对家庭生产有两方面作用，而这两个作用恰好彼此抵消。我们已经假设：孩子是成人劳动时间的"消费者"，即受抚养子女的数目可能减少成人的劳动时间，而这些劳动时间恰恰可用于家庭生产，因此与FAP呈负相关关系。但是，事实上，受抚养子女会增大家庭农业生产的需求。就是说，受抚养子女限制了家庭劳动力的投入，但是却增大了家庭生产的需求。这个表述得到了表5.3中数据的支持，在这里，"家庭中19岁以下、需要抚养的子女数"变量在第一个方程中显示了它同因变量微弱、正向显著的关系。但在第二个方程中，它和其他变量相比失去了更多的解释力度并且不再显著。因此，家中有需要抚养子女的人，他们更可能进行生产（"需求"的作用占了上风）。但在那些从事生产的人中，需要抚养的子女数却同因变量不再相关。（"需求"效应被"劳动力提供"效应抵消。）

"家庭中处于劳动年龄但未被雇佣的成年人的数量"变量较弱的解释能力更让人不安，并且更加难以解释。在模型B中，尽管作用力度仍然比较弱，但因为它明显显著，作用效果相对较好。早先，我们（Szelényi et al., 1983）已经注意到难以对在家从事农业生产的女性的行为进行预期。通过分析匈牙利社会科学院社会学研究所（the Institute of Sociology of the Hungarian Academy of Sciences）1972年进行的农村调查数据，我们了解到，与那些家中妇女在集体农庄工作的家庭相比，妇女不在外面工作的家庭，成为更大规模生产者的可能性更小。我们推测这也许与背后的"动力机制"有关联。在家的妇女可能拥有更多的闲暇时间，但事实上，已婚妇女在外面寻找工作机会，这一事实可能表明她们渴望自治、有更大动机去提高家庭收入。因此，两种倾向相互抵触并相互抵消：在家的妇女可能有更多的时间，但她们的动机更小；工作的妇女闲暇时间更少，但拥有更大的动机。这种假设至少与我们的数据并不矛盾。在模型A和模型B中，"家庭中处于劳动年龄但未被雇佣的成年人的数量"变量在第一个方程中比第二个方程中的解释力度更弱，当成为一个更大规模生产者的动机更重要时，待在家中的妇女对生产作出的贡献就更小了。

如果我们走出无产阶级化理论，转而考察模型C，并且向样本选择模型中加入一些社会流动变量，结果会怎么样呢？

正如我们所料，在表 5.5 中，模型 C 显示所有家庭背景变量都与 FAP 存在正向、显著的相关关系。在两个方程中，"1944 年时户主或者户主父亲是否拥有大于 10 霍尔德土地"（OFARM44）变量及"被调查的家庭户在 1948 年拥有的土地数目是否大于 1944 年时拥有的土地数量"（REFORM）变量都没有显示很强的解释力度（我们预期它在第二个方程中，即解释为何一些家庭产量更多的方程中，解释力度更大），但也表现良好。在第一个方程中，"1944 年时户主或者户主父亲是否拥有大于 10 霍尔德面积的土地"变量解释力度在两个年龄变量、"户主是否在农业中作一名体力劳动者"变量和"家中有一对配偶"变量之后，紧随"家庭中达到退休年龄的人数"变量，排名第六。在第二个方程中，它的解释力度仍然排在第六位，这次，"家中活跃的工薪劳动者人

表 5.5　　**模型 C 样本选择模型的非标准化和标准化参数值**

（N = 7754/7000）

	Probit			回归		
	非标准化	标准化	t 值	非标准化	标准化	t 值
年龄	.102	1.615	12.0	.067	1.051	14.6
年龄的平方	−0.0009	−1.460	−10.5	−0.0006	−1.037	−14.4
工薪劳动者数	.160	.172	4.3	.131	.141	9.1
未被雇佣成年人数	.179	.064	2.4	.092	.033	3.1
达退休年龄者数	.277	.194	5.6	.103	.072	5.3
未成年子女数	.079	.083	3.1	.014	.014	1.1
单对配偶家庭	.535	.242	8.9	.467	.211	16.2
多对配偶家庭	.468	.114	3.0	.497	.121	8.6
农业体力劳动者	.603	.269	9.8	.425	.189	18.9
家庭 1944 年拥有大于 10 霍尔德的土地	.470	.179	6.3	.332	.126	12.6
家庭 1948 年比 1944 年土地面积大	.366	.147	6.0	.182	.073	7.4
截距项				4.749		38.2
σ	.816		118.3			
ρ	−0.004（限定值）					

资料来源：整理自匈牙利中央统计局 1982—1983 年收入、社会流动与生活史调查。

数"的解释力度排在它后边,而"家中活跃的工薪劳动者人数"的解释力度则在回归方程中超过了它。但需要重点强调的是,在第二个方程中,它的解释力度与"年龄"、"年龄平方"、"户主是否在农业中作一名体力劳动者"变量的解释力度十分相近;相对来说,同无产阶级化理论操作化得到的两个变量——年龄和户主的农业体力劳动者职位相比,它的解释力度增强了。在 Probit 方程中,"被调查的家庭户在 1948 年拥有的土地数目是否大于 1944 年时拥有的土地数量"变量相对于"1944 年时户主或者户主父亲是否拥有大于十霍尔德面积的土地"变量的解释力度稍微弱一些,并且在第二个方程中解释力度大减。

模型 C 明确支持了农民工理论和资产阶级化理论陈述,尽管这种支持略显微弱——特别是对后者的支持更大,因为流动变量正是根据资产阶级化理论确定的。在社会主义集体化经济背景下,社会学家若想理解家庭农业生产如何能够幸存,他们必须考虑家庭背景变量,特别是如果他们想解释为何有些家庭比其他家庭产出更多时,这一变量尤为重要。

现在我们转向考察模型 D,来考察对于资产阶级化理论的扩展和修改会有什么样的结果。

表 5.6　**模型 D 样本选择模型的非标准化和标准化参数值**

(N = 7754/7000)

	Probit 非标准化	Probit 标准化	t 值	回归 非标准化	回归 标准化	t 值
年龄	.096	1.512	10.9	.052	.878	11.1
年龄的平方	−0.0008	−1.372	−9.5	−0.0005	−0.905	−11.6
工薪劳动者数	.169	.182	4.4	.118	.142	9.3
未被雇佣成年人数	.181	.065	2.3	.077	.031	3.0
达退休年龄者数	.286	.201	5.7	.102	.080	5.8
未成年子女数	.084	.088	3.2	.018	.021	1.61
单对配偶家庭	.515	.233	8.3	.323	.159	11.5
多对配偶家庭	.395	.096	2.5	.321	.089	6.4
农业体力劳动者	.461	.205	6.9	.309	.115	10.2
家庭 1944 年拥有大于 10 霍尔德的土地	.415	.158	5.3	.211	.091	8.9

续表

	Probit			回归		
	非标准化	标准化	t 值	非标准化	标准化	t 值
家庭 1948 年比 1944 年土地面积大	.356	.143	5.7	.119	.054	5.4
在权势位置上所待年数	−0.009	−0.045	−2.1	.003	.015	1.4
在合作社中待的年数	.023	.180	5.2	.018	.162	15.1
自我雇佣的年数	.011	.074	2.4	.012	.087	8.4
参加过高中或更高程度夜校	−0.424	−0.132	−6.9	−0.077	−0.025	−2.2
受教育年数少于五年	−0.285	−0.102	−4.4	−0.132	−0.052	−5.0
截距项				7.270		447.4
σ	.797		113.9			
ρ	−0.112					

资料来源：整理自匈牙利中央统计局 1982—1983 年收入、社会流动与生活史调查。

ᵃ 该模型中，非标准化系数值是利用两个公式，根据标准化系数值推算得到。该公式由威斯康星大学麦迪逊分校的罗伯特·迈尔教授提出。

非标准化 probit 系数 = 标准化 probit 系数/自变量标准差

非标准化回归系数 = 因变量标准差/自变量标准差 ∗ 标准化回归系数

在 probit 方程中，标准差根据整个模型（N = 7754）计算得到；在回归方程中，标准差根据选择的子样本计算得到（在表 5.6 中，N = 7000）。

在模型 D 中（表 5.6 所示），当我们转向对收入的回归估计时，会发现人口学变量的解释作用在下降（尽管最重要的人口学变量——年龄——仍然在所有变量中解释力度最大）。在第二个方程中，"户主自我雇佣的年数"变量和"户主在权势位置上待的年数"变量对方程解释的相对贡献增加，这大力支持了我们的论断，即个人生活史对于解释企业家身份的重要性。

"户主在权势位置上待的年数"变量对模型贡献的解释力度适中，但从第一个方程至第二个方程，它解释力度的变化十分惊人。在选择方程中，它的作用为负并且统计上显著；在回归方程中，它的作用为正并且不再显著。在一定程度上我们可做如下假设性解释：也许长时间处于权势位置会使个人坚定迈向干部队伍，这对生产产生了负面影响（方程 1）。但是，在那些为数不多的高产量家庭中，权势职位的经历也许是一笔财富。老板或者前老板一般情况不从事生产，但如果他们一旦从事生产，他们很有可能成为相当大的生产商。这些发现清楚地阐述了使用个人生活史变量分析带来的问题和前景。尽管我们已经意识到这种解释的局限性，我们同样会继续我们的分析，希望通过对自变量和因变量更明确的界定，我们在"户主在权势位置上待的年数"变量和企业家身份之间做出的正相关假设同样能够在统计上变得显著。

在权势位置供职的年份带来的相反效应支持了我们之前的假设，那就是"户主在权势位置上待的年数"变量既可以表明进入干部阶层，也可以是对无产阶级化压力的反抗。权势职位类似于发射卫星的"暂泊轨道"，它有利于人们日后重新回到资产阶级化的轨道。为了让"户主在权势位置上待的年数"这个变量或其他有可能表示权势职位的变量为我们的理论服务，我们必须对这些变量进行微调。在权势位置供职的影响可能不尽相同，它不仅取决于人们在这一位置供职的时间长短——当然这是本变量直接测量的——同样取决于人们如何取得这个职位以及在什么历史阶段登上这个职位。

我们认为，人们在什么历史时期进入权势位置供职是十分重要的因素。为了估计这一效应，我们做了列联表，并且运用最小二乘法进行计算。根据这些数据，我们发现在1945—1949年或者1955—1959年间进入权势位置供职的人会对当今家庭生产产值产生负面影响。但对于那些在1950—1954年或者1960—1964年间成为老板的人来说，这种效果恰好相反：这些年的经历对于家庭农业生产具有正向、显著的影响。这是最令人惊异的对比。在1945—1949年和1956—1960年的匈牙利，人们极有可能成为企业家；同样，人们有可能做私营农场主，期望在未来能以市场为导向经营家庭农场。在那个年代，大概那些努力在科层再分配等级体系中努力寻找权势职位的人，随时对成为干部心向往之，也由此缺乏成为企业家的动力。在1949、1960年或者之后几年成为管理者——那时放弃企业家身份和加入合作社的压力已达到顶峰——就是另一种说法了。对于那些在1945—1949年间或者1957—1959年间正处于资产阶级化进程的人来说，1949年或者1960年时要么成为管理者，要么成为被管理者。在1960年成为新组建的集体农庄的头目，是抵抗无产阶级化意愿的体现，也是寻找"暂泊轨道"，以期渡过困难时代的征兆。

表 5.7　　　　　　模型 A 至模型 D 样本选择模型的拟合优度

	-2LL	自由度
模型 A	22070	7735
模型 B	21468	7733
模型 C	21266	7729
模型 D	20796	7719
模型 B vs 模型 A	602	2
模型 C vs 模型 B	202	4
模型 D vs 模型 C	470	10

到目前为止，我们比较了每一个模型中个体变量的系数，以期表明：社会流动和个人生活史变量的系数是显著的，并且在某些时候显著性地大于来自无产阶级化理论变量的系数。我们下一项任务就是对每个模型进行逐一比较。把这些变量加入模型能否提高模型整体的拟合优度呢？这种做法能够证明加入它们是有道理的吗？复杂的理论的确能够更加全面地阐述我们调查的现象吗？它比之前的理论更好吗？为了寻找答案，我们把考察的重点移至表 5.7，它表明从模型 B 到模型 C，接着到模型 D，整体模型的拟合优度有显著的提升。

这个分析只是为了表明，在解释 FAP 和（从理论角度来讲）重新复活的家庭企业时，必须要对家庭出身和个人生活史进行考察。之后，我们会像解释在权势职位供职年数这个变量一样，对主要自变量进行更详细的说明。第一步的探索性分析主要是为了对整个研究设计的可靠性进行评估——即继续我们的研究策略是否有价值——我们发现结果是可行的。我们主要的结论如下：

（1）从无产阶级化理论得到的一些假设的确为理解家庭农业生产的规模大小提供了一些思路，但它们的解释力度十分有限。为了理解这个现象，我们必须从理论之外寻找一些变量。

（2）这些变量有两组：农民工理论和被中断的资产阶级化理论正确地强调了家庭出身有助于解释家庭农业生产，特别是有助于解释企业家的复兴。如果根据被中断了的资产阶级化理论，对家庭出身变量进行更细的描述的话，那就是如果假设来自中农和富农家庭的人更容易成为家庭生产者，并且是大规模生产，模型的解释力度将会提升。

（3）我们对"被中断了的资产阶级化"理论进行延伸，使之包含"四种职业转型"和"重新进入资产阶级化轨道"的想法，这得到了早期经验的支持，它同样支持了对个人生活史变量的强调。这里主要说明以下两点：

A. 我们认为对"全部农业人口"和"从事农业生产的人口"进行区分——也就是从样本的7754个家庭中区分出7000个从事农业生产的家庭——以作为阐释不同转型方向的第一步：它一方面反映了无产者和干部家庭的区别，另一方面反映了农民工家庭和企业家家庭的差别。即使在这第一步，我们可以发现社会流动变量，特别是个人生活史变量，对于解释哪些家庭成为农民工家庭和企业家家庭十分重要。我们十分乐观，通过进一步对不同转型方向测量手段的微调，能让我们的观点更具说服力。

B. 我们对于个人生活史重要性的判断，以及间接地对阶层结构抱有的"能动主义"视角，全部得到上述经验事实的支持，这种支持符合人们对解释性分析抱有的期望。把个人生活史变量加入样本选择模型会提高预测能力，并且这些策略手段即使不比表示现今社会结构或者家庭影响的指标更重要，最起码也和它们一样重要。

（二）对因变量的微调

在前面部分，我们的因变量是家庭农业生产总值。这种粗糙的做法只能表现无产阶级化理论的不足，因此有必要在家庭农业生产中加入对家庭背景的考察，除此之外，对个人生活史的挖掘意义也十分重大。

（135）　在第五章剩余部分我们的任务是对因变量进行微调，去分解FAP这个变量，从而在国家社会主义农村的"阶级地图"（class map）中，对四种不同转型方向作出更清晰的划分。FAP这个变量并不能让我们以系统的方式检验这四种不同的转型方向在统计上能否被区分开来。首先，它不能够在家庭生计产品的产值（FAPC）和商品生产的产值（FAPS）之间做出区分；因此，我们不能完全地将农民工和企业家这两种职业进行区别。其次，通过FAP区分生产者和非生产者的做法非常粗糙，使我们想在无产阶级—干部、农民工—企业家这两大类之间进行区分的尝试也付之阙如（FAP的分界点为零产量）。无产者家庭或者干部家庭轻易就可以种植农产品。"休闲农场"在当时的农村干部中十分流行，他们很容易拥有一个小型葡萄园或者拥有种有几株果树的小菜园。拥有这些农场绝不意味着非干部身份,恰恰相反,它们预示着干部这一身份。同样的,完全无产阶级化的家庭也可能拥有一个菜园,这样就可以节约在商场的开销,而用于别处。因此某种小型家庭农业生产可能与无产阶级化进程或干部地位共存。用前面界定的 FAP 做因变量的结果就是我们不能足够精确地将无产阶级和干部家庭从农民工和企业家家庭中区分开来。

在这一部分,我们用分解和微调后的因变量重新运行样本选择模型。通过生计产品的产值和商品生产的产值两个变量的运用,我们希望能够证明:距离企业家方向越近,流动和个人生活史变量发挥的作用便越大。

第一,我们把生计产品的产值(FAPC)作为因变量运行模型 B 和模型 D[①]。我们用一个新的临界值对利用回归方程考察的人群进行定义。零产量对于无产阶级化和干部身份的测量并不准确,因为大多数农村无产者和干部家庭确实生产一些农产品,他们同农民工的区别不在于彻底不从事生产,而在于他们难以产出足够的生计产品。农民工甚至企业家能够生产他们所消费食物的绝大部分,而无产阶级和干部家庭则很难做到。通过寻找临界值,我们对无产者/干部 3 和农民工 1 身份在转型方向类型学中进行区分(如表 5.1),我们把家庭年生计产品消费在 5000 福林或以上作为临界值(如表 5.2)。因此我们从总样本的 7754 户中选择了 4389 个家庭,他们在任何意义上都不能算作无产者或者干部家庭,但他们是农民工家庭或企业家家庭。如果我们之前的理论解释切中要害,模型 B 会有效地解释哪些是被选择的个案,但对生产了多少供消费的食物,模型 B 不能或只能进行很少的解释。从模型 B 转向模型 D,我们不期望有所改进:家庭生计产品的产值(FAPC)作为因变量,模型 D 的效果会很差。

第二,我们用商品生产的产值(FAPS)作为因变量,定义两个临界值。首先我们定义了一个宽松的临界值数目,它允许所有的农民工,在最为宽松的标准之下,都可以被看作是市场取向的,从而加入企业家

---

① 我们把他们叫做模型 B/FAPC 和模型 D/FAPC。在之后的表 5.8 和表 5.9 中可以看到它们的系数值。

或者原型企业家行列。这一商品生产的产值的临界值是每年 5000 福林用于销售，我们从 7754 户家庭中选择了 3703 户。我们用第一个临界值展示了模型 B 与模型 D 的运行结果[1]。为了让我们的理论更加合理，模型 D 应该预测效果更好。最后，我们用一个更严格的临界值——每年 24000 福林的销售量进行尝试。这一次我们把目标群体限定在转型方向类型学中属于企业家或者原型企业家的 1254 户家庭。在表 5.12 中，我们呈示了模型 D 中用第二个临界值为标准，商品生产的产值为因变量的结果。我们将模型 D/FAPS1 和模型 D/FAPS2（表 5.11 和表 5.12）进行对比，可以发现我们现在所使用的测量社会流动和个人生活史变量的局限以及对它们进行微调的需要，这样才能在日后的分析中解决"究竟谁是最大的生产者"这一问题。

（1）模型 B 和 D 在解释无产阶级/干部和农民工/企业家两大类不同转型方向的表现。

首先，我们把模型 B/FAP 和模型 B/FAPC 的结果进行比较（表 5.4 和表 5.8）。对于模型 D/FAP 和模型 D/FAPC 的结果我们同样进行此种操作（表 5.6 和表 5.9）。其次，我们分析当以生计产品的产值（FAPC）作为因变量时，从模型 B 到模型 D，发生了哪些改变？因此我们将对模型 B/FAPC 和 D/FAPC 进行比较（表 5.8 和表 5.9）。

A. 对模型 B/FAP 和模型 B/FAPC，以及模型 D/FAP 和模型 D/FAPC 的比较

将 FAPC 从 FAP 分解出来，这对模型 B 产生了明显影响，特别是在第一个方程中影响更大（比较表 5.4 和表 5.8）。

表 5.8　模型 B/FAPC 样本选择模型的非标准化和标准化参数值

（模型 B/FAPC；N = 7754/4389）

	Probit			回归		
	非标准化	标准化	t 值	非标准化	标准化	t 值
年龄	.123	1.937	17.6	.017	.266	6.2
年龄的平方	−0.001	−1.860	−16.7	−0.0001	−0.244	−5.7

---

[1] 我们把这些模型叫做模型 B/FAPS1 和模型 D/FAPS1。它们的系数参见表 5.10 和表 5.11。

续表

	Probit			回归		
	非标准化	标准化	t值	非标准化	标准化	t值
工薪劳动者数	.331	.355	12.6	.076	.082	10.0
未被雇佣成年人数	.442	.201	10.0	.058	.026	4.4
达退休年龄者数	.383	.269	10.9	.068	.048	6.5
未成年子女数	.058	.060	3.0	.020	.021	3.1
单对配偶家庭	.623	.281	12.9	.091	.040	5.0
多对配偶家庭	.509	.123	4.8	.107	.026	3.4
农业体力劳动者	.573	.255	15.3	.063	.028	5.6
截距项					9.14	1621.3
σ	.337		93.6			
ρ	−0.1（限定值)					
−2LL	=11830					
自由度	=7733					

资料来源：整理自匈牙利中央统计局1982—1983年收入、社会流动与生活史调查。

在以 FAPC 做因变量时，模型 B 的系数表现良好，它们 Probit 分数的显著程度比在模型 B/FAP 中有了明显提高，就此而言，也比我们已经生成或者即将在本书中生成的任何一个模型的显著程度要高。在模型 B/FAPC 中，标准化了的 Probit 系数同样系统地高于模型 B/FAP 中的系数，唯一的例外就是"户主是否在农业中作一名体力劳动者"变量，在模型 B/FAP 的 Probit 方程中，它的解释力度排位第三，但在模型 B/FAPC 中，其解释力度下滑至第六位。但是人口学变量解释力度都很好，甚至在其他情况表现不好的"家庭中达到劳动年龄但未被雇佣的成年人数"变量和"家庭中19岁以下、需要抚养的子女数"变量也变得十分显著。

在回归方程中，模型 B/FAPC 没有模型 B/FAP 效果好。包括"家庭中19岁以下、需要抚养的子女数"变量在内的所有变量依然显著，但同本模型的 Probit 方程和模型 B/FAP 的回归方程相比，t 值却在下降。(138)标准化系数值有大幅度下降，且"户主是否在农业中作一名体力劳动者"变量也进一步失去了它的解释力度；通常它都是解释力度最强的变量之一，如今却成为解释力度最差的变量之一。

当然，这一切都有道理。因为 FAPC 测量的是生计产品的农产品价值，事实上人口学变量的确应该在解释哪些人从事这种生产活动时发挥重要作用。尽管"家庭中达到劳动年龄但未被雇佣的成年人数"变量和"家庭中 19 岁以下、需要抚养的子女数"变量之前的解释力度较差，但我们一直坚持保留这两个变量，这一做法同样得到了证实。事实上，妻子待在家中和受抚养的子女数（这意味着有更多的人需要抚养）对于解释农村家庭参与生计性生产十分重要。在解释生计性生产的家庭中哪些家庭产量更多这个问题时，"家庭中达到劳动年龄但未被雇佣的成年人数"变量和"家庭中 19 岁以下、需要抚养的子女数"变量尤为重要。但在其他方面，在回归方程中找到产量更大的生计性生产者，这个样本选择模型的解释力度差是可理解的。正如我们在早期统计描述中看到的那样（见表 5.2），特别是以每年 5000 福林作为临界值时，生计性生产值的变化幅度很小。鉴于这个值缺乏变化，仅是找到契合数据的模型这一事实就是很大成功了。

通过比较模型 D/FAP 和模型 D/FAPC（如表 5.6 和表 5.9），我们可以发现在以 FAPC 为因变量时，社会流动和个人生活史变量的解释力度远不如人口学变量那样明显。在模型 D/FAPC 的第一个方程中，社会流动和个人生活史变量和其在模型 D/FAP 中的解释力度差不多相同。在表 5.9 所显示的 Probit 方程中，只有"户主在权势位置上待的年数"这一个变量不显著，两个表中其他个人生活史变量的解释力度同那些解释力度稍弱的人口学变量基本一样。但当我们转而考察回归方程时，情况发生了重大变化。从模型 D/FAP 的第一个回归方程到第二个回归方程，只有"户主在权势位置上待的年数"这个变量不再显著，一些个人生活史变量的解释力度增强，并且削弱了一些人口学变量的解释作用。在模型 D/FAPC 中发生了相反的情况：在回归方程中，在 t 值为 2.0 或者更高的时候，七个社会流动和个人生活史变量中的两个不显著（而所有八个人口学变量均十分显著，并且尽管"户主是否在农业中作一名体力劳动者"变量失去了部分解释力度，它仍然显著）。"家庭中达到劳动年龄但未被雇佣的成年人数"变量和"家庭中 19 岁以下、需要抚养的子女数"变量在解释收入变化时重要程度的变化，说明了人口学变量和社会流动及个人生活史变量在解释力度上的逆转。在模型 D/FAP 的第一

表 5.9　模型 D/FAPC 样本选择模型的非标准化和标准化参数值

（模型 D/FAPC；N = 7754/4389）

	Probit			回归		
	非标准化	标准化	t 值	非标准化	标准化	t 值
年龄	.113	1.780	15.5	.016	.249	5.8
年龄的平方	−0.001	−1.780	−15.1	−0.001	−.241	−5.5
工薪劳动者数	.247	.265	10.1	.065	.069	9.3
未被雇佣成年人数	.269	.096	5.4	.043	.016	3.1
达退休年龄者数	.307	.216	9.3	.059	.041	6.1
未成年子女数	.068	.071	3.5	.019	.021	3.1
单对配偶家庭	.782	.354	17.1	.110	.049	6.4
多对配偶家庭	.841	.205	8.4	.150	.036	5.3
农业体力劳动者	.297	.132	7.1	.033	.015	2.7
家庭 1944 年拥有大于 10 霍尔德的土地	.289	.110	6.2	.041	.016	3.0
家庭 1948 年比 1944 年土地面积大	.233	.094	5.8	.025	.010	2.0
在权势位置上所待年数	−0.004	−0.019	−1.2	−0.004	−0.002	−0.4
在合作社中待的年数	.022	.186	9.9	.003	.022	4.3
自我雇佣的年数	.012	.140	7.0	.002	.028	4.1
参加过高中或更高程度夜校	−0.536	−0.167	−9.8	−0.023	−0.007	−1.0
受教育年数少于五年	−0.209	−0.075	−4.4	−0.059	−0.021	−3.7
截距项				8.46		112.5
				9.13		1606.1
σ	.333		93.6			
ρ	−0.1（限定值）					
−2LL	= 11394					
自由度	= 7719					

资料来源：整理自匈牙利中央统计局 1982—1983 年收入、社会流动与生活史调查。

个回归方程中，"家庭中达到劳动年龄但未被雇佣的成年人数"变量和"家庭中 19 岁以下、需要抚养的子女数"变量的解释力度比大部分社会流动和个人生活史变量都薄弱。在模型 D/FAPC 的第二个方程中，"家庭中达到劳动年龄但未被雇佣的成年人数"变量和"家庭中19岁以下、需要抚养的子女数"变量比七个社会流动和个人生活史中的四个变量的解释力度都强。通过引入社会流动和个人生活史的测量指标，不论我们能够解释多少FAP的变化，我们还是通过妻子在家和需要抚养子女数目两个指标解释FAPC的变化。

B. 比较模型B（FAPC为因变量）和模型D（FAPC为因变量）

尽管在以FAPC为因变量时，社会流动和个人生活史变量的解释有一些问题，但通过加入这一类型的变量，我们模型的解释力度在提高。单纯从统计意义来讲，模型D/FAPC的拟合优度显著好于模型B/FAPC；从模型B/FAPC到D/FAPC，-2loglikelihood值减少了436，自由度减少了14。因此，反对无产阶级化理论的人可以利用这两个模型说明这一理论的局限：甚至对于生计性生产的解释，也需要从"被中断了的资产阶级化理论"中寻找一些启示。

尽管如此，我们不打算对无产阶级化理论过于苛刻。毕竟，如果我们的目的是解释那些农村家庭生产生计性产品，这个理论的确能提供有力的解释（见表5.8和表5.9）。他们往往是：家庭规模更大，家庭成员年龄更大，退休者和受抚养的子女数更多，丈夫从事农业生产活动且妻子不外出工作，至于他们的社会出身如何，他们的生活轨道追求是什么，则关系不大。我们可以合理地假设：随着实际收入的提高，通过降低日常支出来弥补工资不足的压力逐渐减小，大多数家庭可能放弃生计性生产，维持一种纯粹的无产者或干部生活。正如第一章提到的那样，这种情况在匈牙利——这片社会主义兼业农业的天堂——也发生过，甚至在70年代这一重要时刻也曾经存在：那些在60年代只从事生计性生产的家庭到了70年代放弃了这种方式，将他们的土地交与集体农庄换取收入，他们的家庭农业生产仅限于无产者或干部的休闲菜园。同1972年相比，在1982年时生产生计产品的家庭变少了，耕种土地的数量也呈下滑趋势。

因此，通过比较模型B/FAPC和模型D/FAPC的结果，我们在以下两方面进一步强化了对无产阶级化理论的接受：（1）1949年到60年代末期的匈牙利农村，这一理论为社会主流趋势的变化提供了有力的解释（当然这也可能是其他东欧国家的主流趋势）。（2）即使在20世纪60年代末和70年代初之后，这种理论也抓住了农村社会的一个特点，即生计性生产的持续性衰落。

但需要指出的是:"重新进入被中断的资产阶级化轨道"理论对解释家庭迷你农场的商品生产这一不同的现象也是必要的。这种现象相对较新,只局限于数量很少的农村家庭,并且其规模不像生计性生产那样逐渐式微,而是不断扩大。当 FAPS(用于销售的产品值)作为因变量时,我们来分析样本选择模型的运行结果。

(2)模型 B 和模型 D 在解释商品生产以及农民工和企业家两种转型方向划分上的表现。

在第五章的结论部分,我们将首先比较模型 B/FAPS1 和模型 D/FAPS1(见表 5.10 和表 5.11),来证明将社会流动和个人生活史变量纳入模型能够极大增加模型的拟合优度;其次,我们把模型 D/FAP 和模型 D/FAPS1 进行对比(见表 5.6 和表 5.11)从而表明:事实上对"被中断的资产阶级化"理论来说,来自销售的产值才是合适的因变量;最后,我们想要说明,当我们从模型 D/FAPS1 转入模型 D/FAPS2 以期接近研究的目标群体(见表 5.11 和表 5.12)——也就是"真正的企业家"(real entrepreneurs)时——所遇到的一些困难。这一最后的对比有助于我们确定第六章和第七章的研究任务。

A. 比较模型 B(FAPS1 为因变量)和模型 D(FAPS1 为因变量)

当我们第一眼看到模型 B/FAPS1(见表 5.10)时,就会发现在解释来自商品生产所得收入的变化时,无产阶级化理论陷入了困境。在预测哪些家庭为了销售而生产时,人口学变量解释作用良好,八个变量中仅有一个变量不显著,尽管标准化系数不是特别大(对比模型 B/FAPC,见表 5.8)。但在回归方程中,当我们希望确定大规模商品生产者时,这个模型解释力度开始下降。在模型 B/FAPS1 的第二个方程中,八个人口学变量中的四个都不显著。

当我们转而考察模型 D/FAPS1 时(见表 5.11),这个模型的解释力度大幅提升。拟合优度显示:当模型 D/FAPC 和模型 B/FAPS 对比时,-2LL 值仅有 436;而当模型 D/FAPS1 和模型 B/FAPS1(见表 5.11 和表 5.10)对比时,这个值是 817(两种情况下,自由度的变化是一样的,都是 14)。

但在 Probit 方面,效果却不那么明显。在模型 D/FAPS1 中的第一个方程中(见表 5.11),来自模型 B 中的变量解释力度良好,九个中只有

表 5.10　模型 B/FAPS 样本选择模型的非标准化和标准化参数值
（模型 B/FAPS1；5000 福林为分水岭；N = 7754/3703）

	Probit 非标准化	Probit 标准化	t 值	回归 非标准化	回归 标准化	t 值
年龄	.081	1.277	12.1	.024	.375	3.7
年龄的平方	−0.001	−1.250	−11.6	−0.0002	−0.389	−3.8
工薪劳动者数	.112	.120	5.0	.097	.104	5.3
未被雇佣成年人数	.097	.035	2.1	.037	−0.013	−1.0
达退休年龄者数	.106	.075	3.5	−0.028	−0.019	−1.1
未成年子女数	−0.015	−0.015	−0.8	.011	.012	0.7
单对配偶家庭	.501	.227	11.5	.196	.089	4.8
多对配偶家庭	.568	.138	6.3	.066	.016	0.9
农业体力劳动者	.739	.329	20.9	.233	.104	8.4
截距项				8.96		51.2
				9.84		714.3
σ	.776		85.6			
ρ	−0.2（限定值）					
−2LL	= 18465					
自由度	= 7733					

资料来源：整理自匈牙利中央统计局 1982—1983 年收入、社会流动与生活史调查。

表 5.11　模型 D/FAPS 样本选择模型的非标准化和标准化参数值
（模型 D/FAPS1，5000 福林为分水岭；N = 7754/3703）

	Probit 非标准化	Probit 标准化	t 值	回归 非标准化	回归 标准化	t 值
年龄	.069	1.084	9.7	.020	.324	3.2
年龄的平方	−0.001	−1.216	−10.5	−0.0002	−0.434	−4.2
工薪劳动者数	.107	.115	4.7	.095	.102	5.3
未被雇佣成年人数	.105	.038	2.2	−0.033	−0.012	−0.9
达退休年龄者数	.143	.100	4.6	−0.010	−0.007	−0.4
未成年子女数	−0.008	−0.008	−0.4	.010	.011	0.6
单对配偶家庭	.464	.209	10.2	.203	.092	5.0

续表

	Probit			回归		
	非标准化	标准化	t 值	非标准化	标准化	t 值
多对配偶家庭	.507	.123	5.5	.083	.020	1.1
农业体力劳动者	.408	.182	10.2	.164	.073	5.5
家庭 1944 年拥有大于 10 霍尔德的土地	.283	.108	6.4	.069	.026	2.1
家庭 1948 年比 1944 年土地面积大	.221	.089	5.7	.014	.006	0.5
在权势位置上所待年数	.001	.007	0.4	.009	.047	3.5
在合作社中待的年数	.033	.278	15.8	.009	.077	6.2
自我雇佣的年数	.019	.230	11.9	.010	.120	7.6
参加过高中或更高程度夜校	−0.119	−0.037	−2.2	.108	.034	2.2
受教育年数少于五年	−0.194	−0.069	−4.2	−0.021	−0.007	−0.5
截距项				9.01	51.2	
				9.79	−4.1	
σ	.764		85.9			
ρ	−0.2（限定值）					
−2LL	= 17648					
自由度	= 7719					

资料来源：整理自匈牙利中央统计局 1982—1983 年收入、社会流动与生活史调查。

一个不显著，而七个社会流动和生活史变量中有一个也不显著。但是在模型 D/FAPS1 的回归方程中，变量解释力度的对比发生了明显的改变，来自模型 B 的九个变量中有四个不显著，而七个社会流动和生活史变量中的五个仍然显著，其中"户主在合作社中待的年数"变量和"户主自我雇佣的年数"变量事实上成为整个方程中继年龄变量之后最显著的变量。

因此，模型 B/FAPS1 和模型 D/FAPS1 的对比毫无疑问地证明：用于销售的农产品产值作因变量时，通过引入来自"被中断的资产阶级化"理论的假设，总体上我们收获颇丰。但是，当我们的任务不仅仅是简单预测哪些家庭为了销售而进行生产，还要预测哪些家庭产量更多时，我们的收获是最大的。

B. 比较模型 D/FAP 和模型 D/FAPS1

这一比较（见表 5.6 和表 5.11）同样表明，将 FAPS 从 FAP 分解出来，对于理解资产阶级化假设十分有益。两个模型中第一个方程里，变量的作用基本相似：在模型 D/FAP 中，所有变量都显著，但是在模型 D/FAPS1 中，仅有一个社会流动和个人生活史变量，和一个来自模型 B 的变量不显著。但是在模型 D/FAPS1 中，"户主在合作社中待的年数"变量和"户主自我雇佣的年数"变量，甚至"1944 年时户主或者户主父亲是否拥有大于十霍尔德面积的土地"变量在一定程度上的解释力度都优于他们在模型 D/FAP 中的解释力度。比如说，在模型 D/FAP 中，"户主在合作社中待的年数"变量解释力度排名第七，在模型 D/FAPS1 中，它上升到第三位。而"户主自我雇佣的年数"变量解释力度的相对提升更为明显，它从表 5.6 的第十四位上升到表 5.11 的第四位（第一个方程中）。

在回归方程中，将 FAPS 从 FAP 分解出来，这种做法对证明资产阶级化理论的优点尤其明显。在模型 D/FAP 中，社会流动和个人生活史变量解释力度上升，使得部分人口学变量解释力度下降，但是它们中的大多数仍然显著。在模型 D/FAPS1 中，除了年龄变量，只有"家中活跃的工薪劳动者人数"变量和"家中有一对配偶"变量保留了解释力度。比较模型 D/FAP 和模型 D/FAPS1 时，我们要牢记：我们的任务在模型 D/FAPS1 中更难达到统计显著，我们必须解释为何选择规模更小、更加同质的 3703 户家庭进行分析，以及这些家庭的收入差别。由于任务艰巨，模型 D/FAPS1 的拟合优度就更值得注意，个人生活史和流动变量对此的解释能力也特别值得关注。

C. 接近研究目标群体：模型 D/FAPS1 和模型 D/FAPS2

第五章的最后一个任务就是表明，当我们想尝试确定哪些人最终完全转型为"企业家"，以及最大规模的商品生产者的收入差别时，社会流动和个人生活史变量是如何起作用的。

通过引入 FAPS 的第二个临界值，即每年用于销售的农产品净收入为 24000 福林，并且将目标人群限定在 1254 户家庭中，这种做法带来了统计上的难题，进一步加剧了目标群体的同质性，缩小了群体中因变量方差的变化，找到适合数据的模型变得愈加困难。

表 5.12　模型 D/FAPS 样本选择模型的非标准化和标准化参数值
（模型 D/FAPS2；24000 福林为分水岭；N = 7754/1254）

	Probit			回归		
	非标准化[a]	标准化	t 值	非标准化	标准化	t 值
年龄	.063	.995	6.3	.017	.443	2.8
年龄的平方	−0.001	−1.243	−7.5	−0.0002	−0.591	−3.5
工薪劳动者数	.161	.173	6.1	.038	.079	3.3
未被雇佣成年人数	.050	.018	0.9	−0.009	−0.007	−0.4
达退休年龄者数	.056	.039	1.5	−0.002	−0.003	−0.1
未成年子女数	−0.012	−0.013	−0.5	−0.000	−0.000	−0.0
单对配偶家庭	.513	.232	7.9	.125	.096	3.1
多对配偶家庭	.440	.107	3.9	.079	.044	1.7
农业体力劳动者	.429	.191	9.3	.093	.093	5.4
家庭 1944 年拥有大于 10 霍尔德的土地	.241	.092	4.8	.056	.051	3.3
家庭 1948 年比 1944 年土地面积大	.127	.051	2.7	.040	.034	2.1
在攻势位置上所待年数	.010	.046	2.4	.006	.059	3.4
在合作社中待的年数	.027	.219	11.5	.002	.048	3.0
自我雇佣的年数	.041	.272	10.6	.009	.143	6.1
参加过高中或更高程度夜校	.045	.014	0.7	.012	.007	0.4
受教育年数少于五年	−0.089	−0.032	−1.5	−0.017	−0.011	−0.6
截距项				10.07	353.1	
σ		.553	47.1			
ρ		.6（限定值）				
−2LL[b]		=7550				
自由度		=7719				

资料来源：整理自匈牙利中央统计局 1982—1983 年收入、社会流动与生活史调查。

[a] 该模型中，非标准化系数值是从一个标准化系数值公式推算得来，该公式由威斯康星大学麦迪逊分校的罗伯特·迈尔教授提出。详情参见表 5.6 的注释。

[b] 模型 B/FAPS 在 FAPS 第二个分水岭的似然统计值为：

−2LL = 7964

自由度 = 7733

事实上，我们不认为模型 D/FAPS2 特别成功。在面临更加困难的任务时（见表 5.12），比较模型 D/FAPS1 和模型 D/FAPS2，我们发现只能原地踏步。对模型 D/FAPS2 来说，在 probit 方程中，16 个变量中不显著变量的数目增至 5 个（而在模型 D/FAPS1 中，只有两个变量不显著）；在回归方程中，不显著变量的数目同样是 6 个（与表 5.11 相同）。大体说来，来自模型 B 的变量，以及社会流动及个人生活史变量的相对解释力度并未改变。但让人担心的是，表 5.12 显示我们仍然无法清楚地识别谁是大规模商品生产者。当用社会流动和个人生活史变量对"被中断的资产阶级化轨道"理论进行首次实证检验时，对于确定哪些农村家庭从事商品生产——也就是哪些人有可能向企业家转型，我们的识别能力有了显著改进。但在解释企业家收入的差距时，我们仍然面临着困难。

来自模型 D/FAPS2 的一些结果让人看到了"被中断的资产阶级化轨道"理论的前景。特别是在表 5.12 的回归方程中，"户主在权势位置上待的年数"、"户主在农业合作社中待的年数"和"户主自我雇佣的年数"表现良好。我们的分析进行到这里，这三个变量共同做出了最佳表现，从而支持了我们的论断，即个人生活史变量在解释企业家行为方面至关重要。

因此，我们不会因模型 D/FAPS2 的结果有些令人失望而感到沮丧。毕竟，到目前为止，我们的分析依赖的还是对社会流动和个人生活史测量最为粗糙的描述。下一步，我们将对这些变量进行微调，希望它们能表现更好，特别是在模型 D/FAPS2 中。

第六章　资产阶级化的历史延续性：一项对于家庭背景影响的考察

本章的目的在于对家庭背景变量进行微调。正在经历资产阶级化的人们，其家庭出身真的有异于那些向其他职业转型的人吗？在第五章中，为了更精确地在企业家、农民工和无产者家庭经济之间进行区分，我们对因变量进行了分解。在第六章中，为了考察哪些家庭背景变量能够对个人转型方向做出解释，我们将对家庭背景变量进行微调，并分两个步骤进行。

首先，我们对企业家、农民工和无产者社会出身的差异提出一些假设，这些假设来自理论命题，也有民族志经验基础。

其次，我们回到对回归模型的考察，并利用微调过的流动变量重新对其检验。

一　企业家、农民工和无产者的社会出身

根据第二章和第三章的理论阐述，我们在表6.1中总结了最一般化、同时也比较简明的研究假设。接下来我们将对这些一般化的假设做进一步具体说明。基于民族志的经验，我们将对流动假设进行细化，以从职业转型方向的类型学划分中，尽可能对不同的转型方向进行解释。

表6.1　　　　　　　　社会出身与职业流动终点

职业流动终点	社会出身
企业家	中农和富农出身
农民工	贫农和小农出身
无产者	主要为前农村无地劳动者
干部	无明确假设，其社会出身可能差异很大

(一) 新型企业家的社会出身

1. 原型企业家：前中农出身

对于中农和富农出身的企业家所做的一般性假设，对"原型企业家"尤为适用。由于奶牛业和生猪养殖行业需要十分娴熟的技术和相对较多的原始资本投入，在幼年没有经过相关训练、没有中农或富农那样数量土地的人很难经营这些行业。当然，这种结构制约虽不绝对（仍有斯基和桑塔力图克服这些阻碍），但影响很大。

2. 掌握商品蔬菜种植技术的企业家：前小农和穷人出身

不难理解，园艺业与畜牧业、生猪养殖业差别甚大。它需要的土地和资本小于养殖业等行业的投入，因此，我们就可以理解为何即使在第二次世界大战前，它也是向上流动的重要途径。在两次世界大战之间，一些贫农家庭出身、拥有1—3霍尔德土地的有志人士，甚至那些季节性农业劳动者，便开始购买或者向他人租赁小块土地，之后他们中的一些人在商品蔬菜种植业中获得了成功。这种情况在多瑙河和提萨河之间的沙地地区尤其普遍。在1900年之前，小麦是最重要的农产品，而这块土地因为特别不适宜种植小麦或玉米，在一定程度上被人们忽视。在世纪之交，葡萄种植业开始向沙地推广并迅速壮大，而正在迅速发展的布达佩斯成了这一产品在附近地区主要的销售市场，因此其农业生产价值日益凸显。这些"贫农中的先锋者"，在诸如纳治克罗斯（Nagykoros）和邻近地区的城市中尽其所能寻找机会创业，他们的经历激发了创作者的灵感，马库斯（1979）的早期及近期作品，以及费伦克·埃尔戴的早期作品。比如，他的第一本书，即1937年的《流沙》（*Futóhomok*）正是在这种背景下写就。

1950年，园艺业的社会特征发生了双重变化，具体表现在[①]：

（1）在战争年代，贫农在商品蔬菜种植业中起到了带头作用。从1950年起，来自小农家庭的人（家中有5—10霍尔德农场）开始从事商品蔬菜种植。

（2）向上流动到园艺业经营者的第二波浪潮不止发生在那些有志之士或者天资聪慧的人身上，实际上是一次集体流动。在战争年代，通

---

① 这个想法由朱哈兹于1985年夏，在威斯康星的麦迪逊通过一次录音访谈详细阐述。

过经营该行业，小部分贫农大大改善了家庭生存状况，但大多数贫农仍生活在赤贫之中。1950年之后，生活在村庄里、靠土地生存的大部分旧小农开始从事商品蔬菜经营。这些人共同填补了由于富农或大地产商对城市蔬菜市场份额竞争减少而带来的空白。

3. 新兴"工业"企业家：前小农及其子女

从事农业生产的企业家的"工业主义者"类型，其社会出身可能更加复杂。在这一群体中，对于企业家身份来说，最重要的是诸如电气工程、工具制作或卡车驾驶之类的工业技能。而恰恰是那些社会出身迥异的群体掌握了这些技术。我们认为小农是典型的代表，基于以下两点考虑：

（1）和其他家庭出身的人相比，来自小农家庭的人最容易成为技术工人。例如，卡塔琳·哈纳克（Katalin Hanák）的研究发现，在所有技术工人中，父母是小农的人所占比例最高（Hanák, 1982, p. 251）。与那些来自更贫穷家庭的人们相比，小农家庭出身的人更有抱负，由于他们不甘于一生只做非熟练工人或半熟练工人，并且掌握了工业技能。同时，和前农业无产者及贫农相比，由于大量持有土地，他们更愿意待在村庄中。因此，有充分理由假设他们尤为需要那些能够在村庄生活中用到的工业技能。

（2）我们可以认为，当成为农业企业家的机会再次来临时，小农更愿意回归农业生产，并尽可能多地运用他们已经掌握的工业生产技能。那些中农或富农出身（或其子女）并已经成为电工或者建筑工人的人更愿意继续在"第二产业"中工作。利用家庭关系，他们可以为自身提供的产业服务创造足够的用户需求，这样他们完全不需要再回到原来的农业生产活动之中。出身于小农家庭的人，很可能重新回归农业生产，这里竞争不那么激烈，因为他们没能在第二产业经营中取得成功（得自对朱哈兹的私人交谈）。

因此，对中农出身的企业家的假设同样适用于原型企业家，这并不令人感到奇怪。以企业家为转型方向的案例中，不论其经营工业还是园艺业，我们都会发现更多的人来自小农或者贫农家庭。就企业家精神而论，家庭传承的影响不大；相对来说，个人生活史的影响更大。

4. 1960年集体化过程之后的中农与农村干部

A. 合作社里的暂时性权力

到目前为止，我们已经假设前中农和富农自发地偏爱成为资产阶级，并尽其所能拒绝进入无产者或干部行列。这一假设是有其自身条件的。20世纪80年代早期，很多处于资产阶级轨道的中农，在某一特定阶段都曾受到成为干部的诱惑，并且他们中相当多的人及其后代最后成了干部。如果在农村技术工人中，小农家庭的子女所占比例最多，那么可以说在所有农村干部中，中农家庭的后代占有最多比例（Hanák，1982，p. 251）。

在1960年"集体化浪潮"的驱使下，中农和部分富农不再反对"集体农庄"。一些中农，例如，亚诺什·科雷柯斯反对"集体化"，不计一切代价地意图摆脱"第三次农奴化"的命运。但其他人——他们多为中农——认为自己领悟到了历史的教训：在斯大林统治的50年代早期，他们曾经对集体化做出了抗争，但1956年起义时血的教训让他们领教到了政府的无情和反抗的无力。1956年以后，集体化浪潮曾有短暂的终止，在重新组织集体农庄之前，精明的政府让全体匈牙利农民有一个得以喘息的空间，但这并未让农民产生幻觉。他们猜疑这只是对私有农场下达"死刑"判决前的"缓刑"，但无法逆转私有农场终将不复存在的命运。

1959年年末和1960年年初，村庄再次布满了"穿皮夹克人群"①。这些集体农庄的组织者中，有党内工作者、教师、便衣警察、军队官员，一些渴望进入政府工作的产业工人也参与了进来。农民们也许对他们的到来感到气愤，却不感到惊讶。往往在前"中农"的带领下，大多数农民签署了加入集体农庄的协议，他们虽未进行反抗，却或多或少地带有嘲讽的心态。

当然，从"自愿"这个词汇的含义来看，这完全不代表1960年的农业集体化是"自愿"的过程（参见 Bell，1984，pp. 135–136）。不论是职业民族志学者还是业余民族志学者，所有在村庄生活过的人都或多或少目睹过权力的滥用。农民穿着沉重的冬衣站在市政厅（极热）的火炉旁（over-heated stove），每隔一小时就被问到是否准备签署协议；那些作为教师的集体农庄组织者，在他们讲授集体农场所带来的社会与

---

① 在那个年代皮夹克是干部的象征，它是秘密警察团体和其他党内官员的制服。

经济利益时，他们习惯拿着铅笔（他们职业的象征），从他人的鼻子一路指向头顶，这一古怪的行为使他们名声大噪。对于在克斯拉波（Kislapo）村庄中产生的"心理压力"，贝尔曾经这样写道：

> （集体农庄的）鼓吹者连续数小时地在每个家庭中逗留，直到农民们签署协议之后才离开。每当又有一个家庭签署协议时，这一消息便会通过喇叭传递到整个村庄。曾有一次到两次，村民被组织到临近村庄进行短途旅游，目的是参观那些运营良好的集体和国营农庄。很多村民，仍然对十年之前挨打的经历记忆犹新，由于不知远行的目的所在，他们大多惴惴不安地踏上了旅行的汽车……对于拉波斯（Lapos）的村民来说，这让他们更加确信"集体化过程"已势在必行。(1984，p.136)

因此，集体化并非出自村民们的本意，但其中体现的"强迫的艺术"却与其他地区大相径庭，特别是与20世纪30年代俄国的情况有所不同。1960年的匈牙利，从一开始，农民和集体农庄的组织者均清楚地知道：不需威胁与折磨，村民终将妥协。上面所描绘的"象征性高压政治"只是提醒统治者和被统治者：一切行为都是权力运作的结果。农民们并不愚蠢，他们带有个性地妥协，保留了自尊，并记录了他们对集体化的不满，从而让新世纪的历史学家来澄清真相。

匈牙利政府同样从50年代和斯大林主义中汲取了历史教训。1960年匈牙利集体化浪潮由一批政治家提出构想，他们是费伦克·埃尔戴的虔诚追随者。埃尔戴不但比任何人都了解农民，并且与一般布尔什维克政治家不同的是，他爱戴农民，并且试图设计一种集体化策略，使其给人们造成最小的伤害。1960年，埃尔戴是所谓"国民前线"（National Front）的负责人，这很大程度上是一种名誉职位，但由于他与匈牙利共产党第一书记亚诺什·卡达尔私交良好，直到1971年去世，他一直对农业政策制定有着重大影响，

1956年后，匈牙利政府从匈牙利和东欧等国汲取到的最重要的教训就是：孤立中农甚至富农毫无意义。毕竟，这些人曾经经营过大农场，也有可能经营规模相对较小的农村合作社，在那个时候，一些合作

社仅占地 1500—2500 英亩。在 1960 年，集体农庄组织者往往从最富声望的中农或富农开始做动员，这与 1950 年早期形成了鲜明的比对。这些组织者说服他们加入集体农庄，甚至说服他们担任新型合作社的领导，这样会更易在村庄获得支持。①

与科雷柯斯等人不同，其他中农迅速加入了集体农庄的队伍。在很多集体农庄中，他们占据了大部分管理职位。他们被选举为负责人，成为每个小队的负责人、供应部门经理、马车和拖拉机司机甚至是党委书记。到 1960 年代中期，很多匈牙利集体农庄内，由前中农组成的强大的"中间阶层"占据了所有权势与自主性职位。从某种程度来说，他们在集体农庄中再生产了集体化前村庄内的权力与声望等级。

B. "看守者"的改变（changing the guard）：干部中技术知识分子的崛起

中农干部对村庄和集体农庄的统治仅持续了一段时间，朱哈兹（Juhász, 1983a）曾经描述 60 年代晚期和 70 年代早期经过大学训练的农业专家与来自中农家庭的干部对农业合作社控制权的争夺。最终，年轻的经过大学教育的农业工程师②替代了上一代集体农庄的绝大多数领导，这是我们在其他地方提到的 1968 年匈牙利改革时代"知识分子争夺阶级权力"的重要篇章（Konrád and Szelényi, 1979），这对解释农业企业家的再次复苏十分重要，它表现为前中农决定重新步入资产阶级化轨道。③

中农们做好了充分准备迎接第二次集体化浪潮，但在 60 年代末的集体农庄内部，年轻的农业专家对他们新获得的"干部权力"造成了挑战，这使他们猝不及防。大约在 1968—1969 年间，新一代经过训练的农业工程师在匈牙利农业历史上诞生了。他们不但有农业科学知识武装头脑，同样具有 1960 年代东欧改革中知识分子的雄心壮志。这是

---

① 同样，贝尔（Bell）也在 1984 一书中的第 132—133、238 和 240 页对此进行了说明。根据奥尔班（Orban）的说法，政体本身并不想让中农扮演过于重要的角色，至少党内的某些人认为在新成立的集体农庄中，"阶级敌人"恰恰扮演了这种角色。见 Orban, 1972, pp. 238 – 239, 特别是 238 页的 fn. 368。

② 同样可参见汉恩（Hann）的研究，1983，第 82—90 页。

③ 接下来对于农业工程师逐渐获取权力的叙述主要是根据朱哈兹（Juhász, 1983a）的研究和他所做的访谈。

"科学技术革命"这一社会思潮产生重要影响的时刻。拉多万·瑞奇塔（Radovan Richta）的《交叉路口的文明》（1969）（*Civilization at the Crossroads*）——这一在匈牙利知识分子中间的畅销书籍，是对这一代社会主义知识分子观点强有力的写照。60年代末期毕业的新一代农业工程师们同样受到瑞奇塔版本的社会主义科学态度的启迪。他们不赞成之前集体农庄的管理方式，并且认为前农民不足以管理现代农业企业。他们低估前中农的工作价值和知识水平，并且期待获得比现有集体农庄领导者更高的薪酬、更好的住房条件和更高的社会声望。

如果这些农业工程师是傲慢自大的，那些现在处于管理职位的前中农，却经常对来自农业工程师的挑战做出愚蠢的回应。在他们眼中，年轻的农业工程师们既目中无人，又本本主义，把他们看作学徒，给予他们低得离谱的报酬，并且像对待孩子一样和他们交流。前中农顽固地抵制大学生们想要进行的技术革新。他们讽刺大学生希望采用美国的技术提高玉米的播种密度，他们抵制贮窖系统和人工施肥手段。

这样，一场彻底的"阶级斗争"爆发了，通过倡导强有力的新型农业组织意识形态以及实施集体农庄经营体制改革，农业工程师群体迅速占据上风。在农业生产中，强调工业方法的优越性是他们主要的意识形态武器。

农业产业化需要对集体农庄进行重组，特别是对劳动关系的重组。70年代早期，农业合作社的合并开始加速进行。1960年时每个村庄通常有几个农业合作社，多者有4—5个，但70年代早期的政策却要求每个村庄有一个农业合作社，这意味着一个农业合作社要服务一个中心村庄和周围的一些附属村庄。这导致农业合作社的规模从刚开始仅占地1200英亩，扩大到日后的12000英亩，甚至有的扩大到36000英亩（Donáth, 1977, pp. 243-250）。农业合作社的合并同样伴随着一股新的投资热潮。人们兴建了能够容纳上千头猪或牛的复合农舍和大型温室。农业合作社大规模的资本运营与合并使每英亩粮食产量有显著提高，但生产率与资本投入比值却大规模下降。这些新建的农舍代表了一个国家取得的成就，在这个国家中，劳动力廉价、土地广阔、资本稀缺，但这一成就令人心生疑惑（在同一时期内，没有耕作的土地数量同样在上升；参见 Donáth，1982—1983；1977，pp. 259 - 260）。但无论如何，集体化进程和工业化浪潮的社会学意义已经达成。新兴的大型集体农庄内，充满令人惊奇的技术，人们兴建了大量猪舍、牛舍，前中农失去了权力，权力落入新兴技术专家手中已成为大势所趋。

这些新兴的农业工程师还推行工作组织的新方法，他们希望打破生产链条，把"泰勒工作制"引入集体农庄。比如，在牛棚中，他们将那些准备饲料、喂养奶牛和挤奶的工人分开。这样，每个生产队都有自己的领班，这些领班直接对负责动物饲养的农业工程师负责。因此，老牧场工人的技术被抛弃直至完全消失。前中农们失去了他们的作用：管理职位上，他们被农业工程师取代；在生产线上，他们像饲养员或者制作饲养器具的人一样，成了半技术工人。对于那些没有大学文凭的人来说，这是一场大规模的"无产阶级化"过程。经过对劳动过程的重新调整，管理职位只面向那些拥有大学文凭和文化资本的人敞开。农业合作社中的泰勒主义的工作组织，集体农庄的合并，都代表受过大学训练的专家开始进一步控制农业生产。

新兴农业知识分子与前中农出身的集体农庄干部之间的"阶级斗争"发生在两个阶段。首先，1968 年前后，年轻的工程师们仍然推行"民主方法"，在集体农庄内部，由受过大学训练的知识分子和前中农出身的干部组成"联合政府"（coalition government）的图景曾一度显现。在 1968 年和 1971 年间，集体农庄精英们分成了两股势力：其中一派是经过大学教育的年轻人，包括农业工程师、机械工程师、兽医，他们控制了养殖业；另一派是前中农，包括农业合作社的负责人、党委书记和生产队队长（他们仍然拥有相当的权力）。这个时期，中农干部们控制着农庄的生产。

但这种劳动分工和权力分治并没有持续太长时间。到 1971 年时，年轻的农业知识分子已经渗透进不同级别的政府，影响着农业政策的制定。1971 年，县农业部门重新获得了对集体农庄的管理权。县农业部门主要由经过大学教育的农业知识分子组成。[1] 这大大巩固了在集体农

---

[1] 在集体化浪潮中，县政府扮演了重要角色，之后它失去了一部分权力，但在 70 年代早期又重新获得了这些权力。

庄内工作的农业工程师的地位,在接下来的几年中,对集体农庄的控制彻底落入新兴的技术精英手中。

C. 返回企业家道路的中农

对于前中农来说,走向干部的道路已经行不通了,他们失去了很多关键岗位,这些岗位被年轻的技术专家把持,他们的影响力在下降;在新型的泰勒制劳动组织中①,诸如生产队队长或带头人之类的中层管理人员失去了他们的威信甚至自主性。这一"阶级斗争"失败的意外后果是使前中农群体中的家族企业模式再次复苏。② 在科层等级次序方面向上流动的渠道已经关闭,他们中的一些人进入市场,开始建立自己的家族企业。

在企业家中,前中农出身的人占大多数,这本来是可以避免的,历史本可以呈现不同的面貌。中农受到"干部化"的诱惑,他们中的一些人实际上进入了干部队伍。只是在集体农庄内,当农业工程师取代了他们的管理职位时,他们大多数又重新步入资产阶级化轨道。

4. 富农家庭的遭遇

在20世纪60年代和1970年早期时,一种新兴的"反富农"意识形态兴起,这在前农业无产者中尤为流行。"又是富农在统治我们"——这是一句当时耳熟能详的抱怨(Orbán,1972,p.239)。那些来自农村贫困家庭的人们尤其喜欢发出这种抱怨,50年代时,他们是政治上的激进者,并且成为当地政府的工作人员,但日后当政权巩固自身统治时,他们在村庄中的等级次序开始下降。

或许"又是富农统治我们"这种说法并不对。正如我们刚才的描述,在60年代年晚期,统治大多数村庄的人主要来自中农家庭,这些家庭通常拥有10—25霍尔德面积的土地③,这些来自中农家庭的集体农庄管理者有可能表现出"富农"的行为方式(参见Bell,1984,p.170),从富农身上,他们学习了如何在权势职位上工作、如何发布

---

① 在60年代早期的绝大多数集体农庄中,党委书记是最强大的人物,但在70年代晚期的时候,他不得不只起到一些仪式性的作用。

② 在1982年,9.9%的户主来自1944年的中农家庭。但14.6%的原型企业家来自这样的背景(与之相对的是,只有3.7%的无产者—干部1群体是前中农出身)。

③ 在斯大林时代,人们制造了所谓的"富农"名单,尽管对富农划分的标准在不同时间、不同地区有所变动,但通常那些拥有20霍尔德或25霍尔德以上土地的家庭才被归为"富农"。

命令、如何让下属投入工作，但起初这些领导中确实有相对较少的富农。

在50年代早期，很多富农和农村的商业与工业企业家庭（所谓的"工业富农"）破产，并赤贫化。1951年，在杜纳帕塔基（Dunaapataj）村的4000名居民中，90个所谓的富农家庭一共仅拥有35头奶牛。① 在政府的高压之下，这些家庭四分五裂，有很多人，特别是孩子们，离开家乡到很远的城市定居，成为城市无产者或专业人员。② 对于那些留守在村庄的富农来说，他们有可能重新开始中农的生活。当法律允许富农加入农村合作社后（Donáth, 1977, p. 138），一些富农和中农一起在集体农庄中从事技术性工作，甚至占据管理岗位。在70年代末，一些富农甚至开始从事农业企业经营；但和中农相比，不论是干部化还是资产阶级化，他们都处于劣势。当他们雄心勃勃地想迈进干部阶层时，家庭出身成了他们的障碍（Hanák, 1982, p. 254）。在反富农运动中，家庭的分裂阻碍了他们建立家族企业的行为。在重建家族企业的起步阶段，大家庭的支持尤为重要。而现在他们则不再能够指望来自家庭的帮助。

农村地区人口的外迁对不同阶层产生了不同的影响。前富农类似于前农业无产者和贫农：他们最有可能迁徙到城市。而前小农、中农及其后代则最有可能留在村庄。

对这一过程进行仔细考察就会发现，新的"富农统治"很有可能是前农村无产者和穷人编造的神话，他们遭受挫败，又一次错过集体流动的机会。大多数富农永久性地离开了村庄，剩下的少部分加入了中农队伍，尽管稍有劣势，但仍与之一起向资产阶级道路迈进，其中的个别人占据了集体农庄的管理职位，日后变成了干部。

（二）农民工的社会出身

表6.1中最具争议的假设是解决农民工社会出身的问题。因为他们

---

① 我们十分感谢巴林特·马扎尔提供这一信息。

② 多纳斯（Donáth, 1977, p. 138）同样强调："到1950年时，大部分前农民雇佣者已经离开了农业生产。他们尤为集中地从事采矿业和建筑业。"（同样参见 Hanák, 1982, p. 253）但在很多村庄中，富农家庭没有全部消失。在80年代早期，马扎尔在杜纳帕塔基村中，仍然能够寻找到九十个富农家庭中超过八十家庭的一个或更多后代（尽管在规模更小的村庄中，有更大比例的富农家庭全部消失）。这八十个家庭中大多数已经四分五裂，并且有很多成员已经流向了城市。

处于干部和无产者、工薪劳动者和企业家的中间阶层,他们有可能来自于社会各个阶层。为了提供关于社会流动更有力的假设,我们将把以农民工作为转型方向的人分为两个部分,一部分人是过渡式的、以市场为导向的农民工;另一部分是受传统约束的农民工。

1. 过渡式的农民工——前小农及其后代

以农民工为最终职业的人中,绝大部分出身小农家庭。他们在以市场为导向的农民工身上得到了很好的体现。如果拥有土地,小农一定会回归农村,并且只有少部分会迁移到城市。他们没有必备的技术和社会声望,而正是这两种特质让中农和小部分富农进入管理岗位;同时他们也没有贫农和季节工的"政治资本",因此进入干部阶层对他们来说希望渺茫。但作为一个阶级,一些小农被无产阶级化了。马库斯(Márkus,1980)曾经令人信服地论述道,他们十分有雄心壮志,所以只要有机会来临,就会在家庭农业生产方面碰碰运气。这些人没有家庭农场,只拥有少量文化资本,与前中农相比,这不利于他们建立市场导向型的家庭企业。因此我们可以推测,同那些不那么成功的中农后代一样,出身小农家庭的幸运儿最后的职业归宿是"农民工 2"。

2. 受传统约束的农民工——前贫农及其子女

前贫农及其子女有非常不同的经历。因为拥有的财产微不足道,他们没有被束缚在村庄内,而是去了城市。同时,他们也适合做农村干部。在战前匈牙利村庄的社会阶层中,处于他们之下的是庄园劳动者,这听起来有些"流浪者"的意味,他们几乎没有抱负和天赋在官僚体系中谋得一官半职。因此,贫农是有可能成为干部群体的最低阶层,事实上也有很多人最后成为警察组织的一员(包括秘密警察),或在军队和党政机构中任职,但这些职位拥有的权力较小。和这些在官僚体系中谋得一官半职的人相比,另一些不能适应新机遇的人成了无产者。因此,我们可以预测,到了 80 年代中期,与前小农及其后代相比,前贫农及其后代在农民工群体中数量更加稀疏,但他们主要属于受传统约束的农民工这一类别,在这方面,比庄园劳动者和中农的后代要多。

3. 最彻底的无产者:旧庄园劳动者

大多数被调查者认为前庄园劳动者及其子女大规模地迁往城市。

根据朱哈兹和马扎尔（与我私下交流时）的说法，这很有可能是一种"循环迁移"（circular migration）：某些人仅仅为了之后在其他城市谋生，他们很可能暂时性地回到农村成为无产者。人们认为那些待在村庄的人是农村社会最为彻底的无产阶级。他们中最富雄心壮志者可能已经实现了自己的世纪旧梦：他们已经成为了"农民"，建立了属于传统农民形态的农民工家庭经济。更有野心的也许和曾经的贫农一道，过上了"后农民"的生活。因此，尽管前庄园劳动者最有可能迈向直线式的"完全无产阶级化"道路，一些人仍可能加入"资产阶级化队伍"。在这个队伍中，相当多的前中农成为真正的企业家；前小农采取了前中农的方式成为市场取向的农民工甚至原型企业家；当前贫农发现他们的小农邻居开始经营自己的家庭经济时，他们也开始照做。在这个迈向资产阶级化队伍的末端，一些庄园劳动者建立"生计型"的小型家庭农场，以贴补家用，这与战前贫农的行为十分类似。

（三）农村干部的社会出身

到目前为止，我们的分析已对农村干部的社会出身做了一些比较弱的假设。在过去的三十年中，进入农村干部职位的可能性一直存在。除了那些"破落户"般的旧庄园劳动者外，其他社会出身的人都有可能相对容易地获得干部身份，哈纳克（Hanák, 1982, p.251）的分析或多或少支持这一论断：除了那些来自庄园劳动者的家庭（不足 1:3 比例）、那些来自专业者家庭的极少部分人（比例超过 1:6）和来自中农家庭的人（比例超过 1:6）之外，在干部队伍中，人们的社会出身多种多样。

我们关于以干部为转型方向的流动性假设，尽管比较薄弱，但这不会让我们过度担忧。对于研究目的来说，干部在某种程度上属于剩余类型。我们根据家庭经济的特征，而非职业或者权势多少来界定转型方向，并且大多数时间我们必须取消干部与无产者之间的界限。在这本书中，我们宁愿去探索社会分层的不同"轴线"，也不愿意从无产者中把干部区分出来。

现在我们已经可以再次系统表述我们在图 6.1 中提到的假设，并且基于以上的讨论，可以呈现一个更详细但同样是假设的"流动表"（mobility table）（如表 6.2）。

表 6.2　一个假设的"流动表":1944 年家庭社会地位及 1980 年代中期职业流动终点

职业流动终点:1980 年代中期家庭户经济类型	1944 年家庭社会地位				
	农民				庄园劳动者
	富农	中农	小农	贫农	
企业家					
市场园艺经营者		+	+ +	+	
工业家			+	+	
原型企业家	+ +	+ + +			
农民工 2		+ +	+ + +		
农民工 1				+ + +	+
农村无产者			+	+	+ +
干部	+	+		+ +	
前往城市者	+ + +		+	+ +	+ + +

注释:在每种社会出身类型中,+符号的增加表明流动到特定职业类型可能性的增加。

二　对样本选择模型的再检验

我们将分两个步骤进行此项工作。首先,我们利用替代性变量报告实验结果——这些变量被纳入样本选择模型中,我们将会考虑它们的影响,但最终会将它们从模型中删除。第二步,我们以微调过的流动变量为自变量(模型 D′),FAPC、FAPS1 与 FAPS2 作为因变量(见表 6.3、6.4 与 6.5)报告样本选择模型的结果。为了展示由于模型微调而产生的改进,我们将这些表格与含有模型 D 和同样因变量的表格(即表 5.9、5.11 和 5.12)进行比对。

(一) 选择新的流动变量

在第五章中,我们运用了两个非常粗糙的流动变量测量:"1944 年户主或者户主父亲是否拥有大于 10 霍尔德土地"(OFARM44)与"被调查的家庭户在 1948 年拥有的土地数目是否大于 1944 年时拥有的土地数量"(REFORM)。

读者或许还能记起,"1944 年户主或者户主父亲是否拥有大于 10

霍尔德土地"用于测量中农或富农的社会出身。在生成这个变量的时候，我们综合考虑了户主父母曾占有的土地和自己现在占有的土地。如果应答者在1944年已经是家庭户主的话，我们会仅考虑他自己的土地拥有量；如果那时他是一个孩子，我们会使用他家长的土地拥有量这一数据。对于那些在1944年拥有十块或更多土地的人，在虚拟变量"1944年户主或者户主父亲是否拥有大于10霍尔德土地"上，我们将其赋值为1。这样说来，"1944年户主或者户主父亲是否拥有大于10霍尔德土地"就是一个综合了社会流动与个人生活史的变量。

"被调查的家庭户在1948年拥有的土地数目是否大于1944年时拥有的土地数量"用于测量1945年土地改革的资产阶级化效应。这是一个虚拟变量。在1944—1948年间，如果家庭拥有土地数量提高，不管提高多少和他们以前拥有多少，我们都将其赋值为1。

通过民族志和理论分析，在完成对变量的微调后，我们开始对战前家庭社会地位和1945年土地改革的效用进行测量。

（1）我们生成了能够更加精确描述战前社会地位的变量，因为在民族志的研究中我们发现除中农家庭外，其他的社会出身也与现阶段家庭农业生产量紧密相关。

在这里，我们将进行以下三个操作。第一步，我们让先前的"1944年户主或者户主父亲是否拥有大于10霍尔德土地"变量能更加清晰地测量"社会背景"。因此我们生成了新的变量，它能够体现户主父母的土地拥有量，即PFARM44，如果户主的父母在1944年时至少拥有10霍尔德的土地，我们将其赋值为1。当变量"户主的父母在1944年时是否至少拥有10霍尔德的土地"和"1944年户主或者户主父亲是否拥有大于10霍尔德土地"分别与不同的家庭农业生产收入计量方式进行列联表时，可以发现"户主的父母在1944年时是否至少拥有10霍尔德的土地"变量不仅在理论上是一个更"纯净"的变量，它事实上的确像"1944年户主或者户主父亲是否拥有大于10霍尔德土地"变量一样，与现今企业家身份有着强相关或接近于强相关的关系。第二步，我们决定生成一个能够解释无产阶级化或者干部化的变量——它与现今家庭产量特别是与FAPS有着强烈的负相关关系。通过多次试验，我们最终选择一个变量，将其标记为NONAGR38。如果户主的父亲在1938年时从事非农业，则将其赋值为1。第三步，我们不是非常成功地找到一个变量——它可以对农民工的社会出身做出解释。根据不同社会出身指标与收入测量的列联分析，我们做出结论：与其说待在村庄中的庄园劳动者的子女更容易农民化，不如说其更容易无产阶级化。因此我们生成了一个名为 MANORIAL 的变量，对于那些 1938 年父亲为庄园劳动者的人，我们赋值为 1。正如我们所看到的，这一成功的尝试有一定问题，它在统计上意义不显著。但既然 "1938 年户主父亲是否为庄园劳动者" 这一变量——特别是把它与对土地改革效应的新测量方法结合在一块——的确能在理论上提供一些洞见，我们还是将它留在了样本选择模型中。

（2）我们尝试更好地理解 1945 年土地改革带来的影响。我们主要的目的是生成一些变量，以清楚地区分那些在土地改革中成为农民和企业家的人。为此我们生成了两个新的变量：REFORME（测量土地改革激发的"企业家"效应）和 REFORMPW（测量土地改革造成的"农民化"效应）。REFORME 是一个虚拟变量，如果家庭在 1949 年时拥有的土地数较 1944 年时增加了——这表明了企业家态度，我们将其赋值为 1。土地改革造成的"农民化"效应是一个虚拟变量，我们将 1944 年没有土地但 1949 年拥有土地的家庭赋值为 1。土地改革激发的"企业家"效应是一个很好的变量，是我们能找到的测量企业家身份的最有力变量，但因为赋值为 1 的数目太少，我们决定不将其纳入样本选择模型。土地改革造成的"农民化"效应变量在与收入变量进行列联表分析时表现较好，它比之前的"被调查的家庭户在 1948 年拥有的土地数目是否大于 1944 年时拥有的土地数量"这一变量更加有效。我们决定用土地改革造成的"农民化"效应这一变量代替"被调查的家庭户在 1948 年拥有的土地数目是否大于 1944 年时拥有的土地数量"这一变量。

这样一来，我们在模型 D′ 中最终纳入的变量是："1944 年户主的父母是否拥有十块及以上的土地"变量、土地改革造成的"农民化"效应变量、"1938 年父亲是否为庄园劳动者"变量和"1938 年户主的父亲是否从事非农职业"变量。

（二）新流动变量在样本选择模型中的作用

我们微调之后的流动变量基本获得了成功。按照我们的假设，只要 FAPC 作因变量时，微调模型并没有影响拟合优度。－2LL 值从模型

D/FAPC中的11394下降到模型D′/FAPC的11312，虽然拟合优度的提高幅度不大，但是显著。而当FAPS1作为因变量时，却对拟合优度带来了影响，−2LL值从D/FAPS1时的17648上升到模型D′/FAPS1的17670，这是在我们的分析中唯一违背嵌套模型构建原则的步骤。在构建模型D′时，为了拥有理论上更"纯净"的变量，我们把模型D中的两个变量做了替换——"1944年户主或者户主父亲是否拥有大于10霍尔德土地"变成"户主的父母在1944年时是否至少拥有10霍尔德的土地"，土地改革激发的"企业家"效应变量变成土地改革造成的"农民化"效应变量。尽管我们考虑到用更加精确但经验解释力度较差的变量会对拟合优度造成影响，但我们认为这种做法是必要的。此外，在FAPS的第二个分界点，尽管违背了嵌套模型建立的原则，但微调模型的拟合优度仍有小幅但显著的提高。−2LL值从模型D/FAPS2的7550下降到模型D′/FAPS2的7506，这是一个令人十分满意的结果。

接下来我们将对每个模型进行逐一分析。

1. 模型D′/FAPC

通过比较表5.9和表6.3，可以清楚地发现对流动变量进行微调基本不会对非流动变量的解释力造成影响。除了十分稳健的"1938年户主的父亲是否从事非农职业"变量，其余新加入的流动变量均表现一般。"户主的父母在1944年时是否至少拥有10霍尔德土地"变量比"1944年户主或者户主父亲是否拥有大于10霍尔德土地"变量的解释力度更弱。在以FAPC为因变量的模型D中，"1944年户主或者户主父亲是否拥有大于10霍尔德土地"在probit方程中十分显著且作用方向为正；在回归方程中，尽管解释力度变低，但作用方向仍然为正且显著。但是，"户主的父母在1944年时是否至少拥有10霍尔德的土地"变量在第一个方程中并不显著，且只在方程中具有边际显著性。我们对这个结果很满意：与"1944年户主或者户主父亲是否拥有大于10霍尔德土地"变量相比，"户主的父母在1944年时是否至少拥有10霍尔德土地"变量与我们的理论更相一致。毕竟，中农或者富农的社会出身这一变量在解释生计生产方面本不应发挥主要作用，"户主的父母在1944年时是否至少拥有10霍尔德的土地"变量应该保持它对于商品生产的解释力度。

表6.3　模型 D′/FAPC 样本选择模型的非标准化和标准化参数值　　　（163）
（模型 D′/FAPC；N = 7754/4389）

	Probit			回归		
	非标准化[a]	标准化	t 值	非标准化	标准化	t 值
年龄	.103	1.630	14.0	.006	.226	5.2
年龄的平方	−0.001	−1.647	−13.8	−0.0001	−0.219	−4.9
工薪劳动者数	.250	.269	10.3	.023	.070	9.4
未被雇佣成年人数	.272	.098	5.5	.014	.016	3.1
达退休年龄者数	.308	.216	9.3	.020	.041	6.1
未成年子女数	.065	.071	3.5	.007	.020	3.0
单对配偶家庭	.790	.357	17.2	.042	.049	6.3
多对配偶家庭	.844	.205	8.4	.045	.037	5.3
农业体力劳动者	.303	.135	6.6	.011	.014	2.5
父亲1944年时至少有10霍尔德土地	.057	.019	1.1	.013	.013	2.5
1944年无土地，1949年得土地	.172	.063	3.9	.003	.003	0.5
父亲1938年时为庄园劳动者	−0.052	−0.017	−1.0	.002	.002	0.3
父亲1938年时从事非农业	−0.395	−0.177	−10.1	−0.020	−0.023	−3.7
在权势位置上所待年数	−0.004	−0.021	−1.3	−0.0002	−0.002	−0.4
在合作社中待的年数	.023	.183	9.8	.001	.022	4.2
自我雇佣的年数	.022	.144	7.2	.001	.025	3.7
参加过高中或更高程度夜校	−0.498	−0.155	−9.0	−0.008	−0.006	−0.9
受教育年数少于五年	−0.212	−0.076	−4.5	−0.022	−0.021	−3.8
截距项				9.13		1601.9
σ	.322		93.6			
ρ	−0.1（限定值）					
−2LL	=11312					
自由度	=7715					

资料来源：整理自匈牙利中央统计局1982—1983年收入、社会流动与生活史调查。

[a] 该模型中，非标准化系数值是从一个标准化系数值公式推算得来，该公式由威斯康星大学麦迪逊分校的罗伯特·迈尔教授提出。详情参见表5.6的注释。

"1938年户主的父亲是否从事非农职业"变量的表现同样如我们所

料。在两个方程中，它均高度显著且作用方向为负，证实了1938年不从事农业生产的被访者父母也不会去从事生计生产。

解释土地改革造成的"农民化"效应变量和"1938年父亲是否庄园劳动者"变量在两个方程中的作用有些困难。土地改革造成的"农民化"效应变量在模型 D′/FAPC 中起到的作用，像"被调查的家庭户在1948年拥有的土地数目是否大于1944年时拥有的土地数量"变量在模型 D/FAPC 一样。它们在 probit 方程中显著，在回归方程中却都失去了显著性。但是"1938年父亲是否庄园劳动者"变量，在与收入变量进行双向列联表分析时，几乎同土地改革造成的"农民化"效应变量表现一样，甚至它能更好地测量那些最终成为农民工的人的社会出身，但在 probit 方程中，它不仅系数不显著甚至起到负作用。这又如何解释？

考虑到土地改革造成的"农民化"效应变量和"1938年父亲是否庄园劳动者"变量在模型 D′/FAPC、模型 D′/FAPS1 和模型 D′/FAPS2 中的表现，我们可以形成对庄园劳动者子女社会流动的假设：当它与土地改革造成的"农民化"效应变量一起进入模型时，在这些模型中，"1938年父亲是否庄园劳动者"变量的系数一向为负值（在以 FAPS2 为因变量的模型中其系数显著为负），这是因为土地改革造成的"农民化"效应变量控制了土地改革对庄园劳动者造成的影响。事实上，前庄园劳动力及其子女和战前其他社会出身的人相比，他们更容易无产阶级化，除非他们在1945年土地改革过程中分到了土地。分到地的庄园劳动者后来成为了农民工，尽管到后来的20世纪80年代，他们同其他分到地的人（比如农业无产者和他们的后代）比起来，成为企业家的机会更小。①

2. 模型 D′/FAPS1

正如之前所提到，比较表5.11和表6.4，可以发现，对流动变量的

---

① 我们在操作的时候对模型本身进行了一些约束，它们支持了这个假设。在第五章和第六章中，为了让模型更加契合数据，我们不得不对模型本身做一些限制。因为在所有模型中，两个方程中的标准误和未被解释的方差——用 ρ 测量，均存在着我们无法接受的高度相关。当运用各种不同的方法对两个方程的函数进行限制时，ρ 值均很高。当我们逐渐靠近研究的目标群体——真正的企业家时，进行限制的必要更大，这一点都不令人感到奇怪。根据不同的标准，我们从农民工式生产者中选择企业家，他们的行为不同于其他任何家庭农业生产者。在这些模型中通过将 ρ 值限定在 -0.1 和 0.6 之间，我们成功地拟合了模型。对于 ρ 值加诸的限制主要有以下两个作用：（1）它们影响拟合优度值；（2）它们规定了两个方程中系数之间的距离。

微调对拟合度造成了更坏的影响。不幸的是，在probit方程中，人口学变量和流动变量的系数值均有所下降。幸运的方面主要体现在如下三处：

表6.4 模型 D′/FAPS 样本选择模型的非标准化和标准化参数值
（模型 D′/FAPS1；5000 福林为分水岭；N = 7754/3703）

	Probit			回归		
	非标准化[a]	标准化	t值	非标准化	标准化	t值
年龄	.053	.839	7.4	.016	.276	2.6
年龄的平方	−0.001	−0.940	−8.2	−0.0002	−0.360	−3.4
工薪劳动者数	.119	.128	5.2	.081	.109	5.7
未被雇佣成年人数	.097	.035	2.1	−0.027	−0.013	1.0
达退休年龄者数	.140	.098	4.5	−0.007	−0.006	−0.4
未成年子女数	−0.001	−0.001	−0.04	.014	.017	1.0
单对配偶家庭	.367	.166	8.1	.111	.058	3.2
多对配偶家庭	.416	.101	4.5	.006	.002	0.1
农业体力劳动者	.429	.191	10.7	.134	.080	6.0
父亲1944年时至少有10霍尔德土地	.268	.090	5.4	.090	.042	3.5

当ρ取某一限定的值时，−2LL达到其最小值，并且在任何方向对这些取值所做的改动都会降低模型的拟合优度。我们根据拟合优度的统计值来寻找ρ的限定值。通常来说，对于ρ值的限定只会对每个方程中个体变量的相对解释力度起到很小的作用，而主要影响两个方程之中系数值的大小。但在某些情况下，个体变量的相对解释力度同样会受到影响，土地改革造成的"农民化"效应和"1938年父亲是否为庄园劳动者"变量就是例子。比如，在模型 D′/FAPS1 中，我们逐渐增加对ρ值的限制。在表6.4中，ρ值被限定在0.2，但当ρ值在0.3—0.9之间变化时，我们同样可以运行这个模型。当我们的限制从0.2上升至0.9时，土地改革造成的"农民化"效应和"1938年父亲是否为庄园劳动者"两个变量开始显示补偿效应；土地改革造成的"农民化"效应变量对因变量逐渐产生正向影响，而"1938年父亲是否为庄园劳动者"变量则逐渐产生负向影响，甚至这种影响在某一取值时是显著的。我们把这作为一种直接的证据，那就是这两个变量的关系正如事实上我们假设的那样：我们越用土地改革造成的"农民化"效应变量解释商品生产，"1938年父亲是否为庄园劳动者"变量就越能成为测量无产阶级化的变量。或者，换一种表达方式：如果土地改革造成的"农民化"效应变量抓住了那些接收土地赠与的庄园劳动者的行为特征，那么"1938年父亲是否为庄园劳动者"变量只能解释没有接收到土地的庄园劳动者的行为——这就真是一个无产阶级化的故事了。

续表

	Probit			回归		
	非标准化[a]	标准化	t 值	非标准化	标准化	t 值
1944 年无土地，1949 年得土地	.169	.062	3.9	.023	.011	0.9
父亲 1938 年时为庄园劳动者	-0.046	-0.015	-0.9	-0.055	-0.023	-1.8
父亲 1938 年时从事非农业	-0.346	-0.155	-9.0	-0.076	-0.037	-2.3
在权势位置上所待年数	-0.001	-0.006	-0.4	.006	.035	2.5
在合作社中待的年数	.036	.290	16.0	.007	.075	6.0
自我雇佣的年数	.022	.143	8.3	.008	.072	5.6
参加过高中或更高程度夜校	-0.096	-0.030	-1.8	.105	.036	2.4
受教育年数少于五年	-0.232	-0.083	-5.0	-0.031	-0.013	-0.9
截距项				9.80	705.2	
σ	.766	85.9				
ρ	-0.2（限定值）					
-2LL	= 17670					
自由度	= 7715					

资料来源：整理自匈牙利中央统计局 1982—1983 年收入、社会流动与生活史调查。

[a] 该模型中，非标准化系数值是从一个标准化系数值公式推算得来，该公式由威斯康星大学麦迪逊分校的罗伯特·迈尔教授提出。详情参见表 5.6 的注释。

（1）在回归方程中，新的流动变量在微调的模型 D′/FAPS1 中，比对等变量在模型 D/FAPS1 中表现更好。在 probit 方程中，与"1944 年户主或者户主父亲是否拥有大于 10 霍尔德土地"变量和"被调查的家庭户在 1948 年拥有的土地数目是否大于 1944 年时拥有的土地数量"变量在模型 D/FAPS1 中相比，微调过的"户主的父母在 1944 年时是否至少拥有 10 霍尔德土地"变量与土地改革造成的"农民化"效应变量的系数和 t 值更小。但当我们考察回归方程时发现，与"1944 年户主或者户主父亲是否拥有大于 10 霍尔德土地"变量和"被调查的家庭户在 1948 年拥有的土地数目是否大于 1944 年时拥有的土地数量"变量在旧模型中相比，"户主的父母在 1944 年时是否至少拥有 10 霍尔德的土地"变量与土地改革造成的"农民化"效应变量提高了它们的解释力度。这是我们所期望看到的"户主的父母在 1944 年时是否至少拥有 10 霍尔德土地"变量产生的结果,作为一个测量资产阶级化程度的变量,它应该对谁能生产更多商品做出解释,而根本不需要预测谁在从事生产。

(2) 把"1938 年户主的父亲是否从事非农职业"变量纳入模型是一个极为明智的选择。它在两个方程中均高度显著,特别是在 probit 方程中,它对整个模型做出了很大的解释,在所有具有解释力的变量中排名第六位。在回归方程中,正如理论预期的那样,它没有起到重要作用,但作用仍然显著。尽管"1938 年父亲是否庄园劳动者"变量在回归方程中接近显著,但它的系数在两个方程中均不显著且为负值。如早先预期的一样,仅通过这个变量我们不能找到原因,但如果将"1938 年父亲是否为庄园劳动者"变量和土地改革造成的"农民化"效应变量两个变量合在一起考虑,为何仅"1938 年父亲是否庄园劳动者"变量不能对商品生产做出很大的解释便一目了然。

(3) 在 probit 方程中,个人生活史变量弥补了社会流动变量损失的解释力度。的确该如此,因为这证实了我们用"户主的父母在 1944 年时是否至少拥有 10 霍尔德的土地"变量替代"1944 年户主或者户主父亲是否拥有大于 10 霍尔德土地"变量,其依据就是"1944 年户主或者户主父亲是否拥有大于 10 霍尔德土地"变量是对社会流动和个人生活史的综合测量指标。利用"户主的父母在 1944 年时是否至少拥有 10 霍尔德土地"变量,我们可以进一步解决对社会流动的测量问题。

与模型 D/FAPS1 相比,模型 D′/FAPS1 的拟合优度更差,但是通过对模型的微调,流动变量的确有所收获。在模型 D/FAPS1 的回归方程中,两个流动变量中仅有一个与逐渐增加的商品产量显著相关;在模型 D′/FAPS1 中,四个流动变量中的两个与产量的增加相关,且第三个变量的系数值显著。特别是在回归方程中,三个解释力度更强的流动变量累计产生了显著的聚合系数值。因此,微调变量总体对模型是有益的,并且它强烈地支持资产阶级化理论,而新的流动变量也是根据这一理论生成或微调的。

3. 模型 D′/ FAPS2

在 FAPS2 的第二个临界点,我们的微调操作更加成功。直到现在,模型 D/FAPS2 是解释力度最小的模型,但模型 D′/FAPS2 拟合优度却显著提高(-2LL 从 7550 下降到 7506,且只伴随着 4 个自由度的损失)。此外,模型 D′/FAPS2 中的流动变量组比之前在回归方程中解释力度更强。这样，我们在解答关键问题过程中又前进了一大步：那就是解释企业家成功的原因及确认哪些企业家产出更多（见表6.5）。

在两个方程中（比较表5.12和表6.5），与"1944年户主或者户主父亲是否拥有大于10霍尔德土地"变量相比，"户主的父母在1944年时是否至少拥有10霍尔德土地"变量损失掉的小部分解释力得到了如下补偿：即"1938年户主的父亲是否从事非农职业"变量的解释力度、土地改革造成的"农民化"效应变量（模型D′/FAPS2）相对于"被调查的家庭户在1948年拥有的土地数目是否大于1944年时拥有的土地数量"变量（模型/FAPS2）在回归方程中解释力度的提高。土地改革造成的"农民化"效应变量拥有显著的正系数，但"被调查的家庭户在1948年拥有的土地数目是否大于1944年时拥有的土地数量"变量在这个阶段失去了大部分解释力度。我们没有预期在企业家中，土地改革造成的"农民化"效应变量与增加的商品产出存在正向且显著的关系。为了测量农民工群体的社会出身，我们要尽量对土地改革造成的"农民化"效应变量进行微调。现在，它看起来对企业家身份进行了解释，并且比"被调查的家庭户在1948年拥有的土地数目是否大于1944年时拥有的土地数量"变量对资产阶级化的解释好得多！但如果根据它们之间的假设关系，连同"1938年父亲是否庄园劳动者"变量一起探究土地改革造成的"农民化"效应变量的话，这个谜团至少会消失一半。正如在第六章中绝大部分模型和方程那样，"1938年父亲是否庄园劳动者"变量在模型D′/FAPS2的回归方程中起的作用为负，但却是显著的。如何对这一现象做出解释？可能的解释是那些之前没有耕地但在1945年土地改革中获得土地的家庭到了1982年已经变成了大企业家，尽管一般说来庄园劳动者——特别是如果他们在土改中没有分到土地——变成大商品生产者的概率很小。

最后，经过对每个变量的逐一分析，我们逐渐接近分析目标：确认大型商品生产者。通过与其他几组变量的对比，我们可以对整组流动变量做出评论。从这个角度来说，微调是成功的举措，在模型D/FAPS2中，表5.12回归方程中的两个流动变量，只有一个是边际显著的，而同样的方程在模型D′/FAPS中，流动变量组中的四个变量全部显著（只有一个边际显著）。同时，从无产阶级化理论中得到的人口学变量

表 6.5　模型 D′/FAPS 样本选择模型的非标准化和标准化参数值
（模型 D′/FAPS2；24000 福林为分水岭；N = 7754/1254）

	Probit 非标准化[a]	Probit 标准化	t 值	回归 非标准化	回归 标准化	t 值
年龄	.054	.852	5.3	.025	.391	2.4
年龄的平方	−0.006	−1.110	−6.6	−0.0003	−0.537	−3.2
工薪劳动者数	.165	.177	6.2	.075	.081	3.3
未被雇佣成年人数	.049	.017	0.9	−0.020	−0.007	−0.5
达退休年龄者数	.051	.036	1.4	−0.008	−0.005	−0.2
未成年子女数	−0.012	−0.013	−0.5	.003	.003	0.1
单对配偶家庭	.515	.232	7.9	.206	.093	3.0
多对配偶家庭	.454	.110	4.0	.179	.043	1.7
农业体力劳动者	.421	.187	9.1	.213	.095	5.5
父亲 1944 年时至少有 10 霍尔德土地	.209	.070	3.8	.124	.041	2.9
1944 年无土地，1949 年得土地	.094	.034	1.8	.118	.043	2.5
父亲 1938 年时为庄园劳动者	−0.058	−0.019	−0.9	−0.114	−0.037	−2.1
父亲 1938 年时从事非农业	−0.307	−0.138	−5.8	−0.134	−0.059	−2.5
在权势位置上所待年数	.009	.044	2.7	.012	.056	3.5
在合作社中待的年数	.026	.214	11.2	.006	.046	2.9
自我雇佣的年数	.021	.258	9.9	.011	.130	5.4
参加过高中或更高程度夜校	.062	.019	0.9	.023	.007	0.4
受教育年数少于五年	−0.086	−0.030	−1.4	−0.033	−0.118	−0.6
截距项					10.06	394.4
σ		.551	47.1			
ρ		.6（限定值）				
−2LL		=7506				
自由度		=7715				

资料来源：整理自匈牙利中央统计局 1982—1983 年收入、社会流动与生活史调查。

其解释力度持续下降。在模型 D/FAPS2 的回归方程中，八个人口学变量中的四个变量均不显著，同样的方程在模型 D′/FAPS2 中，显著变量与不显著变量的比值仍然不变，但大多数变量的 t 值均有所下降。

以同样的方式比较表 6.3、表 6.4 和表 6.5 会发现有趣的结论。我们将变量分为两组：第一组九个变量来自于无产阶级化理论（人口学变量和现在的农业职位），第二组九个变量来源于被中断的资产阶级化理论（流动和个人生活史）。在回归方程中，从表 6.3 到表 6.4 和表 6.5，第一组变量中不显著的变量数目持续增加，从模型 D′/FAPC 中的 0 个增加到模型 D′/FAPS2 和模型 D′/FAPS1 中的 4 个。对于第二组变量来说，结果却正好相反。不显著变量数目持续下降，从模型 D′/FAPC 中的 4 个降低到模型 D′/FAPS1 中的 3 个，最后降低到模型 D′/FAPS2 中的 2 个。

（169）　到目前为止，我们仍然不能在所有商品生产者中找到那些更加成功的企业家。但同无产阶级化理论相比，基于被中断的资产阶级化理论生成和微调过的变量的确比无产阶级化理论表现更好。

我们希望根据那些微调过的个人生活史变量，在第七章中沿着这一思路进行更深入的探讨。毋庸置疑，在解释哪些生产者最终成为真正的企业家时，个人生活史分析十分重要。企业家的成功在很大程度上或部分取决于某些特质，这些因素更多地与个人特质和生活经历有关，而与家庭遗传、特别是人口学因素相关度更小。如果这是真的，我们不得不接受这一现实：在某种程度上，对于企业家的解释可能会超越社会学的范畴。但如果能运用社会学方法解答这一问题，那么在个人生活史的框架中分析显得尤为重要。

第七章　家庭传承之外：生活史对资产阶级化复兴的重要性

在本章，我们进一步调整生活史变量。首先，我们分析"正确"出身的人，他们出生在第二次世界大战前或稍后就已经向企业家转型的家庭中。我们尝试更加精确地确认他们在 1949 年后（或者，对那些更晚开始工作的人来讲，自首份工作开始）的工作次序，称之为"暂泊轨道"。我们预测，从历时维度上讲，那些重新进入资产阶级化轨道者很可能之前就待在暂泊轨道。我们还尝试识别一些职业选择，它们被证明"命定"地要么走向资产阶级化，要么向无产阶级和干部发展。接下来，我们探讨那些"错误"出身者的职业生涯，这些人出生于小农、贫农、农村无产阶级等非企业家家庭。正如第六章所示，这些人中的一部分在 20 世纪 70 年代同样成了企业家。我们尝试找到，什么样的职业和教育选择使人们或者摆脱无产阶级身份，或者成为无产阶级中的一员，或向干部转化。同时，我们试图找到什么样的教育模式与工作顺序，帮助他们从"错误"的出身进入资产阶级化轨道，并在 20 世纪 70 年代末或 80 年代初成为原型企业家或企业家。

在本章之前，我们已经做了理论性分析，提出研究假设，并用民族志式的证据佐证。其后，我们在样本选择模型方程中加入精炼和扩展的生活史变量集，得出结论。[①] 本章的分析基于前面的工作。

一　迈向生活史的类型学

首先，我们分析那些曾经是富农和中农的人。我们提出他们在第二

[①] 本章的分析也建立在我们与朱哈兹和马扎尔整理的录音材料，以及我们在匈牙利农村的田野调研基础上。

次世界大战后生活轨迹的假设，尝试确认其暂泊轨道（如图 7.1 和图 7.2）。然后，我们考察社会阶层底部的人，并逐层向上分析。我们考察以前的庄园劳动者（如图 7.3）、贫穷和小农（如图 7.4）的典型生活史，并试图寻找是什么使他们幸运地结识了某些"大人物"，后者 1982 年从社会分层的等级链条上，给予了他们自主性。我们假定，职业与教育选择的**历史时机**或许至关重要。人们不得不在 20 世纪 50 年代、斯大林时代（1945—1956 年）、20 世纪 60 年代、改革前时代，以及 1968 年改革后从事不同的工作，以有效抵抗无产阶级化和干部化的压力，这种压力无疑在斯大林时代达到峰值。因此，对那些在 20 世纪 40 年代末或 50 年代初开始工作的人来讲，企业家梦想被阻隔了。但是，凭借一点运气以及正确的策略，阻隔可以被跨越。类似的，对那些幸运地在 20 世纪 60 年代末，特别是 70 年代才开始成年生活的人来说，则有更好的机会逐步从官僚等级次序中获得更大自主性。然而，如果运气太差，或者出现方向性错误，他们也可能丧失这种相对优势，最终成为无产阶级或干部队伍中的一员。通过逐代分析，我们也许能够发现人们怎样因为生不逢时的坏运气，反而获得"塞翁之福"。

（一）富农：从赤贫化到专业化

1. 富农中最老的一代人：20 世纪 50 年代富农政策的影响

在 1949 年的农村里，顶层 5%—10% 的人口，即那些拥有超过 20 或 25 霍尔德①土地的农民，或者大型商场、大型机器（拖拉机、联合收割机）、小工场的所有者被官方定性为农业或工业富农。接下来的几年对他们来讲是极其痛苦的，一直到 1953 年，他们都被严重迫害，在之后的几年里仍然备受歧视。大部分富农在 20 世纪 50 年代被无产阶级化的浪潮吞没，一贫如洗。在前往城市的富农当中，一些人落魄潦倒，其他人降格做了技术工人或低层管理者。20 世纪 60 年代早期，留在乡村的富农卷土重来，在农村的社会阶层中重新找回了自己的地位，虽然比以前低一些，但仍然像小企业家和低层干部一样，有些财富、地位和声望。

---

① 根据贝伦德与兰基（Berend and Ranki, 1972, p. 230）的分析，1949 年，他们占了大约 6% 的土地。

第七章 家庭传承之外:生活史对资产阶级化复兴的重要性

他们的孩子,尤其是那些1949—1953年开始成年生活的人(更宽泛地讲,也可以说那些在1960年前成年的人)在一段时间内面临严重困难。在1949年后开始职业生涯的人往往离开了乡村,极少再回来。在斯大林时代开始第一份工作的人成了工人中的精英,在卡达尔治下开始第一份工作的则成为专业人员,并且大多数在工程领域,小部分在农业领域。图7.1概要地描述了他们的生活轨迹。

20世纪50年代早期,几乎所有的成年"工业富农",即大商场、磨坊、拖拉机、联合收割机、小工业企业,以及大的动物买卖商(特别是马和牛),都去了城市。大体来讲,在农业工作者(agriculturalists)中,只有那些既被官方贴上了富农的标签,又被村民视为富农和剥削者的人去了城市。这些人非常富裕,有超过五十,甚至几百霍尔德土地。他们可被称为农民企业家,极少从事体力劳动,主要负责管理和监督,往往因苛刻的工作条例、残酷贪婪的脾性而被村民诟病。实际上,官方定义的富农被扩大化了,因为狂热的村干部们为了向他们在县里或城市里的长官证明自己的警觉,将与村庄群落有些关联的农民小资产阶级也拉进了富农的黑名单。(Orban, 1972, pp. 74 - 78; Bell, 1984, p. 113)这份名单上还有:只拥有20—50霍尔德土地的农民,以及在最繁忙时才偶尔雇佣劳动者,常常与工人们共同劳作,妻子来自中农和小农家庭,有亲朋好友在村中的小农业企业家。

有些人以小农或中农身份起家,仅凭一点好运,或仗着不同寻常的能力,成为拥有适当财富的农民企业家。他们受到村民的广泛支持,当选为村政当局中的官员,在1945年后发挥了重要的政治作用。他们当中的许多人是小农政党(Kisgazda Part)的组织者和领导者,这个自由资产阶级政党在大多数村庄中凭借压倒性优势赢得了战后第一次选举(Bell, 1984, pp. 110 - 111)。

这些"较小的富农"常因政治动机而被贴上了富农标签,将他们划为富农,是争夺村庄政治权力中的一环。与那些"真正"的富农相比,他们拥有较为广泛的、对未来生存至关重要的社会支持。举例来讲,他们的亲友网络提供了关键性帮助,将他们的粮食或一些附属品藏在自己家中,躲过了"征用者"(requisitioner),这些亲友不仅包括亲戚,还包括友善的邻居。他们凭借得到的精神和些微物质支持挺过了贫困交加的岁月,并能在1953年后东山再起。

164　社会主义企业家

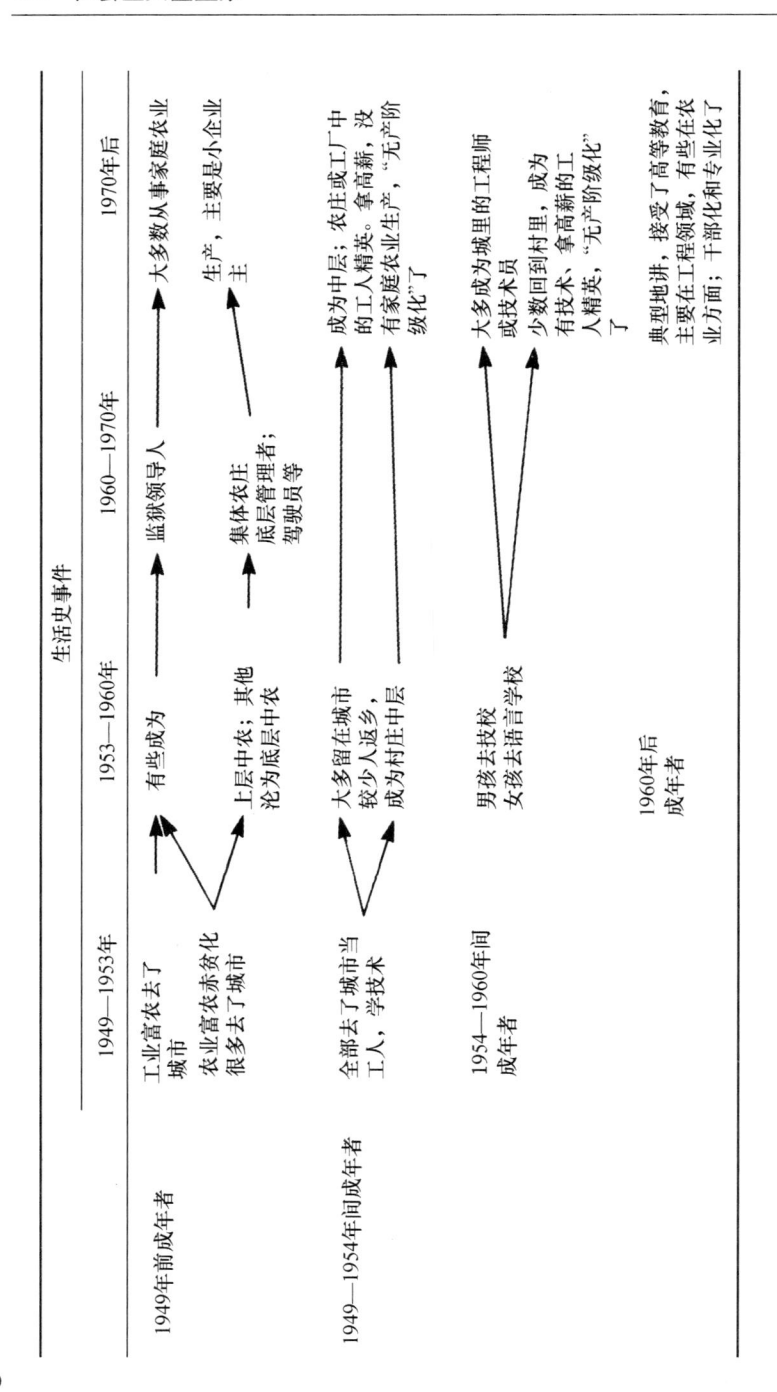

	生活史事件			
	1949—1953年	1953—1960年	1960—1970年	1970年后
1949年前成年者	工业富农去了城市；农业富农赤贫化；很多去了城市	有些成为上层中农；其他沦为底层中农	监狱领导人；集体农庄底层管理者、驾驶员等	大多数从事家庭农业生产，主要是小企业主
1949—1954年间成年者	全部去了城市当工人、学技术	大多留在城市；较少人返乡，成为村庄中层		成为中层农庄工厂中的工人精英。没有家庭农业生产，"无产阶级化了"
	1954—1960年间成年者	男孩去技校，女孩去语言学校		大多成为城里的工程师或技术员；少数回到村里，成为有技术、拿高薪的工人精英，"无产阶级化"了
		1960年后成年者		典型地讲，接受了高等教育，主要在工程领域，有些在农业方面；干部化和专业化了

图 7.1　富农或那些父母1944年为富农的人的生活史轨迹

(173)

第七章 家庭传承之外:生活史对资产阶级化复兴的重要性

即使是这些较小的、幸运的、受到广泛支持的富农们,也在村庄社会分层中下滑了。关键在于,他们丧失了绝大部分土地。实际上,1953年前,没有任何家庭拥有超过20霍尔德的土地。纵然1945年的土地改革仅将拥有超过200霍尔德土地者的土地重新分配(Berend and Ranki,1972,p. 228),但通过后续一系列补充性法律条文,甚至更具典型意义的纯粹行政手段,当局还是渐渐把土地从众多农民手中拿走了。

一种彻底铲除富农的有效措施是不断的土地调整。从1949年到1953年,这些调整与国有农场组织和第一次农业集体化相伴进行。(Orban,1972,pp. 103-106;Bell,1984,p. 118)每当新的大农场主被"制造"出来,当地地方官员就会重新分配土地,将大农场主们的价值高、地段好的土地划入国有农场或集体农庄,"赐予"后者的土地不仅偏远,而且往往贫瘠或不宜种植。只要富农们继续交出土地,这种"土地调整"有时会重复上演。

1953年,反富农政策放松。1954年,富农黑名单上的部分人员被"恢复名誉"。[①] 1956年,整个富农名单作废。甚至有人放话将土地归还给富农们。1957年,促进会(committe)成立,以归还非法拿走的土地,但它仅起到赋予现状合法性的作用。那些斗胆申请要回土地的富农被告知他们为何不能这样做。据了解,归还给私有者的土地极少(Orban,1972,p. 165)。换句话说,那些留在村庄内的少数富农充其量能够维持小农或中农的生活。

他们当中的小部分人利用1957—1959年私人农场的短暂繁荣,与那些最成功的中农们一起,试图在1949年还赖以谋生的土地上重操旧业,并向企业家转型。其余的,或许也是大多数富农们则过起了谨小慎微的中农式生活。他们对在人群中趾高气扬丧失了兴趣。从此,大多数富农的生活史基本难以与一般中农区分开了。

1960年,极少数富有冒险精神的富农与最成功的中农一道被选为新成立的集体农庄的负责人或其他高层官员。在第一轮热火朝天的集体化浪潮中,这种情况一般不会出现。但数月或一年后,第一次集体农庄合并时,一些最不称职的早期官员被这些拥有民间支持、地方威望的人

[①] 举例来讲,据马扎尔研究,杜纳帕塔基(Dunapataj)一份90户的富农名单上,27户被移除。

取代了。

但是，大多数富农并没有转变成干部。与大多数中农一样，他们加入集体农庄，其中的很小一部分成为低层管理人员，或者从事有一定威望和自主性的工作，像运货马车驾驶员。①

当企业家之门重新开启，上述两种富农都试图开辟第二经济。但是，很少有人成为大企业家，大部分战前就非常富裕的富农已经太老了。那些年轻些的人在经历艰难时运的打磨后，变得谨小慎微，甘愿维持较低的地位。② 他们成了小企业家或者市场导向的农民工。

下一代富农出身的人拥有迥异的生活史。

2. 在斯大林时代成年的人："放错篮子的臭鸡蛋"（rotten eggs from the wrong basket）

在斯大林时代成年的人有一个恐怖的人生起点。他们不约而同地去了城市，因为父母的土地已被征用，此时甚至难以养活一位老人，村里已无他们的立足之地。这些富农的孩子们被看成"放错篮子的臭鸡蛋"。③ 对他们来讲，在村子里生活是不可能的，只好到城里碰碰运气。荒诞的是，他们当中的很多人与那些所谓的"社会主义先锋"（socialist pioneer）一样，最终成为新城市里大型工程的建造者，比如，20世纪50年代建造于布达佩斯几百里外的"社会主义城市"——斯大林城。斯大林城是被设计成匈牙利钢铁工业中心的"铁城"，但匈牙利缺少合格的铁矿和煤矿。尽管这个称号从头到脚都很荒唐，不可否认，它在某种程度上渲染了一种狂热主义。

斯大林城地处荒芜的西部边境，20世纪50年代，它的建造不仅吸引了投身社会主义建设的热血青年，而且更多地引来了无家可归者、投

---

① 运货马车驾驶员很有权力，并且威望很高。他们控制着在战略上非常重要又稀缺的资源、运输工具。集体农庄中的大部分人员要向他们献殷勤。他们能够制定自己的时间表，不会被官僚体系严重束缚，还时不时使用马车为自己的家庭做事。大体上讲，以前拥有马匹的人成了马车驾驶员。他们懂得驯服自己的马匹，因此被允许驾驶自己被强制加入集体农庄时上交的马。

② 到了1975年，那些1944年就很活跃的人当中，最年轻的也已经55岁上下了。

③ 乔纳森·安格在他1983年的经典著作《陈村》中，分析了一个带有种族主义色彩的概念的运用，即"血统论"。这种论调认为出生在"错误的家庭"的孩子应该因他们父母的"罪恶"而受到惩罚。斯大林主义中没有如此明确的意识形态，但斯大林主义者的行为有过之而无不及。

机分子与罪犯。这恰好成了富农子女的藏身宝地。由于劳工短缺，招工很不严格。他们的身份难以被轻易发现或直接被忽视。他们有较好的工作，还能够学习技术。不少人很快成了令人尊敬的工头或技术工，只有少数人沦为"流氓无产者"。1953年到1960年间，很多人仍在做城市技术工，甚至逐渐成为城市工人的精英，但有些人返回了故乡的村落。这些返乡者很容易找工作，因为他们在城里学到的新技术正是许多国有农场和集体农庄中的农村工场和商业机构梦寐以求的。很多返乡者成了技术工或者合作社里的领班。20世纪60年代，他们在集体农庄积极创办第二经济。卡门·卢比（Kalman Rupp）在1983年写作的格调轻松的《红顶商人》（*Entrepreneurs in Red*）一书中，讲述了集体农庄里的工业活动，它们大部分是由来自城市的移民创造的，但返乡富农也扮演了一定角色。

总之，富农家庭里，那些1949—1956年成年的儿女们被无产阶级化了。20世纪70年代末或80年代初，他们已经45岁或50岁了，最终进入了农村无产阶级的最上层。在此时的村庄里，他们属于掌握着最先进技术、薪水最高的人群，并且很多成为中层管理者，享有一定的权威和自主空间。但他们不过是为工资而奔波，已经被无产阶级化了。他们不太可能成为新的农业企业家，尤其难以成为工业或商业企业家。

3. 在1956年后成年：新型专业精英的一员

接下来我们要分析的两代富农后代比他们的父母或兄姐幸运。1956年前读完小学的人有机会来到城市，在合适的学校继续读书。1953—1960年间，男孩们进入专业技术学院，在那里成长为高水平技术人员或较低层的工程师。① 女孩们就读于语法学校或学术导向的高中。毕业后，大多数人留在了城市，男人做技术人员或工程师，女人当医生或其他受过良好培训的专业人员。少数回乡村的人从事着令人艳羡的工作，如电工、铁匠或工具制造者。他们是农村工人阶级上层中的香饽饽，对20世纪60年代的中农领导人的批评很严厉。他们构成农业知识分子（agricultural intelligentsia）反抗中农干部们潜在的，并常常是事实上的同盟。这两个盟友联合起来争取农业产业化以及产业的科技革命，这些活动与劳动组织中的泰勒式管理相辅相成。

---

① 对于14岁到18岁的孩子们，这仍然相当于中等教育。

上述人群的后一代更为幸运。他们在1960年后开始读专科学校，顺利通过培训后，满怀憧憬地开始了不再受歧视的职业生涯。这一代富农子女大多去了专业学院，大多在工程领域，虽然有些是农业工程师。与成为农业知识分子政治同盟的上一代不同，这代人与一些出身于中农家庭的后代一道，成为新的专业型精英（professional elite）的核心。我们看到，富农家庭在三四十年间完成了一个轮回：1945年时的精英——50年代的赤贫化和无产阶级化，沦为社会最底层——80年代他们的子孙后代成为新精英。

巴林特·马札尔关于杜纳帕塔基的两个个案研究描述了富农走向专业化的过程。

(178) 久洛瓦·内迪（Gyula Váradi）在1953年左右成年。在斯大林时代，他的家庭丧失了100多霍尔德土地，自己在1956年前被征募入军。在军队里，他学会了驾驶卡车。1960年，他回到杜纳帕塔基，新成立的裴多菲集体农庄让他干起了管理卡车的活，在那里，他成长为一名久经考验的管理者。他学会了更多的产业技能，并为集体农庄开辟了创造利润的工业、运输等副业（此时是在更大的尤基艾特［Uj Elet］集体农庄）。20世纪六七十年代之交，他广受尊敬，有很大影响。在此时的杜纳帕塔基，知识分子开始反抗中农干部，发现他可作为重要盟友。

久洛瓦·纳吉（Gyula Nagy）是一位同样拥有100多霍尔德土地的富农的孙子，比内迪年幼10—15岁。纳吉的父亲过着落破中农般的生活，后来在杜纳帕塔基的一家合作社里当了一名中层管理人员。纳吉在专业学校学习了农业工程。毕业后，他在杜纳帕塔基城外的一家监狱农场当了一名农业工程师。在那个农场上，大约有4000名罪犯劳作。纳吉和这些"农民"进行了自己人生中的第一次斗争，他对农民罪犯们不尊重自己专业技能的行为极为不满，表示想同工人罪犯们一起工作，因为后者认可他的权威，接受他的教导。领教了农民罪犯们的顽固，他仍在尤基艾特集体农庄做了一名农业工程师，管理畜牧业，加入了已经在此当权的农业知识分子队伍。

曾是一名贫农出身的干部，在50年代的杜纳帕塔基干过县城办事员的瑞泽陶（Rejtö）夫人告诉札特·乍劳格："这些富农再次超越了我们，他们拥有学位，重新掌权，虽然方式与以往不同。"这句话仅道出了一部分真谛。富农家庭的确"王者归来"，但对我们的理论来讲，更有意思的是，他们在通往资产阶级化的道路上落伍了。他们也许重新成为精英，但更可能属于专业人员、干部，或工人阶级上层的精英，而不是企业家精英。在以重新放开的市场化为轴的社会层级中，他们不再出类拔萃。斯大林时代的巨大压力使他们很难找到"暂泊轨道"，后来取得的"过度的资历"（overqualified）使他们难以重返资产阶级化的轨道。

资产阶级化曾经的先锋虽然已经风光不再，但转型成为专业人员和干部队伍中的一员。既然如此，追逐资本主义的接力棒便落在了下一层次的社会群体手中，即过去的中农及其子女们。

（二）中农：寻找暂泊轨道

没有了富农的竞争，中农及其子女们有最大的机会成为企业家。一方面，他们拥有企业家精神的传统；另一方面，在20世纪50年代和60年代早期，比他们更富裕和贫穷的人都移向城市，被无产阶级化了，他们却留在了村中。中农和小农们之所以留下来，既因为他们拥有土地，也因为他们的家庭希望他们留下来。

因此，他们当中的大部分在充满凶险的早期无产阶级化浪潮中生存了下来，只不过是为在20世纪60年代早期实现干部梦。正如第六章所述，对大多数旧中农来讲，这个梦想正在逝去。20世纪70年代初期，他们中的大多数人被剥夺了管理层职位，让位于新的农业知识分子。就在同一时期，资产阶级化的大门重新开启，中农们为再次跨入它跃跃欲试。更年轻的一代人也曾憧憬着成为干部，他们当中那些在20世纪60年代后成年的人有些真的成了专业人士，但很多人随他们的父母迈上企业家之路（如图7.2）。

1. 20世纪50年代的暂泊轨道：自我雇佣抑或踏入城市干工业

20世纪50年代，对中农来讲，最好的暂泊轨道是待在村里。比较年青的一代虽然去城市工作，但同时保留村里的住宅，还在城里学到将来对农业很有用的技术。

在那段岁月里，留在村里对中农意义重大，他们有机会大显身手。在某些方面，他们向社会上层流动。那些曾经的竞争者，不管是大地产的拥有者还是富农，都被连根拔除。蓦然回首，他们已身在云端。然而，剥削性的征地制度，以及斯大林体制下反农业、反农民的政策导致

170　社会主义企业家

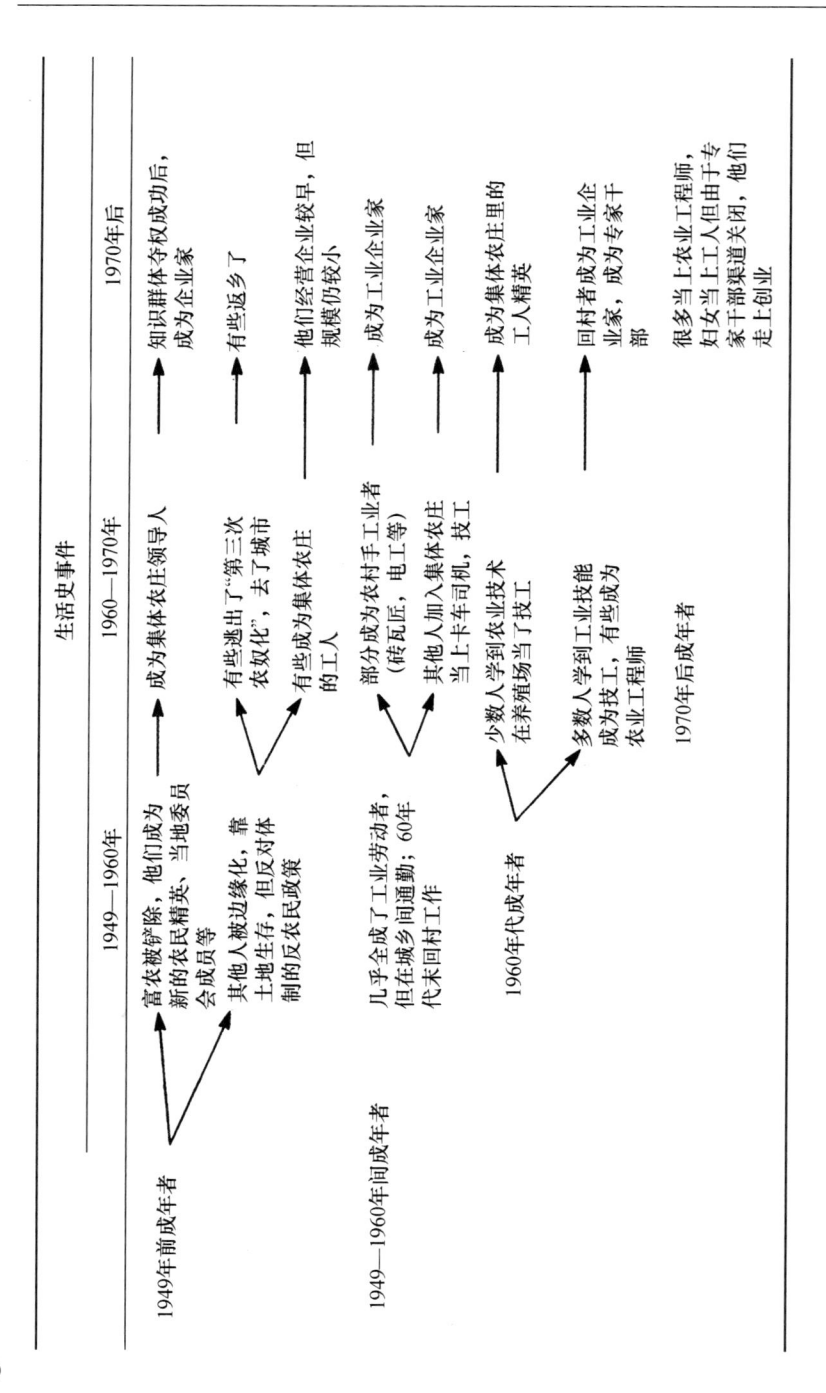

	生活史事件		
	1949—1960年	1960—1970年	1970年后
1949年前成年者	富农被铲除，他们成为新的农民精英，当地委员会成员等 →	成为集体农庄领导人	→ 知识群体夺权成功后，成为企业家
	其他人被边缘化，靠土地生存，但反对体制的反农民政策 →	有些逃出了"第三次农奴化"，去了城市 →	有些返乡了
		有些成为集体农庄的工人 →	他们经营企业较早，但规模仿佛较小
1949—1960年间成年者	儿乎全成了工业劳动者，但任任城乡间通勤；60年代末回村工作 →	部分成为农村手工业者（砖瓦匠，电工等） →	成为工业企业家
		其他人加入集体农庄当上卡车司机，技工 →	成为工业企业家
	1960年代成年者	少数人学到农业技术在养殖场当了技工 →	成为集体农庄里的工人精英
		多数人学到工业技能成为技工，有些成为农业工程师 →	回村者成为工业企业家，成为专家干部
		1970年后成年者 →	很多当上农业工人，妇女当工人但由于专家干部渠道关闭，他们走上创业

图7.2　中农或那些父母1944年为中农的人的生活史轨迹

(180)

第七章　家庭传承之外:生活史对资产阶级化复兴的重要性　171

他们同样是输家。1949 年后，他们的生活水准下降，但这至少通过社会地位的上升得到补偿。为争取民间支持，地方上的政党和政府擢升他们到一些象征性的职位，或者让他们坐上曾属于富农的办"交椅"。　(181)

毋庸置疑，与剥削性征地制度下受到的损失相比，这些位置给中农带来的收益是次要的。大部分人选择了离开，他们不会忘记这个残酷的体制对他们稍微称得上富裕的邻居们做过什么。面对共产主义的热潮，他们漠然视之。1945 年前，他们是反共产主义者。1945 年到 1949 年间，他们是小农政党的铁杆支持者，时刻准备着时机降临时，再次伸出援助之手。1956 年，中农们积极筹备建立反共产主义国家协会（anti-Communist National Councils），并重建小农政党机构。然而，对大部分人来讲，他们虽然反对斯大林主义，但认为，即使在 20 世纪 50 年代，离开村庄也是不明智的。他们仍然拥有土地，虽然开始慢慢接受不可避免的集体化现实，但还没有准备好交出土地，尤其是自愿交出。

2. 1960 年后:对教育态度的变化

1960 年前，中农希望他们的孩子们留在村里。与富农不同，他们不鼓励孩子们接受高等教育，甚至认为连中等教育都没必要，只希望孩子们继承自己的土地。1960 年后，他们对待教育的看法有了大转弯，此后大约十年间，农民孩子接受学院教育的比率上升了。20 世纪 80 年代早期，又一个大转弯出现了，因为此时新的企业家之门打开了。但至少在 20 世纪 60 年代和 70 年代的大部分时间，国家社会主义成功地确立了唯一最重要的价值观——取得文凭证书，由此引发的精英管理模式在农村也开始生根发芽。集体化后，整个农村社会，包括旧中农们，都认为向上层流动的唯一路径便是:接受教育，拿到文凭证书，成为知识分子。[①]

20 世纪 70 年代中后期，国家社会主义这种注重文凭和精英治国的社会风潮渐渐退去。随着第二经济的兴起，社会分层的第二体系开始建立，在此之下，市场成就，而非官僚级别或文凭证书，构成财富与威望之源。因此，农村中准备重新走资产阶级化道路的人某种程度上对教育

---

① 康纳德与撒列尼 1979 年指出，他们早期称之为"作为新统治阶级的知识分子"的标志之一是对文凭证书的痴迷，并将其作为获得体面收入，升到有威望和权势位置的有限渠道之一。

渐失兴趣。于是，生于企业家家庭的有为青年，在十年前还会削尖脑袋进大学，此时正戮力接受职业培训，他们往往加入父母或配偶父母的家庭企业。① 这种对教育，尤其是大学教育的漠视令很多知识分子感到担忧，甚至痛心疾首。②

20世纪60年代，进入官僚体系是将较老一代的中农从资产阶级化的暂泊轨道推上干部轨道的重要机制。20世纪60年代末70年代初，文凭在他们已经成年的孩子们身上扮演着同样的角色。1960年前后进入集体农庄管理层的中农们在里面待得太久了，尤其是70年代后，他们或许正永久性地丧失成为企业家的机会，这种丧失同样施之于他们被技术武装起来的儿女们。伴随着大庄园的工业化，以及农业知识分子对集体农庄管理层的接管，这些手握技术牌的中农子女们拿着高薪，在80年代早期跻身于官僚体制内最高的三个层级。这代人的某些人已经被"赋予脱离资格"（credentialed out）于他们的暂泊轨道，与农业，甚至工业企业家再无关联。

20世纪60年代被培养成农业工程师的中农子女便是明证。他们与同代富农的子女们共同导演了村中的知识分子政变，在某种程度上颠覆了他们父亲或父亲的朋友的政权，如今自己大权在握。同代人中的其他人掌握了有用的技术，其中最重要的是重型拖拉机驾驶。20世纪70年代中期，重型拖拉机驾驶员在集体农庄的工业化中起到了最重要的战略作用，还领着高薪。他们是工人精英中的成员，过着舒适的生活，大多数人不愿在领了高薪的劳动时间之外开辟第二经济。

另一方面，对文凭证书的追求或许并未使最年青一代的中农偏离资产阶级化道路。一些最近毕业于农业工程领域的年轻人着手创建自己的家庭企业，还有些加入了父母们的家庭企业。上一代农业工程师是他们追逐名利权道路上的"路障"，集体农庄里大部分干部和专家位置被30多岁或顶多40岁出头的人占据着。官僚等级内流动性不足，迫使这些同样接受过高等教育的孩子们迈入以市场成就为标准的社会分层体系，

---

① 哈顿那那斯（Hajdunánás）年轻的养鸡户便是其中一例。
② 最近，一名颇负盛名的女演员向我们抱怨："就在几年前，这些年轻人还会成为医生、律师、演员、作家，如今却重返土地，开商店，做商人。真是人才损失啊。"知识分子则不仅关注人才损失，而且看到，这种通向名利双收的另一条道路也许会对受过高等教育的人构成挑战。

建立私营企业。

在图7.1和图7.2中，我们试图阐释富农为何将企业家的优势拱手让与中农及其子女们。然而，五分之四的大生产者既不来自富农世家，也非中农出身，而是来自于下层阶级。这是为什么呢？我们能够在何种程度上解释从过去的无产阶级、半无产阶级、贫农向上流动到企业家的现象呢？我们将在下文回答。

（三）"下层阶级"：一些原无产者如何变成社会主义企业家

上文我们分析了社会阶层的上半部分，现在我们转向底层，探究1950—1980年间前社会主义农村社会中的下半部分有怎样的境遇，其中有庄园劳动者、农业无产者、最贫困的农民，以及他们的子孙。（如图7.3与图7.4）

1. 庄园劳动者及其子孙

对庄园劳动者出身者来讲，从无产者转身踏入资产阶级化轨道是困难和罕见的，只有少数幸运儿在20世纪70年代末成了农民工。大多数庄园劳动者及其子女一如既往地当着无产者，在城乡通常均处于职业分层的底部。向上流动到干部队伍更加不可能。当然，也有个别庄园劳动者进入干部层，但在任何一种干部类别里，他们都不具有代表性（Hanák，1982，p.251）。尽管如此，他们比自己的父母，以及战前或集体化前的自己过得更好。

第一，聚居地的生活：相对不流动的表征

直到20世纪60年代中期，贫穷与饥饿在庄园劳动者聚居地（settlement）还非常普遍。虽然之后生活水平有所提高，但即使在20世纪80年代中期，仍有相当一部分的庄园劳动者及其子孙在聚居地生活，这些聚居地大多是大地主们在19世纪为长工们建造的宿舍。吉卜赛侨民迅速流失后，这里是当今匈牙利最差的居住场所。在一个典型的庄园劳动者聚居地（cselédtelep）里，低矮的平房排列成行，每行包括6个、12个或者更多。① 每个聚居地包括六到几十户家庭，并且被建在离村子很远的地方，甚至至今都没有通水通电。它们有些荒弃了，有些得到了改造，但大部分聚居地仍是老样子（顶多通了电，或者道路平整了）。

---

① 每个平房中，前面是厨房，后面是居室。平房前面有一个很小的花园。

生活史事件

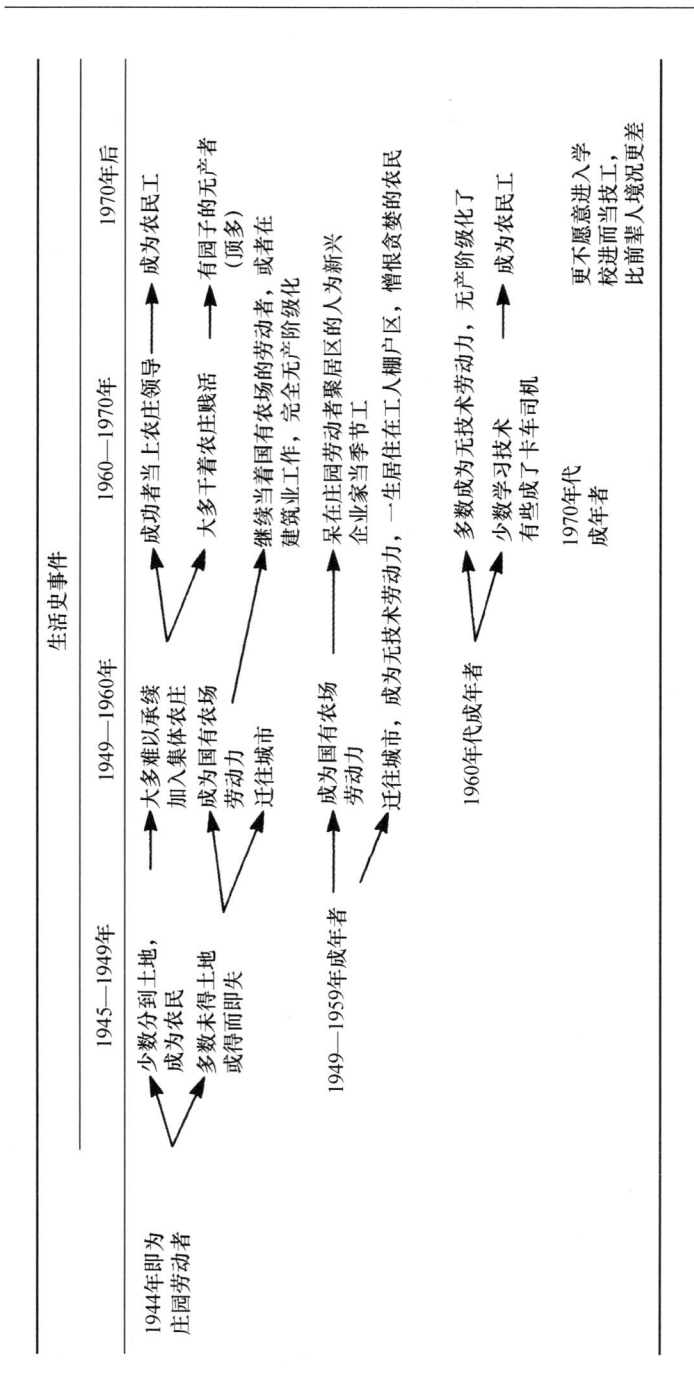

	1945—1949年	1949—1960年	1960—1970年	1970年后
1944年即为庄园劳动者	少数分到土地，成为农民；多数未得土地或获得而即失	大多难以承续加入集体农庄；成为国有农庄劳动力；迁往城市	成功者当上农庄领导；大多于着农庄贱活；继续当着国有农场的劳动者，建筑业工作，完全无产阶级化	成为农民工；有园子的无产者（顶多）
1949—1959年成年者		成为国有农场劳动力；迁往城市，成为无技术劳动力	呆在庄园劳动者聚居区的人为新兴企业家；一生居住在工人棚户区，憎恨贫婪的农民	成为农民工
1960年代成年者			多数成为无技术劳动力，无产阶级化了；少数学习技术；有些成了卡车司机	
1970年代成年者				更不愿意进入学校进而当技工，比前辈人境况更差

图 7.3 以前的庄园劳动者及其子孙的生活史轨迹

(184)

聚居地里的人口几乎未变,过世的由新生的补上,这里有足够多的"循环流民"(circular migrant),即偶尔前往城市、村庄的人,他们经常回来,使聚居地一直有生气。

聚居地的长期存在表明庄园劳动者的人口流动前景黯淡。这里的生活改善了,人们比以前更加"锦衣玉食",但要提高自己或子女在社会分层、等级体系或市场分层中的地位,依然很难。

第二,向上流动的轨道

虽然聚居地总体上流动性较低,但至少有两个生活史轨道提供了一些向上流动以及从无产者转向资产阶级化的机会。第一个轨道中,拥有这个机会的是在1945年土改以及1945—1949年间获得土地,并且证明自己能够用好土地的庄园劳动者。由于土地掌握在村里的农民手中,庄园劳动者在土改中有些受歧视。村里的农民们认为这些"破落户"根本不值得拥有土地,也不懂得如何使用土地。因此,很多庄园劳动者出局了,包括那些没有及时出现在分地场合,或者尚未从俄国的战俘营中回来的人。25万户庄园劳动者家庭里,只有大约10万户分到了土地(Orbán,1972,p.42;Donáth,1977,p.22)。

这便构成了著名的"自我实现预言",一些庄园劳动者自我证明了"天生穷命"的刻板印象。由于缺乏农民那样的土地和技术知识,他们荒废了自己的土地,有些人甚至非法变卖了它们。然而,其他人则甩掉了"天生穷命"的帽子,头几年克勤克俭,熬到1949年,他们终成受人尊敬的小农。实际上,聚居地在过去就是分层的,那些在20世纪40年代末摇身变为农民的人大多来自这里的上层(得自与朱哈兹的私人交流)。这些人大多是自然产生、非官方任命、广受敬重的领袖们或"带头人"(bandagazda),他们与大农场的官僚们达成集体协议,保证聚居地群落中的纪律。他们有些以"太子"身份接替上一代成为领袖,有些则凭借"一身绝技",或者卡里斯马型魅力登上宝座。

到了1949年,尽管遭到村中农民的质疑,已有一些庄园劳动者成为农民,其中,更多的是以前的领袖们而非一般人员。无疑,这个相对成功的群体在某些真正自愿成立的集体农庄建设中发挥了重要作用,尤其是1948—1949年间。即使对已掌握农业技术的人来讲,集体化之于他们的意义也超过了村里的农民们。他们早就习惯了集体工作组织,对大规模生产更有感觉,能够发现重新启用已名存实亡的过去大农场里的

(186)

农业建筑的好处。(这些建筑的大多数在土改后即被破坏,因为农民们需要建筑材料,同时意图确保无人再能回到大农场体制。) 这些庄园劳动者集体也分享了很大一部分政府津贴。官僚们想让他们起到装点门面的作用,以向其余的农村人表明:集体农庄体制会运转良好。1956 年,集体农庄体制出现分裂,少数幸存的正是由庄园劳动者建立起来的。[①] 因此,1960 年,那些最成功的庄园劳动者在迅速膨胀的集体农庄体制下顺理成章地谋取管理职位,少数人真的进入了管理层。20 世纪 60 年代末 70 年代初,这些成功者运作着农民工式的家庭经济。

上述成功者毕竟占少数,大多数人丧失了土地,成了国有农场的劳动者,仍然做着与土改前几乎相同的工作,只是由以前的为私人劳作变成了此时的"为国效力"。1960 年后,早期进入集体农庄的庄园劳动者并未进入管理层,而是被挤到了最底层,在旧中农或小农的监管下,在养殖场里干着最脏、最累、最没地位的活。

第三,失败者:1949—1960 年间成人者

在庄园劳动者的后代中,1949—1960 年间开始工作的年轻人或许最为不幸。他们错过了土改,无法像自己的父兄们那样有变成农民的机会。在那些日子里,农村就业市场异常萧条。有些人加入了国有农场,一般居住在庄园劳动者聚居地里——甚至如今已 45—55 岁的人仍然住在那里——也许还能以季节工的身份,从已经成为企业家的农民那里挣些外快。这代人中 20 世纪 50 年代入城的人也是半斤八两,他们住在工人收容所(workers' shelter)里,很多人 25 或 30 年后还住在那里。他们非常贫困,家庭混乱无章,有些甚至走向酗酒和犯罪。他们没有机会拥有一个正常家庭或一个自己的居所,甚至租不到一间公寓。

第四,幸运的一代:20 世纪 60 年代成年的人

接下来的一代在很多方面都是最幸运的。在集体化后的日子里,集体农庄需要很多受过良好培训的技术工。进入农业技术工人甚至拖拉机驾驶员的培训学校相对容易。农业技术工人的突然扩招对庄园劳动者的年轻子女们来说,是一大幸事,尤其是此时更为富裕的农村家庭已看衰农业的未来,也看不到家庭企业复兴的希望,而鼓励孩子们在农业之外碰碰运气。即使在这样的时代,很多人或者到国有农场做一名劳动者,

---

[①] 大约只有 10% 的土地仍然保留在集体农庄体制内,参见 Orbán,1972,p. 162。

或者在城市里的工人收容所里终老,因而错失良机。另一些人则把握了机遇,如今,35—40岁的他们是集体农庄里受人尊敬的成员,经营着红火的农民工式家庭企业。然而,这种向"农民工"、"农民资产阶级"流动的机会仿佛要在未来——和以前一样——只是时不时地敲开窗户。随着农业地位的稳固,可通向更富威望的农业职位的教育机会再次被较高社会层级的家庭垄断。对庄园劳动者家庭里的最年青一代来讲,无产阶级化似乎成了唯一的道路。

(188)

换句话说,我们在此重申表6.2中做出的假设:虽然我们能够指明,至少有两代人可能迈向资产阶级化,但沦入农村无产阶级仍是庄园劳动者及其后代最可能的归宿。相当一部分1945年得到土地的人在20世纪70年代中期或许已从农民向农民工转变。20世纪60年代读完小学的人则有机会在80年代中期成为一名农民工,甚至企业家,但大体上,他们主要成了集体农庄体制内的技术工人。

第五,"天主教工作伦理"与企业家野心

庄园劳动者人口流动的相对缓慢恰好表明,勤奋工作本身并不必然导致向上流动。他们非常勤奋,和农村社会中的任一阶层相比,或许都不逊色。他们大多是罗马天主教徒,被"天主教禁欲主义"(Catholic asceticism)驱使,如同新教伦理一样,它教导人们勤奋工作。当哈布斯堡王朝(Habsburgs),一个罗马天主教王朝,17世纪从土耳其手里重新夺取了乡村,再次建立了天主教贵族统治,他们的农奴,也就是20世纪庄园劳动者的祖先,被强制重新皈依天主教。但是,自耕农(free peasants)能够继续信仰加尔文主义(Calvinism),自由的德意志城市商人则继续信奉路德教义(Lutheranism)。

庄园劳动者信奉的"天主教禁欲主义"与自耕农信奉的"新教伦理"真正的区别不是强调勤劳,而更多是某种包容度(tolerance)。庄园劳动者都异常宽容,几乎与半游牧的吉卜赛人群落(seminomadic gypsy communities)一样。与村里的农民不同,庄园劳动者的聚居地不会放逐边缘人或离经叛道者。不管违反了什么教规或法则,他们的兄弟姐妹、儿女们都能够在聚居地里找到一块避风港。旧庄园体系解体几十年后,这些聚居地依然保持着过去的那种宽容,给失败者,给尝试向城市流动而失败的"破落户"提供一块港湾。这反而导致庄园劳动者聚居地中的人长期处于农村社会底层。

最后，我们对庄园劳动者的流动机会"盖棺定论"：有趣的是，这种家庭出身的最年青一代妇女能够通过婚姻获得一些向上流动的机会。大多数农村缺少年轻妇女，向企业家转型的中农或小农出身的男人们发现，和同样出身的女人结婚变得日益困难，因为她们当中的很多人学会城市中的技术后，前往或正前往城市安家。此时，恰如朱哈兹（在和我的私人交流中）所述，庄园劳动者出身的妇女刚好补缺。她们要留在农村，也没有能在城市生活的技术。对她们来讲，在一个企业导向的家庭经济中工作，是下一步人生的主要选择之一。因此，她们是"理想的"妻子，工作勤奋，对由嫁给新企业家得来的向上流动机会非常满意。

2. 贫农及其后代：反抗无产阶级化的策略

如图 7.4 所示，贫农及其后代向上流动的前景比庄园劳动者们光明很多。这个阶层正是马库斯曾论述的（参见 Márkus, 1980）。他在很多方面道出了真谛：这个阶层利用 1945 年后机会的方法最富于想象力。他们进入多种轨道：很多人维持着一种后农民的生活和成了富有的农民工，其他人进入干部轨道，甚至还有少数人成了农业企业家。

第一，最老一代贫农：三种选择

1945 年的贫农有三种可选轨道。一些 1945 年分到土地的人在 1949 年已成小农，并抓住集体农庄衰落带来的机遇，向商品蔬菜种植业挺进。20 世纪 60 年代，他们往往得不到集体农庄的管理岗位，却能就职于商品园艺部门。到了 20 世纪 70 年代中期，一些人已准备好成为企业家。他们一生中在社会层级上连升两格，超越大多数小农，甚至一些中农。

1945—1956 年开启的轨道则驶向干部身份。贫农们被新体制认为最适宜担任干部。他们出身贫寒，也不至于像庄园劳动者们那样破落，更加有野心、有冲劲，还受过更好的教育。其实，1945—1956 年间的很多机关干部的确是贫农出身，并在之前加入了共产党（小农和中农则加入了小农政党）。他们是为共产党做事理所当然的候选者，很多人进入警察队伍，包括政治警察以及 AVO（苏联国家安全委员会的匈牙利翻版），他们在土地征用机构中也有很大比例。少数人不能适应这些岗位，或者心灰意冷，离开了岗位。有些人发现自己在 1956 年时已沦为了"边缘人"，或许还被卷入某些反共产主义干部的更暴力的行动的漩涡中。

对大多数当上干部的贫农来讲，1956 年暴动是一个重要转折点。饱

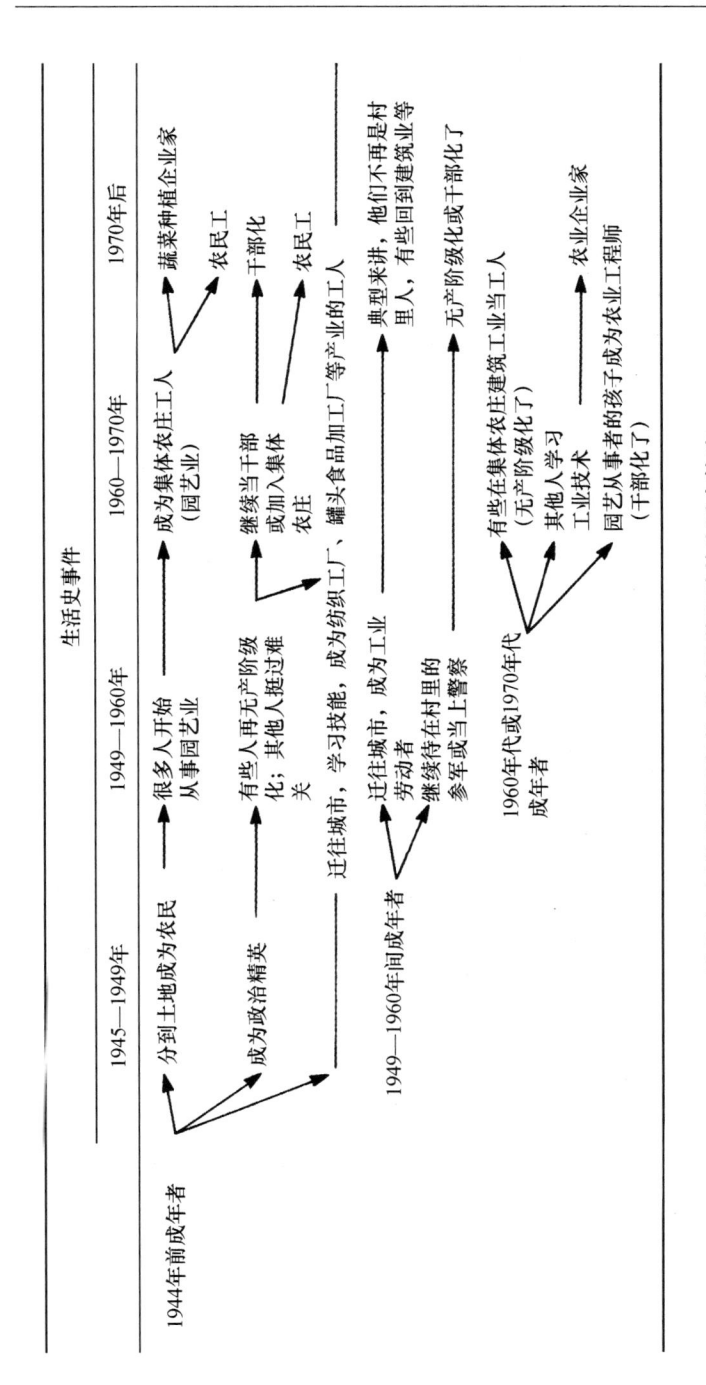

第七章 家庭传承之外：生活史对资产阶级化复兴的重要性　179

	生活史事件			
	1945—1949年	1949—1960年	1960—1970年	1970年后
1944年前成年者	分到土地成为农民 → 成为政治精英	很多人开始从事园艺业 → 有些人再无产阶级化；其他人挺过难关	成为集体农庄工人（园艺业） → 继续当干部或加入集体农庄	蔬菜种植企业家 农民工 干部化 农民工
1949—1960年间成年者		迁往城市，成为工业劳动者 继续待在村里的参军或当上警察	迁往城市，学习技能，成为纺织工、罐头食品加工厂等产业的工人	典型来讲，他们不再是村里人，有些回到建筑业等 无产阶级化工业工人
1960年代或1970年代成年者			有些在集体农庄在建筑工业当工人（无产阶级化了） 其他人学习工业技术 园艺从事者的孩子成为农业工程师（干部化了）	农业企业家 农业工程师

图 7.4　以前的半无产者、贫农及其子孙的生活史轨迹

(190)

经沧桑后，很多人离开了干部岗位，重新干起了农业，并试图使自己过上小农或中农的生活。1960年，很多人又加入了集体农庄，并挤入中层。到了20世纪70年代中期，他们业已成为更富裕并且面向市场的农民工。那些曾经为党效劳的人甚至1956后开始返回以前的村庄。1956年前，大部分干部被派往陌生的村庄，以确保这些"空降干部"（parachutist cadres）与当地人不构成强关系，从而更忠诚地贯彻落实党中央和政府机构的政策。然而，1956年，这个安排被证明不如想象中那么如意。这些"空降干部"被当成了陌路人，难以指望从治下的人民那里得到半点宽容。这"生动的一课"促使很多对体制依然忠诚的干部要求调回生养他们的村庄，在那里，他们能够确保与村民建立并维持适当的关系。因此，1956年后，贫农干部构成了村庄及郡县管理机构的重要来源，那些1956—1960年间仍然坚守岗位的人或许走上了干部化的"不归路"。

1945—1956年间向贫农敞开大门的第三个轨道是工业。很多人，尤其是妇女，当了工人，在纺织工业的尤其多，罐头食品工业也是一个就业吸纳器。一般来讲，进入这个轨道的人最终成了一名城市工人，即使很少人在高薪并急需的部门工作。他们走向无产阶级化，因而丧失了向资产阶级化道路的迈进。

第二，20世纪60年代成年的人：资产阶级化大门开启

对其后至少一代贫农出身者来讲，资产阶级化大门依然打开。那些20世纪60年代初就读完小学（尤其是出生在已经从事商品蔬菜种植业，并向着企业家转型）的贫农家庭的子女们之后受到了良好的教育，并在对农业至关重要的领域当上了技术工，比如铁匠和电工。有工业背景的新农业企业家大多出自这个群体。一些商品蔬菜种植业家庭的孩子们进入专业学院，成为专业人士，或者进入干部队伍，成为20世纪70年代中期掌管集体农庄的年轻知识分子中的一员。

承接上面的民族志式叙述，我们再次转向统计分析。分析时，我们力图设计一些能够检验我们所作假设的生活史变量，并将它们纳入样本选择模型，检验它们在不同模型中发挥的作用。

二 样本选择模型的再检验

首先，我们简要说明如何调整生活史变量，并根据上文的民族志式

描述，设计一些新变量。其次，我们纳入调整后的生活史变量，展示并简要阐释所有的样本选择模型（模型 D″/FAPC，D″/FAPS1 以及 D″/FAPS2）。最后，我们得出一个既能阐释用于生计的生产，又能阐释商品生产的"最优模型"。为达到这个目的，我们删除了过去模型里不显著的变量（当然，如果有理论含义，我们也会在"最优模型"里破例纳入一些不显著或近乎显著的变量）。我们得到的"最优模型"与更综合的模型相比，在数据拟合方面并非更优。正如我们将看到的，剔除不显著的变量往往对统计的拟合优度有负面影响：这里的"最优"只表明不显著或在理论上难以解释的变量被剔除了。我们列出两个"最优模型"，它们分别以 FAPC 和 FAPS1 为自变量。为使我们的"最优模型"尽可能综合，我们纳入了所有的交互项（或者能够提供理论洞见的交互项，即使它们不显著或近乎显著）。

（一）对生活史变量的改旧与立新

过去的生活史变量，特别是"户主在合作社里待的年数"（COPYEARS）与"户主自我雇佣的年数"（SELFYEARS）在第五章和第六章表现很好，甚至"户主在权势位置上待的年数"（BOSYEAR）在解释企业家导向方面表现也不错。但这些变量都是粗略的，可通过如下两种方式精炼：第一，为何只有某种工作类型的工作**年数**，而不是某种工作年数占总年数的**比例**在起作用？第二，正如在民族志叙述中所讲，某些工作发生的**历史时机**至关重要。第七章的民族志部分一直都是有关当前的企业家与过去某个事件发生时间的关系的具体研究假设，这些事件包括一个人放弃自我雇佣，回到村庄，或谋得/离开一个权势位置等。

我们用两种方式调整上面三个变量。但新变量"某种工作年数占总年数的比例"的表现令人失望。我们将新变量与收入水平做交叉列表，发现结果不尽如人意，并且往往难以解释。与之相比，以历史时机为轴，对上面三个变量的调整是成功的，得到的交叉列表结果支持大多数更复杂的假设。于是，我们创立了一些新变量，命名为 BOSHIS50 和 BOSHIS60，COPHIS50 和 COPHIS60，SELFHIS50 和 SELFHIS60 等。它们都是虚拟变量，如果某事件在给定时间段内发生，变量值取 1。举例来说，如果受访者在 1950 年到 1956 年间被提拔到权势位置，BOSHIS50 的变量值就取 1；如果受访者在 1960 年到 1968 年间放弃自我

(193)

雇佣，SELFHIS60 的变量值为 1。我们也尝试为教育史设立类似的变量，因为我们对参加夜校的历史时间非常感兴趣。但是变量"参加夜校的时间"（EVNHIS）在交叉列表中表现不好，最终，我们只在样本选择模型中纳入了其中一个变量，即 EVNHIS57，如果受访者在 1957 年到 1959 年（此时集体化压力最小）开始读夜校，它的变量值取 1。正如我们将要看到的，EVNHIS57 在测量干部地位方面表现很好。

除了调整和精炼过去的生活史变量，我们还根据第七章的民族志叙述，设立了几个新变量。本章伊始，我们一再强调，某种家庭出身的人如果回村前在城市学到某种具体技能，或在 20 世纪 60 年代、70 年代进入集体农庄，对后来企业家的复兴起到关键作用。基于以上考虑，我们设立了三个新变量：RETURN60、RETURN70 和 INDAGR70。如果受访者在 1960 年到 1968 年间，或 1968 年后从城市回村谋职，则 RETURN60 和 RETURN70 变量值取 1；如果受访者在 1968 年后的任何时间从技术工业转到集体农庄就职，则 INDAGR70 变量值取 1。在与收入水平的交叉列表中，三个变量都表现很好，在样本选择模型中表现也不错。

基于以下两个因素，将这些变量纳入样本选择模型也产生一定问题。第一，经调整的旧变量和设立的新变量都只能测量很小一部分人口，由于规模小，对这些"优异的"变量来讲，产生统计显著的参数值是困难的；第二，特别是从"户主在合作社里待的年数"（COPYEARS）、"户主自我雇佣的年数"（SELFYEARS）、"户主在权势位置上待的年数"（BOS-YEAR）引出的生活史变量，与以前的"时间长度"变量高度相关，只要将"户主在合作社里待的年数"、"户主自我雇佣的年数"、"户主在权势位置上待的年数"这三个"父变量"（parent variable）放进模型，我们就不能真正使经过调整的变量与设立的新变量显著。

为解决上述问题，我们用两种方式建构模型 D″/FAPC，D″/FAPS1 以及 D″/FAPS2。首先，我们违反嵌套模型的建构逻辑，将"户主在合作社里待的年数"、"户主自我雇佣的年数"、"户主在权势位置上待的年数"三个变量从模型中拿出。这样做以后，一些新的生活史变量变得显著了，同时导致我们不能与以前模型的拟合优度相比较。因此，我们接下来建构了"真正的"嵌套模型，将上面三个变量重新纳入。这时，对于经过调整的生活史变量，我们便得不到统计有意义的参数值，但能评估模型拟合优度和检验生活史假设的总体解释力。为了使本书更易读，我们仅将"真正的"嵌套模型的结果呈现出来，但在每个模型的讨论前，我将描述非嵌套模型的结果。

(二) 调整生活史变量的结果：统计损失换来的一些理论收益

在统计层面上，调整生活史变量不太成功。将作用强劲的"时间长度"变量从模型中剔除后，虽然我们为生活史变量获取了一些可解释的、具有理论意义的参数，但总体拟合度变差了。当我们遵循嵌套模型的规则时，只有一个调整后模型的拟合优度好于未经调整的模型。

1. 模型 D″/FAPC

第一，非嵌套版本

在这个版本（没有"户主在合作社里待的年数"、"户主自我雇佣的年数"、"户主在权势位置上待的年数"变量，结果未呈示）中，已调整的和新的生活史变量的表现大体符合我们的预期。在解释用于生计的生产时，它们不太重要，像过去以 FAPC 为因变量的模型一样，从无产阶级化理论发展出来的自变量更为重要。在 Probit 方程中，15 个生活史变量中的 10 个是显著的，但在回归方程中，它们的效应大幅减弱，只有三个变量是显著的。正如我们所料，"户主在 1950 年到 1956 年间加入集体农庄"（COPHIS50）、"户主在 1957 年到 1959 年间加入集体农庄"（COPHIS57）、"户主在 1960 年到 1968 年间加入集体农庄"（COPHIS60）三个变量在 Probit 方程中均显著，且为正值（在回归方程里，只有"户主在 1960 年到 1968 年间加入集体农庄"依然如此）；"户主在 1950 年到 1956 年间放弃自我雇佣"、"户主在 1957 年到 1959 年间放弃自我雇佣"、"户主在 1960 年到 1968 年间放弃自我雇佣"三个变量同样在 Probit 方程中显著，且为正值，但在回归方程中丧失了解释力。在对用于生计的生产的解释力上，三个"某年加入集体农庄"（COPYEARS）变量大致与以前模型中"户主在集体农庄中待的年数"（COPYEARS）变量相当（参见表 6.3）。这道出模型的整体拟合优度变差的原因：单个粗的"户主在集体农庄中待的年数"变量的解释力就相当于三个"某年加入集体农庄"变量。

总体来看，我们对用于生计的生产的解释力，没有因对生活史的分析而得到加强。曾经（尤其是 1960 年前）加入集体农庄的人更不可能放弃用于生计的生产。类似的，直到 1960 年或之后，还在自我雇佣的人更可能为生计而生产，但所有这些指标，都不具有基本人口特征变量那样的解释力。

第二，嵌套版本（如表7.1）

表 7.1　样本选择模型 D''/FAPC 的非标准化和标准化参数值

（N = 7754/4389）

	Probit			回归		
	非标准化[a]	标准化	t 值	非标准化	标准化	t 值
年龄	.101	1.599	13.6	.005	.211	4.8
年龄的平方	−0.001	−1.592	−13.4	−0.0001	−0.194	−4.3
工薪劳动者数	.256	.275	10.5	.023	.071	9.4
未被雇佣成年人数	.267	.096	5.4	.014	.016	3.2
达退休年龄者数	.306	.215	9.2	.020	.042	6.2
未成年子女数	.075	.078	3.8	.007	.020	3.0
单对配偶家庭	.710	.321	15.3	.037	.043	5.4
多对配偶家庭	.774	.188	7.7	.041	.034	4.9
农业体力劳动者	.315	.140	7.5	.011	.015	2.7
父亲 1944 年时至少有 10 霍尔德土地	.104	.035	2.0	.017	.017	3.3
1944 年无土地，1949 年得土地	.164	.060	3.7	.003	.003	0.6
父亲 1938 年时为庄园劳动者	−0.076	−0.025	−1.5	.0003	.0003	0.1
父亲 1938 年时从事非农业	−0.411	−0.184	−10.6	−0.022	−0.025	−4.0
在权势位置上所待年数	−0.005	−0.023	−1.1	.0002	.003	0.4
在合作社中待的年数	.021	.169	6.9	.001	.022	3.4
自我雇佣的年数	.010	.067	3.2	.0003	.007	1.1
参加过高中或更高程度夜校	−0.502	−0.156	−9.1	−0.011	−0.008	−1.2
受教育年数少于五年	−0.235	−0.084	−5.0	−0.024	−0.023	−4.1
1950—1956 年间被提上权势位置	.065	.008	0.4	−0.001	−0.0003	−0.1

第七章 家庭传承之外:生活史对资产阶级化复兴的重要性　185

续表

	Probit			回归		
	非标准化[a]	标准化	t 值	非标准化	标准化	t 值
1960—1968 年间被提上权势位置	-0.029	-0.004	-0.2	-0.012	-0.005	-0.9
1957—1959 年间加入合作社	.084	.019	1.0	-0.011	-0.001	-1.4
1960—1968 年间加入合作社	-0.033	-0.012	-0.5	.010	.011	1.7
1950—1956 年间放弃自我雇佣	.100	.019	1.1	-0.003	-0.002	-0.5
1960—1968 年间放弃自我雇佣	.269	.065	2.9	.0000	.001	0.1
1957—1959 年间开始读夜校	-0.095	-0.007	-0.5	.030	.006	1.0
1968 年以后弃工从农	.390	.087	1.2	.099	.063	2.7
截距项				9.129		1564.8
σ	.332		93.6			
ρ	0.1（限定值）					
-2LL	=11322					
自由度	=7697					

资料来源：整理自匈牙利中央统计局 1982—1983 年收入、社会流动与生活史调查。

[a] 该模型中，非标准化系数值是从一个标准化系数值公式推算得来，该公式由威斯康星大学麦迪逊分校的罗伯特·迈尔教授提出。详情参见表 5.6 的注释。

即使我们将在不同类型位置上待的时间变量重新纳入，新的完全嵌套模型的拟合优度也没有改善（事实上，还变差了，虽然统计不显著）。将"户主在合作社里待的年数"、"户主自我雇佣的年数"、"户主在权势位置上待的年数"三个变量重新纳入方程中后，生活史变量变得不再显著［除了 probit 方程里的"户主在 1960 年到 1968 年间放弃自我雇佣"变量，以及回归方程里的"1968 年后放弃工业技术工而从事任一农业工作"（INDAGR70）变量］，但模型的拟合性依然不好。这并不令我们担忧，正如我们所讲，我们纳入生活史变量，不是为了解释用 FAPC 表示的用于生计的生产。但是，我们的确应该着手改善 FAPS（用于销售的生产）做因变量时模型的拟合优度。

2. 模型 D″/FAPS1

第一，非嵌套版本（结果未呈示）

经过调整的生活史变量在该模型比在模型 D″/FAPC 中表现更好。这种相对更好的表现在回归方程中尤其得到体现。变量"户主在1960年到1968年间加入集体农庄"表现突出，几乎与以前模型中同类粗变量"户主在集体农庄待的年数"相当（表6.4），并且在解释大商品生产的佼佼者方面，比任何流动性变量贡献都大。变量"户主在1960年到1968年间放弃自我雇佣"在两个方程中同样非常显著，但有趣的是，它还不能和变量"户主在1960年到1968年间加入集体农庄"相提并论。在1960年加入集体农庄，似乎对阐明谁是当今大商品生产者的优秀者（虽然不是顶尖者）至关重要。

变量"户主被提上权势位置"（BOSHIS）的表现正如我们所料："户主在1950—1956年间被提上权势位置"、"户主在1960—1968年间被提上权势位置"在第一个方程中要么为负值，要么不显著，在回归方程中变成正值，并且至少近乎显著。但"户主在1945—1949年间被提上权势位置"、"户主在1957—1959年间被提上权势位置"在两个方程中均为负值或不显著（但这两者的样本量都很小）。这样，我们就有了进一步的证据表明：在企业家大门仍然开启的年代，成为一名权势人物是某人向终身干部发展的标志；但在集体化时代，成为权势人物则被证明仅仅是个"暂泊轨道"。那些在1949—1956年或1960—1968年升入高管位置的人的确更可能在20世纪80年代生产更多商品来出售。

该模型中最激动人心的发现之一是变量"1968年后放弃工业技术工而从事任一农业工作"的良好表现。该变量在两个方程中的系数值比"年龄"与"年龄的平方"外的变量都大，但由于它的标准误较大，显著性水平便一般化了。在模型中，它的表现比在交叉列表中更好，表明它的确为解释商品生产贡献了一些"干货"。我们曾在民族志叙述中宣称：1968年后重归农业的工业技术工人更可能变成企业家，此说法由此得以证实。另外，"户主在1960—1968年间从城市转到农村工作"（RETURN60）、"户主在1968年后从城市转到农村工作"（RETURN70）两个变量都为负值，在第一个方程中近乎显著。因此，我们前面的推断——有些"返乡移民"是无产阶级化了的失败者，他们返乡并不能使

第七章　家庭传承之外：生活史对资产阶级化复兴的重要性　187

其成为企业家——由此便有了证据。这些人当中，再次资产阶级化的是那些把在城市或工业的工作当作"暂泊轨道"，掌握技术以待天时的人。

总之，我们通过该模型，有了一些深刻发现，但与模型 D′/FAPS1 相比（这种相比不太适宜，因为我们违反了嵌套模型的建构法则），总体拟合优度变差了。前者的 −2LL 值是 17778，显著差于后者的 17670。(198)

第二，嵌套版本（如表7.2）

不幸的是，在这个版本中，几乎所有的生活史变量都丧失了显著性。在 probit 方程中，只有变量"1968 年后放弃工业技术工而从事任一农业工作"足够坚挺，保持着统计显著性。然而，尽管不显著的新变量很多，该模型的拟合优度还有所改善，与模型 D′/FAPS1 相比（−2LL 值从 17670 减为 17628），这个改善在统计上显著。

3. 模型 D″/FAPS2

第一，非嵌套版本（结果未呈示）

在该版本的回归方程中，即不包括"户主在合作社里待的年数"、"户主自我雇佣的年数"、"户主在权势位置上待的年数"的版本，只有两个变量显著，即"户主在 1950—1956 年间被提上权势位置"与"户主在 1960 年到 1968 年间放弃自我雇佣"。因此，按照严格的统计学标准，在阐释或许最让我们感兴趣的现象——哪些最大的商品生产者生产更多，可被称为"真正的"企业家？——方面，我们不太成功。

值得一提的原因是我们大幅缩减了受访者规模，使标准误变大了。但如果我们看系数值，而不是 t 值，经调整的生活史变量表现很好，甚至比以往都要好。如果我们用一种更宽松的态度看待显著性水平，也同样去解释这些看起来很大的参数值，我们对生活史变量的调整便格外有意义。

首先，注意"户主某年加入集体农庄"与"户主某年放弃自我雇佣"变量在模型 D″/FAPS1 与 D″/FAPS2 的非嵌套版本中不同的表现。特别值得一提的是，变量"户主在 1960 年到 1968 年间加入集体农庄"对前者来讲，在确认市场导向的农民工、原型企业家（protoentrepreneur）以及大生产者方面，贡献突出，"户主在 1960 年到 1968 年间放弃自我雇佣"的表现则弱很多。对后者来说，两者的作用反转了：虽然在 probit 方程中，"户主在 1960 年到 1968 年间加入集体农庄"比

表 7.2　样本选择模型 D″/FAPS1 的非标准化和标准化参数值
（模型 D″/FAPS1，5000 福林为分水岭；N = 7754/3703）

	Probit			回归		
	非标准化[a]	标准化	t值	非标准化	标准化	t值
年龄	.056	.886	7.7	.015	.269	2.5
年龄的平方	-0.001	-0.977	-8.4	-0.0002	-0.347	-3.2
工薪劳动者数	.120	.129	5.2	.080	.107	5.6
未被雇佣成年人数	.106	.038	2.2	-0.025	-0.012	-0.9
达退休年龄者数	.141	.099	4.5	-0.007	-0.006	-0.4
未成年子女数	-0.002	-0.0002	-0.01	.014	.017	1.0
单对配偶家庭	.356	.161	7.7	.109	.057	3.1
多对配偶家庭	.407	.099	4.4	.006	.002	0.1
农业体力劳动者	.427	.190	10.6	.129	.077	5.8
父亲1944年时至少有10霍尔德土地	.259	.087	5.2	.090	.042	3.5
1944年无土地，1949年得土地	.164	.060	3.8	.025	.012	1.0
父亲1938年时为庄园劳动者	-0.043	-0.014	-0.8	-0.050	-0.021	-1.6
父亲1938年时从事非农业	-0.344	-0.154	-9.0	-0.076	-0.037	-2.3
在权势位置上所待年数	-0.001	-0.007	-0.4	.005	.031	1.7
在合作社中待的年数	.034	.269	11.7	.006	.069	4.4
自我雇佣的年数	.019	.128	6.4	.006	.058	3.9
参加过高中或更高程度夜校	-0.077	-0.024	-1.4	.108	.037	2.4
受教育年数少于五年	-0.232	-0.083	-5.0	-0.038	-0.016	-1.1
1950—1956年间被提上权势位置	.081	.010	0.6	.006	.001	0.1
1960—1968年间被提上权势位置	-0.044	-0.006	-0.4	.039	.007	0.5
1957—1959年间加入合作社	-0.018	-0.004	-0.2	-0.045	-0.015	-1.2

续表

	Probit			回归		
	非标准化[a]	标准化	t 值	非标准化	标准化	t 值
1960—1968 年间加入合作社	.094	.034	1.6	.032	.017	1.1
1950—1956 年间放弃自我雇佣	.005	.0001	0.01	-0.034	-0.009	-0.8
1960—1968 年间放弃自我雇佣	.123	.030	1.4	.062	.023	1.6
1957—1959 年间开始读夜校	-0.270	-0.020	-1.3	-0.127	-0.001	-0.7
1968 年以后弃工从农	1.139	.254	3.7	.245	.071	1.3
截距项				9.793	681.9	
σ	.764	85.9				
ρ	-0.2（限定值）					
-2LL	=17628					
自由度	=7697					

资料来源：整理自匈牙利中央统计局 1982—1983 年收入、社会流动与生活史调查。

[a] 该模型中，非标准化系数值是从一个标准化系数值公式推算得来，该公式由威斯康星大学麦迪逊分校的罗伯特·迈尔教授提出。详情参见表 5.6 的注释。

"户主在 1960 年到 1968 年间放弃自我雇佣"的作用更大，但两者的地位在回归方程中反转，"户主在 1960 年到 1968 年间加入集体农庄"甚至不再显著。这样，我们最精炼的样本选择模型证实了在分析交叉列表时提出的假设：集体农庄成员身份与真正的企业家背道而驰。集体农庄成员更可能成为农民工，企业家则需要反抗"第三次农奴化"（third serfdom）的精神。（表 7.2 与表 7.3 中展现的嵌套版本中的参数值虽然统计不显著，但支持该解释）

当然，这个结论非常具有理论价值。比如，朱哈兹（Juhász，1980，p.115）雄辩地证明，通过土地整合，集体农庄使企业家成为可能。① 但我们的数据支持了与之相反的论调。成为"真正的"企业家的人竭尽全力地反抗集体化，尽可能地维持自我雇佣，甚至可能永不加入

---

① 我们认为，这种论调广泛地被那些常常赞扬集体农庄"整合性作用"的人接受。

集体农庄。集体农庄创造了新农民。新企业家却是那些成功地抵御了工业无产阶级化以及集体农庄式农民化的人。

"户主某年被提上权势位置"变量在模型 D″/FAPS2 的非嵌套版本中表现颇好。"户主在 1945—1949 年间被提上权势位置"与"户主在 1957—1959 年间被提上权势位置"变量均为负值。① 正如我们的理论所预测,"户主在 1950—1956 年间被提上权势位置"与"户主在 1960—1968 年间被提上权势位置"变量在两个方程中均取正值,前者甚至在回归方程中变得显著了,后者也近乎显著。"户主某年被提上权势位置"变量在本章所有非嵌套模型中的表现很好地表明了被提上权势位置的两面性。那些因资产阶级化轨道被堵塞"被迫"走上这些位置的人,是最具有企业家精神者中的一员,当机会之门重新开启,他们会重新进入资产阶级化轨道。

虽然"户主从城市转到农村工作"与"户主放弃工业技术工而从事任一农业工作"变量在模型 D″/FAPS2 的非嵌套版本中不显著,但它们的表现仍然值得注意。"户主在 1968 年后放弃工业技术工而从事任一农业工作"变量在 probit 方程中,往往有一个显著的正参数值;在回归方程中,则是一个虽不显著但给人深刻印象的值。这样,我们就有了进一步的证据表明:那些在 20 世纪 70 年代放弃技术性工业工作,转而从事农业的人或许确实进入了资产阶级化轨道。

因此,我们倾向于这样解读模型 D″/FAPS2 的非嵌套版本中的大量方程:要想在 20 世纪 80 年代成为一名"真正的"家庭农业企业家,人们必须尽可能长时间地抵抗集体化。在集体化不可避免时,那些为未来的企业家前景而惜身的人,常常以权势人物或工业工作者的身份(在这里,他们也可学到用于农业生产的技术)在集体农庄里"明哲保身"。

第二,嵌套版本(如表 7.3)

重新放入表现抢眼的"户主在合作社里待的年数"、"户主自我雇佣的年数"、"户主在权势位置上待的年数"变量后,生活史变量的参数值都不显著了。尤其令人头疼的是,在统计学意义上,我们在模型的拟合优度方面毫无斩获。−2LL 值减小了 1,比自由度的变化还要小。

---

① 没有一个大生产者在 1945—1949 年间成为权势人物,这个变量在回归方程中被拿出。

这是整个统计检验中最令人失望的结果。通过对生活史变量的调整，我们至少可以宣称，在解释谁是最大的企业家方面大多成功了，但这种调整在关节点上失去了效力，即使它仍增进了对"原型企业家"的理解。

总体来看，虽然我们对解释宽泛定义的企业家现象有所贡献，但更严格定义的、最大的、最成功的企业家仍然在我们的实证研究工具之外。或许他们人数不够多，又或者我们在寻找成功企业家的社会学决定因素方面的确不太成功。我们将在结论部分简要回顾此问题。

4. 我们的最优且纳入交叉项的模型

我们努力通过调整生活史变量来改善模型拟合优度，虽然成绩平平，但仍获得了一些理论洞见，还取得了一些证据，支持我们从民族志或统计描述发展出的假设。下一步也是最后一步统计分析中，我们也有一些理论收获，虽然因此而牺牲了一些拟合优度（但由于这些模型并非以嵌套方式建构，因此不能与以往的模型比较，这种牺牲并不特别令我们担忧）。

表 7.3　样本选择模型 D″/FAPS2 的非标准化和标准化参数值

（模型 D″/FAPS2，24000 福林为分水岭；N = 7754/1254）

	Probit			回归		
	非标准化[a]	标准化	t 值	非标准化	标准化	t 值
年龄	.050	.785	4.9	.015	.399	2.5
年龄的平方	−0.001	−0.972	−5.8	−0.0002	−0.505	−3.0
工薪劳动者数	.172	.185	6.5	.041	.085	3.5
未被雇佣成年人数	.047	.017	0.8	−0.009	−0.007	−0.4
达退休年龄者数	.053	.037	1.4	−0.002	−0.003	−0.1
未成年子女数	−0.001	−0.001	−0.04	.005	.010	0.4
单对配偶家庭	.350	.158	5.4	.064	.049	1.6
多对配偶家庭	.269	.072	2.6	.034	.019	0.7
农业体力劳动者	.440	.196	9.5	.096	.096	5.5
父亲 1944 年时至少有 10 霍尔德土地	.286	.096	5.2	.062	.052	3.7
1944 年无土地，1949 年得土地	.077	.028	1.5	.055	.042	2.5

续表

	Probit			回归		
	非标准化[a]	标准化	t值	非标准化	标准化	t值
父亲1938年时为庄园劳动者	-0.095	-0.031	-1.6	-0.066	-0.044	-2.5
父亲1938年时从事非农业	-0.328	-0.147	-6.3	-0.093	-0.067	-2.8
在权势位置上所待年数	.008	.037	1.4	.004	.037	1.6
在合作社中待的年数	.025	.199	8.2	.003	.050	2.5
自我雇佣的年数	.019	.124	5.3	.004	.069	3.5
参加过高中或更高程度夜校	.087	.027	1.3	.027	.016	0.8
受教育年数少于五年	-0.137	-0.049	-2.2	-0.031	-0.020	-0.9
1950—1956年间被提上权势位置	.008	.001	0.1	.074	.019	1.0
1960—1968年间被提上权势位置	-0.118	-0.016	-0.8	.003	.001	0.1
1957—1959年间加入合作社	-0.022	-0.005	-0.2	-0.028	-0.016	-1.0
1960—1968年间加入合作社	.118	.043	1.8	.005	.005	0.3
1950—1956年间放弃自我雇佣	.058	.011	0.6	-0.040	-0.017	-1.1
1960—1968年间放弃自我雇佣	.219	.053	2.4	.045	.032	2.1
1957—1959年间开始读夜校	-0.392	-0.029	-1.3	-0.221	-0.025	-1.1
1968年以后弃工从农	.924	.206	2.5	.149	.073	1.0
截距项					10.073	350.4
σ		.549	47.0			
ρ		.6（限定值）				
-2LL		=7505				
自由度		=7697				

资料来源：整理自匈牙利中央统计局1982—1983年收入、社会流动与生活史调查。

[a] 该模型中，非标准化系数值是从一个标准化系数值公式推算得来，该公式由威斯康星大学麦迪逊分校的罗伯特·迈尔教授提出。详情参见表5.6的注释。

第七章 家庭传承之外:生活史对资产阶级化复兴的重要性

表 7.4 我们的最佳模型/以 FAPC 为因变量的非标准化和标准化参数值（纳入交叉项;N = 7754/4389）

	Probit			回归		
	非标准化[a]	标准化	t 值	非标准化	标准化	t 值
年龄	.103	1.633	14.0	.005	.205	4.6
年龄的平方	−0.001	−1.535	−13.1	−0.0000	−0.177	−4.0
工薪劳动者数	.262	.281	10.8	.024	.073	9.4
未被雇佣成年人数	.275	.099	5.6	.014	.016	3.2
达退休年龄者数	.274	.192	8.4	.018	.038	5.5
未成年子女数	.078	.081	4.0	.007	.020	2.9
单对配偶家庭	.635	.287	12.3	.036	.042	5.0
多对配偶家庭	.424	.103	3.3	.032	.026	2.8
农业体力劳动者	.515	.229	12.9	.017	.022	4.3
父亲 1938 年时从事非农业	−0.440	−0.197	−12.1	−0.025	−0.028	−4.7
受教育年数少于五年	−0.218	−0.078	−4.7	−0.025	−0.024	−4.3
1960—1968 年间加入合作社	.278	.101	5.7	.023	.026	5.3
1968 年以后弃工从农	.750	.167	2.3	.110	.070	3.0
未被雇佣成年人数*达退休年龄者数	−0.115	−0.114	−5.3	−0.002	−0.007	−0.9
达退休年龄者数*多对配偶家庭	.126	.042	2.6	.004	.005	1.2
农业体力劳动者*年龄的平方	−0.000	−0.038	−2.4	−0.000	−0.009	−1.8
截距项					9.13	1527.8
σ		.333	93.6			
ρ	−0.1（限定值）					
−2LL	= 11558					
自由度	= 7719					

资料来源:整理自匈牙利中央统计局 1982—1983 年收入、社会流动与生活史调查。

[a] 该模型中,非标准化系数值是从一个标准化系数值公式推算得来,该公式由威斯康星大学麦迪逊分校的罗伯特·迈尔教授提出。详情参见表 5.6 的注释。

我们的最优模型/FAPC（如表 7.4）主要包括从无产阶级化理论发展出来的变量，第五章模型 A 和 B 当中的变量全被纳入。如果我们的任务是解释用于生计的生产，那么重新进入被中断的资产阶级化轨道理论的意义不大，这些用于生计的生产者年龄较大、在集体农庄中工作、具有较大家庭。我们能够补充的只是，如果父母在 1938 年不是农业工作者，那他们更有可能无产阶级化或者当干部，集体农庄时代"新农民"中表现出众的是那些仅在 1960 年加入集体农庄，以及在 1970 年后从工业转到农业就职的人。

(204) 在最优模型中，我们发现有三个交叉项统计显著，但仅在第一个方程中如此。"家庭中活跃的工薪劳动者人数"（ACTIVNO）与"家庭中达到退休年龄的人数"（RETIRNO）的交叉项产生了负效应，后者与"家庭中配偶超过一对"（MORECOUPLE）的交叉项则产生了正效应。"户主在农业里作一名体力劳动者"（AGRAR）与"年龄的平方"（AGESQUARE）的交叉效应为负。所有的交叉项似乎都无助于增进我们对家庭农业生产的理解。

相比之下，我们的最优模型/FAPS1（如表 7.5）概括了资产阶级化理论的长处。在解释商品生产方面，人口特征变量丧失了重要性（9 个原变量中，只有 6 个留在模型中），而社会流动和生活史变量开始发挥重要作用。中农出身、1945 年得到土地、延缓进入集体农庄，以及在 20 世纪 70 年代从工业转入农业就职等因素看起来对解释商品生产最为重要。

在我们的最优模型/FAPS1 中，我们发现了 6 个统计显著或理论可阐释的交叉项。有趣的是，"户主在 1957—1959 年间加入集体农庄"与"户主在农业中作一名体力劳动者"的交叉效应为负，这或许表明：如果那些在 1957—1959 年间加入集体农庄的人稍后离开了集体农庄，如今则最可能成为企业家。这个结果出人意料，但意味深长。集体农庄在 1956 年后继续招人，远早于官方开始集体化运动的 1959 年秋。非常可能的是，小农和贫农中的积极分子在官方的集体化运动前已经开始进入集体农庄，却在 20 世纪 60 年代被中农挤到边缘。这些早期的集体农庄成员（至少其中最有野心的）很有可能在 20 世纪 80 年代离开集体农庄，成为企业家。因此，我们便看到现在的集体农庄成员身份与在 1957—1959 年间加入集体农庄的交叉效应为负。

如我们所料，模型中"户主在 1960—1968 年间加入集体农庄"与

"户主在1960—1968年间进入权势位置"有一个正向但不太显著的交叉效应。换句话说，在20世纪60年代走上管理岗位的人当中，加入集体农庄的人最有可能在20世纪80年代成为企业家。的确，在不得不放弃家庭农场的60年代，对那些寻找暂泊轨道的人来讲，进入集体农庄的权势位置是最显而易见的选择。与之类似的是"户主在1960—1968年间加入集体农庄"与"户主在1960—1968年间放弃自我雇佣"的正向交叉效应，这再次表明，在60年代的集体农庄新成员中，那些先前自我雇佣的人更可能其后成为企业家。对于60年代加入集体农庄的贫农来讲，即使到了80年代，企业家之门也未开启。

我们竭力阐释变量"户主的父亲在1938年是庄园劳动者"（MA-NORIAL），但收效不佳。在FAPS做因变量的模型中，我们预料"户主的父亲在1938年是庄园劳动者"与"户主1944年无地，但1949年有地"（REFORMPW）变量有一个强的正交叉效应，但事与愿违。"户主的父亲在1938年是庄园劳动者"对商品生产的影响仍然为负向，在我们的最优模型/FAPS1的第一个方程中，它与"户主在1944年无地，但1949年有地"的交叉效应也为负向。这个结果令人失望，因为之前"户主的父亲在1938年是庄园劳动者"的交叉列表指明，那些1945年分到土地的庄园劳动者如今或已成为企业家导向的农民工，甚至原型企业家。对这个假设的远程支持是：上述两者的交叉项在probit方程中为负，在回归方程中转为正，但所有的结果都统计不显著。另外，"户主的父亲在1938年是庄园劳动者"与"户主在1960—1968年间从城市转到农村工作"有正向交叉效应，这或许表明：庄园劳动者家庭出身的，并且在集体化时代返乡的人尤其不可能成为企业家。对"户主在1968年后从工业技术工转到任一农业工作"与"户主的父亲在1938年是庄园劳动者"交叉项的解释是困难的，因为它在probit方程中为正值，但在回归方程里变成负值（两者均不显著）。我们只好做这样的结论：要想做出假设，以预测庄园劳动者或贫农出身的人到底发生了什么，任何一个都未被验证。对部分人来说，马库斯的假设或许有效，即他们不仅成为农民工，有些甚至"连升两级"，如今已进入资产阶级化轨道，但其他人还留在无产阶级化轨道上。

总之，我们的最优模型证实了本书的主要统计发现：在解释用于生计的生产方面，无产阶级化理论是有效的，甚至大体上是充分的，但正

(206)

表 7.5　我们的最佳模型/以 FAPS1 为因变量的非标准化和标准化参数值（纳入交叉项；FAPS1，分水岭为 5000 福林；N = 7754/3703）

	Probit 非标准化[a]	Probit 标准化	Probit t 值	回归 非标准化	回归 标准化	回归 t 值
年龄	.065	1.019	9.3	.040	.716	6.2
年龄的平方	-0.006	-1.051	9.4	-0.0001	-0.799	-7.2
工薪劳动者数	.066	.071	3.5	.102	.137	7.7
单对配偶家庭	.504	.228	12.3	.343	.179	9.6
多对配偶家庭	.666	.162	8.8	.252	.085	5.2
农业体力劳动者	.569	.253	15.0	.335	.200	14.0
父亲 1944 年时至少有 10 霍尔德土地	.298	.100	6.1	.180	.084	6.2
1944 年无土地,1949 年得土地	.191	.070	4.4	.093	.044	3.0
父亲 1938 年时为庄园劳动者	-0.055	-0.018	-1.0	-0.060	-0.025	-1.6
父亲 1938 年时从事非农业	-0.371	-0.166	-9.7	-0.245	-0.119	-6.8
受教育年数少于五年	-0.212	-0.076	-4.7	-0.128	-0.054	-3.5
1960—1968 年间被提上权势位置	-0.074	-0.010	-0.7	.084	.015	1.0
1957—1959 年间加入合作社	.590	.134	7.2	.256	.085	5.9
1960—1968 年间加入合作社	.463	.168	9.2	.236	.122	8.2
1960—1968 年间回村工作	-0.114	0.028	-1.8	-0.069	-0.022	-1.6
1968 年以后弃工从农	1.280	.285	4.2	.748	.217	3.5
1957—1959 年间加入合作社*农业体力劳动者	-0.294	-0.052	-3.7	-0.163	-0.042	-3.9
1960—1968 年间加入合作社*1960—1968 年间被提上权势位置	.232	.016	1.2	.134	.015	1.5

续表

	Probit			回归		
	非标准化[a]	标准化	t 值	非标准化	标准化	t 值
1960—1968 年间加入合作社 * 1960—1968 年间放弃自我雇佣	.142	.031	3.3	.087	.030	4.5
1944 年无土地,1949 年得土地 * 父亲 1938 年时为庄园劳动者	−0.057	−0.012	−1.0	.014	.004	0.4
1960—1968 年间回村工作 * 父亲 1938 年时为庄园劳动者	.130	.012	0.9	.129	.017	1.4
1968 年以后弃工从农 * 父亲 1938 年时为庄园劳动者	.676	.050	0.7	−0.571	−0.062	−1.1
截距项				9.120	536.8	
σ	.888		83.9			
ρ	.7（限定值）					
−2LL	=17792					
自由度	=7707					

资料来源：整理自匈牙利中央统计局1982—1983 年收入、社会流动与生活史调查。

[a] 该模型中，非标准化系数值是从一个标准化系数值公式推算得来，该公式由威斯康星大学麦迪逊分校的罗伯特·迈尔教授提出。详情参见表5.6 的注释。

如被中断的资产阶级化理论所示，要想对家庭农业企业家进行解释，就必须考虑社会背景和生活史。我们相信，最优模型并不会导致对过去模型的展示成为鸡肋。在第五、六、七三章更详尽的模型中，我们纳入了近乎显著甚至不显著的变量，从而有助于详细检验来自民族志研究的种种假设。在发展我们的理论方面，它们被证明是有用的，在统计的干巴的骨架上加了些鲜活的血肉。

在最后一章里，我们将对本书的经验和理论发现做一个总结。

第八章 结论

经过前面对社会主义匈牙利家庭农业生产的分析，我们在本章盖棺定论。

在本章中，我们首先简要总结前面主要的实证结果，表明被中断的资产阶级化理论在分析中得到支持，同时指出证据方面的不足。接下来，我们回到导论中所讲的"元理论意义"，并详细阐释我们似乎有些悖谬的"第三条道路"观点。最后，我们将阐述本书对东欧阶级结构分析的意义，并简要讨论这本书是如何与我们之前关于国家社会主义阶级结构的著述相关联的（Konrád and Szelényi, 1979），尤其会阐明本书有所描述，过去十年内发生的出人意料的自下而上的革命如何改变了我们的早期分析，即**初级阶段**（*in statu nascendi*）的知识分子新统治阶级。

一 实证结果："被中断的资产阶级化"理论得到支持

我们从"骨架"，即统计发现开始。随着分析的推进，模型的拟合优度发生着很大变化。数据能够在多大程度上证实我们从被中断的资产阶级化理论中提炼出并逐步调整的变量？我们得出两个主要结论。

（1）总体来讲，随着我们纳入、调整得自被中断的资产阶级化理论的变量，样本选择模型的拟合度不断改进。

除了一些重大例外，随着我们扩展和调整样本选择模型，它们的拟合优度逐渐提高。表 8.1 列出了不同模型的对数似然值。

请注意：第一，从 B 模型到 C 模型与 D 模型，我们加入了社会背景与生活史变量；第二，在对因变量做调整时，我们先后分析了家庭农业生产的总产值（FAP），以及其中用于生计的生产值（FAPC）和用于销售的生产值（FAPS）。由此得到的结果引人注目，很强地支持被中断

表 8.1　从模型 A 到模型 D″/FAPS2，样本选择模型的 -2LL 值的变化

	-2LL 值变化
A. 纳入新变量的结果：[a]	
从模型　　A 到 B	-602 *
B 到 C	-202 *
C 到 D	-470 *
B. 调整因变量的结果：[b]	
从模型　　B/FAPC 到 D/FAPC	-436 *
B/FAPS1 到 D/FAPS1	-817 *
C. 调整社会背景变量的结果：[c]	
从模型　　D/FAPC 到 D′/FAPC	-82 *
D/FAPS1 到 D′/FAPS1	+22 *
D/FAPS2 到 D′/FAPS2	-44
D. 调整生活史变量的结果：[d]	
从模型　　D′/FAPC 到 D″/FAPC	+10
D′/FAPS1 到 D″/FAPS1	-42 *
D′/FAPS2 到 D″/FAPS2	-1

注释：负值表明拟合度有改善；显著改善或变差的由星号标出。

[a] 来自表格 5.7。

[b] 来自表格 5.8—5.11。

[c] 来自表格 5.9，5.11，5.12，6.3，6.5。

[d] 来自表格 6.3—6.5，7.1—7.3。

的资产阶级化的理论假设。

第一，加上社会背景变量后，模型拟合度优于仅基于无产阶级化理论的模型（仅加入了 2 个代际流动变量，-2LL 值就缩小了 202）。生活史变量的纳入更加明显地优化了拟合度（5 个新的生活史变量使 -2LL 值缩小了 470）。

第二，如我们所述，与被中断的资产阶级化的理论假设相对应，我们调整了因变量。当因变量是用于销售的生产值时，家庭背景变量和生活史变量的纳入更加突出地优化了模型拟合度。当因变量是用于生计的生产值时，从 B 模型到 D 模型，-2LL 值"仅"缩小了 436；而用于销售的生产值作因变量时，这个值是 817。

因此，将社会背景变量与生活史变量纳入我们的模型是成功的，尤其是当我们选择用于销售的生产值作因变量时。

调整家庭背景变量与生活史变量的效果并不大。从严格的统计学意义上讲，第六章和第七章不太成功。尽管如此，我们希望证实包括调整后自变量的模型。

首先，即使微乎其微，六、七两章模型的一半也是不断改善的。最重要的是：模型 D′/FAPS2 和 D″/FAPS1 是全书中拟合度最好的模型。其次，从某种意义上讲，拟合度改善得不够是一个技术问题。随着我们的调整，原来的样本规模在稀释，被调整变量的样本量在收缩，导致得出显著结果越发困难。最后，虽然模型的拟合度常常得不到改善，或者改善得不像我们希望的那样迅速，产生统计显著的参数也很困难，但是，正如我们在第七章所示，当我们为增大调整后新变量的相对解释力，背离嵌套模型的规则时，我们能从统计分析中获得一些新的理论洞见。甚至当整个模型表现不够好时，我们仍发现一些参数能够支持我们得自民族志田野调研或理论剖析的重要假设。

在此，我们能够得出的最概括性的结论是：一方面，我们证实了无产阶级化理论与农民工理论的解释力有限，并且表明，通过引入得自资产阶级化理论的假设作补充，我们取得很大成功。另一方面，在我们阐释国家社会主义体制下家庭企业家的社会性决定因素的过程中，这本书应被当成"抛砖引玉"，而非"一锤定音"。要想进行细节描述，或者做出更详尽的阐释，比如，在不同历史时期可作为暂泊轨道的工作或工作次序，不同时代下非中农家庭出身的流动模式等，我们需要进一步的田野调查，以及更聚焦的统计分析。至少，我们希望本书为将来的研究铺了一个台阶。

（2）很多新型企业家是中农出身，但家庭传承没有决定性影响。

本书最重要的成果是发现：一个家庭在社会主义时代前的企业家导向和现在的企业家事业有很强的正相关关系。中农出身者比其他社会阶层的人更可能建造商品生产的迷你农场。

然而，本书的主要目的是：提供一个社会结构或历史变迁的"决定性"视角。如果我们最主要的自变量是社会主义时代前的家庭背景，那么受访者的工作史就是中介变量，它大幅削减了家庭传承的净影响。我们希望，本书在证明过去二三十年的职业选择确实影响个人在 20 世纪

80 年代重新进入资产阶级化轨道的机会方面，让读者满意。在私人企业家绝迹的岁月里，在工作中成功获得一些自主性，并掌握了一些技术的人更可能在今天成为企业家，即使他们拥有"错误的"家庭背景，即不是中农的子女。

人们在既定条件的约束下创造自己的生活，这些条件是：家庭出身以及生活于其中的社会结构，它们约束着人们的行动。但在这些约束下，人们仍然能够也在做着自己的选择，进而在很大程度上改变自己的生活轨迹和历史轨迹。

当然，我们要指出本书所呈材料的至少两个重大局限。

第一，我强调生活史对当今个体的结构位置的影响效应，指出其消减了家庭传承的净作用，此时，我在宣扬一种企业家的韦伯式文化决定论（虽然是一个"相对较弱的版本"，因为我接受"结构限定论"）。这个研究的主要困惑之一是：在土地和资本都不能进行代际传承的情况下，企业家精神是如何传承的？一个假设性的回答是，文化资本的传承代替了发达资本主义社会中物质财富传承的角色。在我们的研究中，职业选择被作为这种文化资本的"指标"，生活史被用来衡量人们的自主性偏好及获取技能的价值取向，也被当做他们本身不追求权势的证据。

我始终认为，这个做法是合理的，但我也承认，在本研究中，没有提供对文化资本的直接测量，文化资本的代际传承机制也不明确。进一步说，我们没有解释为何人们选择了与自己的家庭背景不相称的生活轨迹。为什么企业家家庭出身的人往往不是无产阶级化了，就是干部化了？为什么非企业家家庭出身的人尽管社会背景"有缺陷"，仍然追求"有自主性的"雇佣模式，将自己置身于暂泊轨道，并过上企业家的生活？换句话讲，我们不能阐明这些价值取向的源头何在，但它对我们的研究至关重要。

我们分析的某些不足会相对容易地在未来的研究中得到解决。材料不足的部分原因在于本书所用数据的局限性，即中央统计机构（Central Statistical Office）的调查没有收集价值或政治态度方面的信息。用这些"软"变量处理社会学调研中的数据也许有用，希望本书能够激发那些比我们更加信赖这些数据的人来分析。

第二，我们能够很好地区分宽泛意义上的企业家与农民工，然而，当我们更严格地界定企业家，找出那些真正的成功者，并进行分析时，社会流动和生活史变量的表现都变得不尽如人意。我们此处的疑问仅涉及相对较少的人口以及较小比例的农村家庭，在我们的样本中只有几百个案例。但是，我必须承认我们的困难或许并非完全技术性的。企业家的成功很可能与社会特征无关，却更可能与个人特征相关。[①] 或许，社会学在解释哪些企业家会更成功方面是失语的。只要我们对企业家"阶级"或"类群"的源头有一个合理的解释，我们就不必为此过分挂怀。同时，本书分析的重点不是企业家何以成功，而是"企业家的产生"或者"企业家阶级的产生"。

二 "第三条道路"的悖论

在本书的写作过程中，我偶尔会因分析对象的独特性而过分激动，进而甚至觉得我与我的"英雄们"的命运息息相关。有时，我似乎不仅将匈牙利正在崛起的社会主义"新模式"视为可能，而且视为称心如意甚至不可避免，以至于我不仅在分析，而且在崇尚第三条道路——"社会主义者的资产阶级化"。[②] 因此，我想做出如下两点结论：①第三条道路不是更好的，而是独特的。②第三条道路只是一扇"机会之窗"（window of opportunity）。20 世纪 80 年代，东欧再次走到十字路口：一条路通向第三条道路，另外两条路分别是重返斯大林模式和向西方发展模式转轨。

（一）独特的第三条道路

在导论中，在我表达对碧波、年轻的埃尔戴，以及其他两次世界大战间的东欧平民主义者的谢意时，我试图让自己与他们眼中的第三条道路保持一定距离。他们倾向于表明，回到过去或许对匈牙利有利，也许东欧会有一个特别的机会去创造一个异于并且优于东方和西方现有模式的体制。此时（也只有在此时），我接受吉奥基·卢卡奇（György Lukács）对碧波的批评。在一篇除此之外都很有争议的文章中，卢卡奇批评碧波"将我们的错误、弱点以及沉重的历史包袱都当做一种正面、

[①] 讨论中，罗伯特·曼钦多次提醒我们这种可能性。
[②] 在此，我要感谢伽波·柯特思在这方面的提醒以及对我有关论述的批评意见。

理想的东西"（Lukács，1945［1981］，p. 302）。

在指出新兴第三条道路在当今匈牙利的发展表征时，我原本主要想强调，它远不是"资本主义"的改编或重建，虽然它在很大程度上背离了苏联模式。最近在东欧兴起的，一种奇妙的、混合的双重社会结构与经济体系，其实早在近期或更遥远时期的东欧就已生根，也许会变成一种持久的社会组织新形式。为了抓住这个新社会经济体系的独特性，理论创新是必要的，在这个体系内，市场已经发挥重要作用，虽然它还附属于占支配地位的科层再分配体系。如果一种"社会主义混合经济"确实正在形成，那么在本书中，我们有必要为此创立一种政治经济学，以重新阐释"企业家"、"市场"、"劳动力市场"，甚至"资产阶级化"。(213)

以前，苏联模式的社会经济组织在很大程度上通过军事和警署力量强加在这里的农村头上，但被证明日益运转低效。与之相比，崛起中的第三条道路似乎是一种"进步的"体制，更符合这些国家和地区的实际，更具有合法性，或许能更有效地治理当地的经济。然而，我并不认为这种社会主义混合经济是所有可能选择中的最佳选择。正如我们试图在本书的实证分析中表明的，某种程度的地方割据化（balkanization）正在形成。市场在占支配地位的科层再分配体系下贯穿起来，以一种奇妙的方式适应了国家社会主义经济家长制（Kornai，1980）。在研究者看来，在市场与再分配体系的连接点上，伴随资产阶级民主和资本主义市场的价值观（如腐败），某种网络（networking）正在兴起。社会主义的资产阶级化也产生企业家，与敌对意识形态的预期相反，他们比西方社会的小商品生产者具有更多的"市侩性"和更少的"公民性"。这些社会主义企业家身上更多的是资本家的贪婪，城市商人的公民意识则比较淡薄。碧波期待资产阶级化带来一批忠于质量、精工细作的人。然而，20世纪80年代的新企业家在充满不确定性的科层再分配环境下经营，也许被迫尽可能频繁与迅速地突破这个体制及其利益群体。因此，在这里我重申，我相信：对东欧社会及很可能的未来来讲，这个具有历史独特性的市场与再分配、国家与社会、等级秩序与阶级层化的混合体，这条"第三条道路"是可行的，但未必是令人满意的。

（二）机会之窗

(214)

本书背后一个重要的元理论假设是：匈牙利的第三条道路在某种程

度上是对过去的、"有机的"轨道的回归。目睹了匈牙利过去几十年的变迁，我越来越多地发现战前和当今匈牙利的相似性。

但我要再次指出，正如对个人生活史的阐释，我们并没有简单地主张任何一种历史和经济决定论。我只是**预测**，若超级大国决定让匈牙利或东欧其他国家走自己的路，它们最可能继续维持和发展一种斯大林体制与市场、等级性与阶级层化、公民性与法团性混合的体制。因此，用反事实的语气讲，如果俄罗斯人从东欧国家撤军，匈牙利或波兰会迅速摒弃苏联模式，但至少在一段时间内，可能也不会变成像瑞士甚至奥地利那样。

预测一种最可能的结局并不是要宣扬历史的必然性。社会的确在转轨，"机会之窗"尤其会在旧轨道被堵塞或已被证明是条死胡同（这或许正是目前苏联模式在东欧面临的局面）时打开。预测匈牙利或其他东欧国家可能的第三条道路只是指明一个机会，这么做的同时，我们也默示走入西方式文明的发展轨道的机会同样存在。上次机会之窗开启是1945年到1949年间，当时，斯大林主义、第三条道路或者与西欧的重新结盟都是完全可能的未来。本书中最大胆的元理论假设是：对东欧来讲，20世纪80年代或将被证明是类似的建构性时代（formative epoch）。

三　自下而上无声的革命：东欧阶级结构的新变迁

我们想用一种乐观的语调结束本书的分析。近期，匈牙利农村给我上的最激动人心的一课是匈牙利农民终于胜利了。大约1942—1943年，第一位指明匈牙利农村的资产阶级化将替代无产阶级化的理论家埃尔戴丧失了希望，不得不接受正统马克思主义的预言：无产阶级终将到来。特别是俄罗斯人占领这块土地后，他认为匈牙利农民除了成为国有工厂或集体农庄里的劳动者外，别无选择。历史证明，埃尔戴错了。匈牙利农民比他们的空想家埃尔戴聪明。他们找到办法，包括如何反抗集体化，如何迫使官僚统治者们让步，如何在30多年的"阶级斗争"后说服统治者们重新开放资产阶级化的轨道。

但这个大体乐观的论调需要条件，第一个条件与社会主义者的资产阶级化和"小资产阶级社会"（petty bourgeois society）的出现有关，第二个则关系到新社会主义混合经济中阶级联盟政治。

(一) 小资产阶级化

我对 20 世纪 70 年代匈牙利家庭农业生产产生兴趣是受雷·帕豪尔（Ray Pahl）的影响，当时，他为新城市社会学发现了"非正式经济"（informal economy）。在围绕这个主题的第一批著述中（Pahl and Gershuny，1979，1980；Pahl，1980），帕豪尔认为，非正式领域或"第二经济"，是穷人们用来冲抵社会民主福利国家（social democratic welfare state）衰落的一种机制，也是用来对抗左倾斯大林主义和新保守主义（neoconservative）的一种方式，以创造适宜生存的条件。和其他第三世界非正式经济的研究者不同，帕豪尔对非正式领域激情四射。在这些想法的鼓舞下，他开始在谢佩岛（Isle of Sheppey）做经验研究，接着，便遭遇了当地的失业，他希望能够用文字记载下来，表明穷人们在多大程度上成功地借助非正式经济，对抗保守主义者们在英国解除福利国家体制的时代中出现的失业问题（Pahl，1984）。这项研究没有证实他原来的假设。现在，帕豪尔（Pahl，1986）指出，第二经济的真正受益者并非穷人们，而是"肥大的中层"（fat middle）。

与帕豪尔的著作相关，我的工作表明，在东方世界与西方世界，甚至可能在某种程度上包括第三世界，非正式经济或第二经济的演变或许真的意味着崛起中的"小资产阶级化"。帕豪尔所说的"肥大的中层"或许有了新的收入来源，在东方世界，这增加了其对科层再分配部门的独立性，在西方，则增强了对公司资本主义（corporate capitalism）的自主性。

这个发现警示我们既不要对第二经济过分乐观，也不要过分悲观。(216) 我宣称的"自下而上的成功革命"在匈牙利农村的重大限制是：它并非由社会底层发起，而是由处于"中层"的代理人实施。

碧波指出，他宣扬的第三条道路和资产阶级化，可能走向小资产阶级社会。他对这种可能性的排斥大体由于他不愿接受"小资产阶级"的标签，认为它含有轻蔑意味。我关于第三条道路的、更加反讽的观点则与这个标签兼容。匈牙利农村正在兴起的新企业家阶级并非由完美的"公民"组成，这种纯粹的公民或许只在碧波和匈牙利的反对派理论家的理想中存在。但他们既不是无产者，也不是干部，而是小资产阶级，这有问题吗？我甚至还要追问一句：如果环境允许大量人口成为小资产阶级，这个社会不是更美好吗？即使不赞同完全小资阶级化社会的蒲鲁东主义乌托邦（Proudhonian utopia），人们应该承认，即使在最复杂的后工业社会，也为小资产阶级留下了生存空间，它比马克思主义者或资产阶级技术官僚论者一般认为的还要大。对国家社会主义和公司资本主义来讲，消灭小资产阶级太不现实了。这个阶级在东西方世界的重新崛起或许是对以前扭曲式发展的修正。

（二）新社会主义混合经济中阶级联盟的政治

1974年，乔治·康纳德和我在《通向阶级权力路上的知识分子》（*The Intellectuals on the Road to Class Power*）中指出，东欧国家社会主义再分配经济中，一个新的知识分子统治阶级正在形成。十多年后的今天，我在这里呈上一本关于资产阶级化，以及新型社会主义小资产阶级或企业家阶级形成的著作。两者在多大程度上互补或互斥？

1986年，在《通向阶级权力路上的知识分子》日语版的后记（Szelényi，1986-1987）中，我以批评自己早期著作的方式，不厌其烦地将此书与我关于最近东欧社会结构转型的研究联系起来。在此，我扼要表述一下它的主要观点。

我仍然认为，我们关于知识分子著述的核心论点是正确的。那本书真实再现了20世纪60年代，即后斯大林改革时期苏联和东欧国家的社会风向。大约十年过去，随着斯大林主义的倒下，苏联官僚体制的合法性遭到动摇，启动社会和经济改革，开始与技术官僚论者，甚至意识形态知识分子共享权力。对一个开明官僚与专家统治—意识形态知识分子来讲，科学技术革命、科学社会主义、作为社会关系的理性和科学转型的社会主义被视作一个联合议程。因此，《通向阶级权力路上的知识分子》是与米洛万·吉拉斯（Milovan Djilas）的友好讨论，他为官僚统治的斯大林时代提供了国家社会主义阶级理论。就自身而言，我们试图阐述社会控制性质，与后斯大林时代统治阶级社会组成的转变。此时（1987），我必须承认，直到20世纪80年代，这个新统治阶级仍处在初级阶段。进一步讲，相较于60年代早期，今天的东欧知识分子离阶级权力更远了。为什么呢？因为过去二十年发生了一些出人意料的事情：

（1）官僚机构比我们预想的更加顽固。初期做出某种让步后，它最终决定不和技术官僚分享权力，并准备破坏社会和经济改革，即使冒着"船沉人亡"的危险（在20世纪70年代末期和80年代早期的波兰，这种顽固粉墨登场)。

（2）如果说，与我们的预期相比，官僚机构更不倾向于在知识分子问题上妥协，但被证明对私人商业，尤其是小资产阶级的灵活性更强。匈牙利的官僚机构似乎对自身的低效有自知之明，于是，便通过允许第二经济和新型小资产阶级的存在来加以疗救。匈牙利的政治和经济"奇迹"正是这个政策的结果。20世纪80年代早期，政府部门的实际工资停滞甚至下降，第二经济产生的收入帮助维持生活水平，还将工人阶级从"斗争场所"中转移到"生产场所"，使经济免于崩溃，并维护了政治稳定。匈牙利的小资产阶级梦暗示人们，只要在第二经济内勤奋工作，就能过上好日子。人们不需要过多地担心工会，或者国有部门、国有岗位中发生了什么。工作时间之外，生活才真正开始!

我1986年自我批评的底线与本书的核心假设类似：到了20世纪80年代中期，原来二分的社会结构（干部和无产阶级）向双重体系的社会分层转变，这个体系由三个基本结构位置组成，即干部、无产阶级和小资产阶级。新的三分的社会结构为阶级联盟打开了新大门，创造了新的政治空间，使党的机构可能减少，甚至停止和专家统治者分享权力。(218)

历史或许创造了一个比我们在《通向阶级权力路上的知识分子》预测的更美好的前景。我们不把知识分子阶级的形成看做一个纯粹的福气。我们批评他们的阶级追求，但同时指出，和更加陈旧的斯大林主义官僚机构的精英统治相比，知识分子新统治阶级的形成是一种"进步"，是一种迈向理性化的行动，是一种带有改善性的变化。现在，我相信三分的社会结构或许是对理性化的二分结构的替代，为所有行动者，特别是那些受权势支配的人，创造了更大的政治空间。

在某种程度上，正在崛起的新社会主义混合经济是对资本主义的部分重建：它创造了一个经济体系，其中，它提供了受雇于官僚机构之外的其他选择，包括自我雇佣和被私人小企业家雇佣。对作为弱者的大多数人来说，这就意味着有两个而非一个统治者的体制。这种变化更好还是更坏？

这个问题的答案并非显而易见。人们也许会说，两个统治者会合谋，建立一个双重剥削的体制，但我不认为这是必然的。难道我们不能设想这样一种场景：被统治者利用统治者的鹬蚌相争，为自己谋取更大的自主性？至少，这个可能性正是本书的核心。

附录 A　方法论注释

本书中用到的数据全部来自匈牙利中央统计局（CSO），数据由不同部门在不同时间搜集，并且所用到的方法有一定差异。我们所用的数据有两部分来源：一部分来自于中央统计部门（CSO）已经发表的官方报告；关于其余数据，承蒙中央统计局（CSO）的帮助，我们得到了记录数据的磁带，并根据这些数据进行我们自己的计算从而在本书中使用。[1] 尽管使用来源不同的数据会在做出比较时遇到困难，但我们仍然坚持这种做法，其理由如下：首先，对于正在调查中的问题，我们希望尽最大可能给读者呈现事件全貌；其次，同其他来源的数据相比，在本书中，我们希望检验我们根据数据盘的记录而自己运算得到的数据，并检验由这些数据得到的结论。

在这里我们按顺序简要地描述了本书的数据来源。对于我们所使用的"家庭生产"这一概念我们同样会给出基本的统计定义，并且对中央统计局收入调查中可能发生的偏误——特别是把农业生产值的货币估计手段与自然测量手段相并的做法，这种做法的可靠性及产生的问题——进行思考。

一　数　据　来　源

本书中我们所用到的数据有以下三个来源：
1. 在我们谈及城乡人口分布的问题时，数据来自中央统计局的人

---

[1] 罗伯特·曼钦，作为国家科学基金项目中我的研究助理，得到了中央统计局的许可，将1982—1983年间进行的社会流动与收入调查的数据盘带到威斯康星大学麦迪逊分校，并与我一起分析数据。正是中央统计局的慷慨才使这项任务得以完成，对此我深表感谢。

口普查及对当下人口数量的估计。

2. 中央统计局农业统计部门发布的 1981—1982 农业报告（CSO，1982，1984，1985）。根据中央统计局的标准，这一报告一部分基于对所有经营家庭"企业"的家庭的普查，另一部分来自几个月之后对所有家庭中具有代表性样本的调查。不论何时，当我们在表或者文字中用引号注明"企业"这个字眼时，我们使用的就是以公开形式发表、通过这个来源得到的数据。

3. 根据 1982 年中央统计局的收入调查和 1982—1983 年中央统计局社会流动及生活史调查的数据盘，我们自己进行了一些计算。两次调查的样本完全相同，并且因为两次调查中家庭户的标识号码相同，我们成功地将两个数据合并为一个数据库。因此，我们对于 1982 年收入调查数据样本做出的假设和运算同样适用于 1982—1983 年社会流动和生活史调查数据样本和合并之后的数据。

收入调查基于全国性的随机样本。我们对调查中不同的子样本进行了分析，因此在我们呈现的不同表中，样本量会有所变化。对于这些子样本的简要概述（见附录表 A.1）有助于读者更清楚地了解在不同的表和数据中，我们究竟在分析哪个群体。

表 A.1　　　　　1982 年中央统计局收入调查子样本群体

	样本数
全体城市和农村家庭	14780
子样本	
所有农村家庭	8172
所有生产农产品的农村家庭	7299
合并数据中的农村家庭户	7754
合并数据中的农业生产者家庭户	7000

注：在合并 1982—1983 年间的收入和社会流动及个人生活史调查数据时，我们无法找到 18 个家庭户户主的社会流动信息，因此在日后的分析中，他们变成了"缺失数据"。

二　家庭农业生产的不同定义

对于家庭农业生产，农业报告和收入调查搜集到的数据很是不同。

在农业报告中，他们的观察单位是"企业"；只有那些达到某一特定农业生产水平的家庭户才提供了他们的生产信息。相反，收入调查搜集了家庭所有可能的收入来源，其中就包括家庭农业生产这一信息，甚至包括那些达不到农业"企业"标准的家庭的信息。下文在显示这些数据时，我们所用到的贯穿全书的概念如下。

在所有生产单位中，中央统计局将家庭农业"企业"定义为至少耕种400方土地（1600方相当于1霍尔德，或者是1.422英亩）的家庭。为了不将那些只耕种很少土地的"大"生产者漏掉，如果这些家庭拥有葡萄园、果园或者菜园，那么即使其拥有土地量在200—400方之间，中央统计局也把这些家庭算作"企业"。中央统计局同样将那些完全不耕种土地，但是至少饲养一种大型动物（比如奶牛、马等）或者50只鸡的家庭生产单位定义为"企业"。（Andorka and Harcsa, 1982, p. 205）

正如上面中央统计局概述的定义一样，任何时候当我们用到"企业"这个字眼时，我们希望把它和"家庭农业生产"进行区别，并把它和"企业导向的迷你农场"相区分，还要把它和我们所定义的农业企业相区分。首先，同家庭农业"企业"相比，家庭农业生产是一个较广义的概念。正如我们看到的那样，有一些生产农产品的家庭在小于400方甚至200方的土地上生产。事实上他们之中的大多数是非常边缘的农业生产者，但有少部分以市场为导向的园艺家，其农业产量相当可观。中央统计局的收入调查搜集了所有农业生产者的数据，其中不仅包括那些大规模生产者——也就是那些经营"企业"的人——在这里我们将会经常呈现这些数据并对所有家庭农业生产者建立相关理论。我们使用"迷你农场"这个术语或者"迷你庄园"作为家庭农业生产的同义词，这就是说，不仅仅"企业"，而是包含所有家庭农业生产单位的最泛化术语。其次，我们的主要任务之一是确定那些以市场为导向、建立完全家庭企业的家庭生产者。这个概念比中央统计局的"企业"定义要更加狭窄。在本书中，当我们只提到企业时，我们总是意指那些以市场为导向的生产单位，他们在八十年代中期，只是中央统计局定义的所有"企业"中很小的一个组成部分。

为了进一步澄清概念，我们有必要了解匈牙利统计部门将家庭"企业"分为以下两种类型："自留地"和辅助性农场。以在集体农庄中的劳动服务为交换,"自留地"被接受。而"辅助性农场"则是一些小型农场或者小型果园,他们由那些非集体农庄成员所有或租下。在统计数据中,很少部分的全日制私人农场也被算作辅助性农场。这种类型的私人农场数量极少,到1980年他们仅占所有家庭"企业"的百分之二。(Andorka and Harcsa, 1982, p. 205)

因此,在本书中使用到的基本术语如下:

家庭农业生产（或"生产者"）：所有在迷你农场或者迷你庄园中从事农产品生产的个体。

家庭农业"企业"：按照中央统计局的标准,拥有"企业"资格的迷你农场。

家庭农业企业：以企业为导向经营的迷你农场。

自留地：由集体农庄分配给其成员的土地。

辅助性农场：由集体农庄之外成员拥有或租的"企业",其中也包括少部分剩余的全日制私人农场。

三 收入调查中的方法论问题：迈向"官方统计的社会学"之路

在这里,对于中央统计局的收入调查,我们想提出两个方法论上的问题:(1) 其调查结果的可靠性;(2) 在编码的过程中,中央统计局构建的家庭农业生产的货币测量手段。

（一）

收入调查完全可靠吗？当被访者被问到收入情况时,他们会说出真实情况吗？他们难道没有足够的动机去误导访员吗？在西方社会,难道他们没有向税收人员隐瞒其真实收入吗,并且在类似匈牙利的国家主义经济体制下,他们会告诉我们从"可疑的"私有经济活动中获得的真实收入吗？

在匈牙利,相当一段时间,"农民"的真实收入一直是争论的焦点。1972年,当我们在匈牙利科学院社会学研究所完成第一次农村调查,并第一次将家庭农业生产数据公之于众时,我们的很多同行都对此心存怀虑。他们认为我们所报告的收入水平过低,甚至开始质疑我们的抽样程序。十多年以后,当我们手头同时拥有中央统计部门1972年和

1982年收入调查数据时,我们信心十足地认为我们得到的数据完全正确,并且那时候的社会学家(今天也有可能这样),像大多数其他城市人一样,明显高估了来自家庭农业生产的收入。一位博学的布达佩斯知识分子,基于他在农村短暂的旅行中听到的传闻和感受,会竭尽全力坚持认为绝大多数农村人口在迷你农场中获得的收入要高于他们每月获得的薪水,或者至少和他们每月的薪水一样多。我们社会学研究所调查的数据也显示:一个普通的农村家庭从迷你农场中努力劳作所得,更有可能相当于一个家庭成员月收入的三分之一。1972年中央统计局的收入调查也提供了类似的估计结论,并且1982年的收入调查在这个问题上的调查结论也没有多少改变。那么,博学的布达佩斯知识分子和调查究竟谁是正确的呢?

我们非常相信这些调查中的农业收入数据。我们对其他第二经济活动的数据持怀疑态度,比如来自小费的收入和来自夜间打工的收入。但对于农业生产来说,情况则有所不同。首先,对农业生产活动撒谎的动机不够强。在税法实施宽松的情况下,只有那些排名在前百分之一至百分之五的生产者才是纳税主体。事实上,很多城市和工业第二经济活动不属于黑色经济,而属于灰色经济,从事农业生产完全不违背法律,或者至少只有很小程度的违法。我们能够想象到的主要的违法行为在于人们耕种了——比实际上拥有的——比允许范围更大规模的土地。在这里,对合法的土地耕种量限制十分严格,打破其限制的情况很少见,并且只被那些最大的生产者中前百分之一到百分之五的人打破。其次,对于农业生产数字,我们拥有很可靠的控制数据。农业生产和销售统计数据为我们提供了这个国家中生产的农产品数量,并且收入调查的数据应该与这些由其他方法得到的数字相契合。事实上中央统计局比较了这两组数据,并且发现收入调查将生产数字低估近百分之二十。因此,对于由不可靠的报告引起的误差,我们找到了一个合理的近似值。而事实上中央统计局的确将生产数字提高了百分之二十。这一做法并不能息事宁人,并且我们同样对一些令人不快的结论也做出了评论。但我们仍有信心声称,事实上我们基于收入调查报告得到的生产水平和收入非常接近真实情况(对于这一点,有学者持相同意见,参见 Tamás Kolosi,1983,p. 150)。

(二)

在本书的大多数部分,我们将使用货币计量方法,这种方法对我们使用的统计分析类型非常便利。但对于这些计量方法，我们同样要对读者进行警告。在1972年和1982年的收入调查中，中央统计局让应答者用自然计量手段——公斤、吨、升——来报告对于任何可以想得到的商品，其生产成本是多少，他们消费了多少，以及在市场上出售了多少。在编码的过程中，中央统计局的专家对这些数字进行货币测算。在操作过程中，对于自我消费的部分，他们使用了零售价格这种计量方式；对于商品生产，他们使用了批发价格这种计量方式，并且从这些收入中扣除了生产的成本估计（化肥、燃料等的成本，但不包括劳动力成本）。

但是这种做法有一定问题。中央统计局用不同的价格估算自我消费和商品生产。他们声称，在自我消费的产品中，需要估计的是：如果他们不是生产者，这些家庭将会在食物上花费多少；而对于在市场上销售的产品，应该假定，所有生产的产品都通过集体农庄或者其他中间机构销售，并且只有以批发价格出售才会获得现金收入。这对于中央统计局的调查目的来说很有意义，但同时这种做法也低估了商品产量，并且在家庭生产内部，如果发生从生计性生产到商品生产的转变时，这种做法会低估这一时段中产生这种变化的动力。

对于所有中央统计局诸如此类的估计都应该保持谨慎，这有更深一层的原因。因为中央统计局并不是在政治真空的环境下进行调查。据那些熟悉中央统计局内部政治情况的人所讲，从1972年到1982年，中央统计局的"政治路线"（political line）发生了变化。

在1972年，中央统计局的压力在于公布的统计数字能够显示农民和农民工的收入过多。在那段时间，匈牙利共产党和主管经济改革的中央贸易协议机构中有着强烈的"反工人领导者"（ouvrierist opposition）倾向（Manchin and Szelényi, 1987）。这些工人领导者的主要目标之一就是1968年经济改革中的"短期经营私人企业者"（Nepman），即那些在20世纪20年代的苏联新经济政策时期，受惠于更加宽松的经济环境和以市场为导向的改革的小型私人企业主。据这些工人领导者所言，这些"短期经营私人企业主"都是农民，并且开始没有道理地取得高收入。据消息提供者所言，这些工人领导向中央统计局施压，让他们发表的数据能够显示农民的收入水平高于工人。

到了80年代早期，政治气候发生了变化。在1975—1976年间，工人领导者遭受重创，在1978—1979年会后，新一轮的自由主义兴起，与 60 年代晚期相比，它给予了小型家庭企业更多的宽容，人们因此希望中央统计局不再夸大私人经济的意义。匈牙利的改革者们，他们稳固地掌握着国内的政治局势，他们希望向他们更加保守的邻居，特别是苏联证明，他们绝没有"出格"，私有部门仍处于管控之中，并且没有对国家所有制和国家社会主义造成威胁。

因此，在 1972 年的调查中，中央统计局处于呈现农民收入多的压力之中，但在 1982 年的调查中，人们希望这一部门能够证明家庭农业生产多么的小。在这样的情形下，我们刚刚所描述的生产的货币值的计量方法便十分有用。1972 年，绝大多数生产都是生计性生产时，收入被高估；1982 年，大多数产品均在市场出售时，私有部门的作用被低估，并且在这些年内产生这些变化的动力也同样被低估。

不要误会，我们绝不是控诉中央统计局篡改数据。中央统计局是一个优秀的机构，并且对于这一机构的日常运作，我们也深表钦佩。当然他们也必须对不同时代的政治压力做出回应，并且那些使用中央统计局数据的人最好能够做一点社会学分析——就如我们刚刚所阐明的那种，或者说是官方统计数据的社会学分析。

中央统计局的收入调查数据还有一个有趣的特点。正如我们已经提到的那样，收入调查将全部农业生产低估了将近百分之二十。中央统计局义无反顾地认为由收入调查得到的数据要和农业统计部门的数据完全一致。因此他们决定把收入调查中得到的产量数字提高百分之二十。但如何分配这多余的百分之二十的产量呢？在 1972 年和 1982 年的调查中，中央统计局遵循了不同的指导方针。在 1972 年的调查中，他们将更大的比例分给了大规模生产者，而在 1982 年的调查中这多余的百分之二十产量却在所有生产者中间平均分配。尽管在方法论中发生的变化可能不是，或者至少不是故意由政治因素诱导的，结论再一次显示那些被低估的数据可能属于那个年代更大规模的生产者。

因此，我们能发现的所有偏误由中央统计局的统计方式造成，并且这些偏误与我们的假设相违背。我们将尝试说明，市场化导向和商品生产是如何普及的，企业家团体是如何再次复兴的，以及在最近十年来到底发生了多大变化。如果在这些方法论偏误存在的情况下，我们仍然能够在这个思考方向上取得突破，这无疑证明了我们所构建的理论的优势。

附录 B 在回归方程中使用的变量以及变量的均值和标准差

一 变量标签及其对变量的描述[①]

(一) 因变量

FAP:每月家庭农业生产的净加总值,以福林为单位。

FAPC:应答者家庭每月用于生计生产的农产品净值,以福林为单位。

FAPS:应答者家庭每月用于商品生产(销售)的农产品净值,以福林为单位。

(二) 自变量

(1) 模型 A

AGE:户主的自然年龄。

AGESQUARE:户主自然年龄的平方。

ACTIVNO:家中活跃的工薪劳动者人数。

HOMEDUTY:家中处于从事经济活动的年龄(女为 19—55 岁、男为 19—60 岁),但未被雇佣的成年人及配偶数目。

RETIRNO:家中达到退休年龄的人数(女性年龄在 55 岁以上、男性年龄在 60 岁以上)。

CHILD:家中 19 岁以下、需要抚养的子女数。

---

① 关于因变量与自变量的平均值与标准差,在本附录的最后一部分。

ONECOUPLE：虚拟变量。如果家中有一对配偶（丈夫—妻子），或双亲家庭，则赋值为1；其余情况赋值为0。

MORECOUPLE：虚拟变量。如果家中配偶超过一对（丈夫—妻子），则赋值为1；其余情况赋值为0。

（2）模型B

AGRAR：虚拟变量。如果户主在农业中作一名体力劳动者，赋值为1；其余情况赋值为0。

（3）模型C

OFARM44：虚拟变量。当1944年户主或者户主父亲拥有大于10霍尔德土地时，赋值为1；其余情况赋值为0。

REFORM：虚拟变量。如果被调查的家庭户在1948年拥有的土地数目大于1944年时拥有的土地数量，则赋值为1，这表明他们是1945年土地改革时政府分地的接收者。对于那些土地数目保持不变或者下降的家庭则赋值为0。

（4）模型D

BOSYEAR：户主在权势位置上待的年数。

COPYEARS：户主在合作社中待的年数。

SELFYEARS：户主自我雇佣（从事个体经营）的年数。

EVENING：虚拟变量。如果户主参加过高中或更高层次的夜校学习，则赋值为1；其余情况赋值为0。

FIFTHYEAR：虚拟变量。如果户主受教育年数小于五年，则赋值为1；其余情况赋值为0。

（5）模型D'

微调的社会流动变量

PFARM44：虚拟变量。如果现今户主的父母在1944年时至少拥有10霍尔德的土地，则赋值为1；其余情况赋值为0。

REFORMPW：虚拟变量。如果家庭在1944年无地，但1949年有地，则赋值为1。

MANORIAL：虚拟变量。如果现今户主的父亲在1938年时是庄园劳动者，则赋值为1；其余情况赋值为0。

NONAGR38：虚拟变量。如果现今户主的父亲在1938年时从事非农业，则赋值为1。

(6) 模型 D″

微调的个人生活史变量

BOSHIS45，50，57，60 变量：虚拟变量。如果户主在 1945—1949 年间、1950—1956 年间、1957—1959 年间或 1960—1968 年间被提上权势位置，则赋值为 1；如果在以上时间段内这一事件没有发生，则变量值为 0。

COPHIS50，57，60 变量：虚拟变量。如果户主在 1950—1956 年间、1957—1959 年间或 1960—1968 年间加入集体农庄，则赋值为 1；如果在以上时间段内这一事件没有发生，则变量值为 0。

SELFHIS50，57，60：虚拟变量。如果在户主 1950—1956 年间、1957—1959 年间或 1960—1968 年间放弃自我雇佣，则赋值为 1；如果在以上时间段内这一事件没有发生，这变量值为 0。

EVNHIS57：虚拟变量。如果户主在 1957—1959 年间开始读夜校，则赋值为 1；如果在上述时间内这一事件没有发生，则变量值为 0。

RETURN60，70：虚拟变量。如果户主在 1960—1968 年间或 1968 年以后从城市转到农村工作，则赋值为 1；如果在上述年份这一事件没有发生，则变量值为 0。

INDAGR70：虚拟变量。如果户主在 1968 年以后放弃工业技术工而从事任一农业工作，则赋值为 1；如果在上述年份这一事件没有发生，则变量值为 0。

根据生活事件的历史时期，我们对个人生活史变量进行微调，我们将其分为五个不同的时期，并且假定在不同时期，同样的职业或者教育选择可能导致相反的后果，并且具有完全不同的意义。

第一时期：第二次世界大战结束后的不久（1945—1949 年）。在这一时期内，出现了新的资产阶级化的机会。土地改革打破了原来的大庄园制，农民特别是中农和富农，得以享受相对的经济繁荣。在这一时期内，只有那些没有资产阶级化愿望的人才愿意进入官僚部门当领导。过早加入集体农庄意味着缺少成为企业家的精神动力，同时也意味着日后农民化或无产阶级化的倾向。参与夜校学习的意义却大不相同：因为斯大林时代大规模的干部化运动还没有开始，一些在二战之前没有机会接受成人教育的人，为了进入资产阶级化轨道，开始寻找接受教育的机会。这些年盛行的夜校教育一方面标志着资产阶级化的倾向，同样也标志着进入干部队伍的倾向。

第二时期：1949—1956年间。这是第一次向社会主义无产阶级化和干部化大规模迈进的年代。在这种压力之下，对于那些已经处于资产阶级化进程的人来说，加入集体农庄、甚至当官都是合情理的想法。因此我们预计在成为集体农庄的劳作者、负责人，或者开始夜校学习以及在80年代的家庭农业生产之间存在正向的关联。

第三时期：1957—1959年。在1956年的暴动发生之后，卡达尔政权采取了双重策略：一方面它非常残忍地压迫城市无产者和那些持有异议的知识分子。[1] 但在农村社会中，这一政权却对农民给予了适度自由。尽管大多数人都知道对私营农场的自由主义政策不会持续太久，但直到1959年早期，政权才开始对集体化施以少许压力。在这种情形之下，加入集体农庄、当领导、放弃自我经营或者参加夜校学习，都预示了向无产阶级化和干部化双重压力的妥协。

第四时期：1960—1968年。这一时期政权开始了第二波集体化的浪潮。正如我们在民族志记录中发现的一样，这一时期对集体化过程的抵抗丝毫没有意义。处于资产阶级化过程中的人们加入了集体农庄，至少在一段时期内当了领导。为了把这一职位作为日后发展的轨道，他们也有可能乐于参与夜校学习。

第五时期：1968年以后。在这些年中，第二经济逐渐开放。资产阶级化日益成为无产阶级化和干部的替代选择。那些不愿成为干部的人找到了向上社会流动的替代性路径。他们不再需要当官或者参与夜校学习。因此我们可以预测，在这一时期既参与夜校学习同时也当官的经历对于80年代家庭企业化会产生负面影响。

---

[1] 在这个时期，这一政权处决了一千人，其中大部分是工人。匈牙利政权在1956年之后对于死刑犯的数目一直保持缄默，但在那些年代被监禁的人声称：1958年春天后的布达佩斯监狱中，在至少十八个月内每周都会执行数起死刑。比如，我们采访了伊斯特万·厄尔斯（Istvan Eörsi），他所在监狱有死刑执行。在那个年代，他在俞特佛嘎兹（Gyüjtöfogház）监狱中服刑，他说每周大概发生三起死刑，每次大概处决四个人。厄尔斯和其他人说到每当死刑发生的时候，被判死刑的人都叫喊自己的名字，仿佛他们自己也被绑到脚手架上一样。因此，处决一千人的数目只是一种适中的估计，那些在1956年12月战争法公布时被杀害的人可能没有包含于其中。

二 变量的均值与标准差

变量标签	均值	标准差
		个案数 = 7754

因变量①

FAP	1949.263	2239.885
FAPS	12981.312	23738.622
FAPC	6809.203	5167.104
LogFAP	6.584	2.326
LogFAPS	7.483	3.295
LogFAPC	7.782	2.768

自变量

AGE	52.650	15.783
AGESQUARE	3021.106	1699.947
ACTIVNO	1.339	1.074
HOMEDUTY	.135	.360
RETIRNO	.670	.720
CHILD	.783	1.044
ONECOUPLE	.713	.452
MORECOUPLE	.063	.243
AGRAR	.273	.445

---

① 这些是没有加权的数据。任何时候我们提到收入的均值时，展示的都是经过加权的数据。利用随机抽样的办法，中央统计部门（CSO）在1982—1983年间进行了收入、社会流动和个人生活史的调查，根据每个社区规模的不同，每个社区中抽取的个案不尽相同。在对全体人口进行估值时，对于来自不同社区的个体，中央统计部门给予了不同的权重。在分析的过程中，我们根据这些资料计算得出的描述性统计结果，都是经过加权之后的数值。相反，样本选择模型和这个表中的数值是未经加权的数字。在这个表中，以福林为单位，FAP值按照每月收入进行统计，而FAPS和FAPC值则按照每年收入进行统计。

OFARM44	.176	.381
REFORM	.203	.402
BOSYEAR	1.148	4.753
COPYEARS	4.836	7.977
SELFYEARS	2.311	6.643
EVENING	.108	.311
FIFTHYEAR	.151	.358
PFARM44	.129	.336
REFORMPW	.160	.366
MANORIAL	.120	.325
NONAGR38	.278	.448
BOSHIS45	.002	.047
BOSHIS50	.016	.124
BOSHIS57	.007	.085
BOSHIS60	.019	.136
COPHIS50	.046	.210
COPHIS57	.054	.227
COPHIS60	.156	.363
SELFHIS50	.037	.190
SELFHIS57	.032	.176
SELFHIS60	.062	.242
EVNHIS57	.006	.074
RETURN60	.065	.242
RETURN70	.147	.352
INDAGR70	.052	.223

参考文献

Andorka, Rudolf. 1979. *A Magyar Községek Társadalmának Átalakulása* [Transformation of Hungarian rural society]. Budapest: Magvető Kiadó.
Andorka, Rudolf. 1982. *A Társadalmi Mobilitás Változásai Magyarországon* [Social mobility in Hungary]. Budapest: Gondolat Kiadó.
Andorka, Rudolf, and Harcsa, István. 1982. A községi népesség társadalomstatisztikai leírása [A statistical description of the rural population]. *In* Vágvölgyi, A., ed., *A Falu a Mai Magyar Társadalomban* [The village in contemporary Hungarian society]. Budapest: Akadémiai Kiadó. Pp. 179–236.
Andorka, Rudolf, and Kolosi, Tamás, eds. 1984. *Stratification and Inequality*. Budapest: Institute for Social Sciences.
Bauer, Tamás. 1978. Investment cycles in planned economies. *Acta Oeconomica*, 21(3): 243–260.
Bauer, Tamás. 1981. *Tervgazdaság, Beruházás, Ciklusok* [Planned economy, investments, and cycles]. Budapest: Közgazdasági és Jogi Könyvkiadó.
Bell, D. Peter. 1984. *Peasants in Socialist Transition: Life in a Collectivized Hungarian Village*. Berkeley: University of California Press.
Bennholdt-Thomsen, Veronika. 1982. *Bauern in Mexico: Zwischen Subsistenz- und Warenproduktion*. Frankfurt: Campus Verlag.
Berend, T. Iván, and Ránki, György. 1972. *A Magyar Gazdaság Száz Éve* [One hundred years of the Hungarian economy]. Budapest: Kossuth Könyvkiadó.
Bettelheim, Charles. 1976. *Economic Calculations and the Forms of Property*. London: Routledge and Kegan Paul.
Bibó, István. 1940. Erdei Ferenc munkássága a magyar parasztság válságának irodalmában [Ferenc Erdei and the literature on the crisis of the Hungarian peasantry]. *In* Kemény, István, ed., *Bibó István Összegyüjtött Munkái* [Collected works of István Bibó]. Bern: Europai Protestáns Magyar Szabadegyetem, 1982. Vol. 2, pp. 327–337.
Bibó, István. 1945. A magyar demokrácia válsága [The crisis of Hungarian democracy]. *In* Kemény, István, ed., *Bibó István Összegyüjtött Munkái* [Collected works of István Bibó]. Bern: Europai Protestáns Magyar Szabadegyetem, 1981. Vol. 1, pp. 39–80.

Bibó, István. 1946a. A kelet-europai kisállamok nyomorúsága [The misery of the small East European countries]. *In* Kemény, István, ed., *Bibó István Összegyüjtött Munkái* [Collected works of István Bibó]. Bern: Europai Protestáns Magyar Szabadegyetem, 1981. Vol. 1, pp. 202–251.

Bibó, István. 1946b. A magyar társadalomfejlődés és az 1945. évi változás értelme [Hungarian social evolution and the meaning of the change in 1945]. *In* Kemény, István, ed., *Bibó István Összegyüjtött Munkái* [Collected works of István Bibó]. Bern: Europai Protestáns Magyar Szabadegyetem, 1982. Vol. 2, pp. 351–362.

Bibó, István. 1947. A Nemzeti Parasztpárt jellemzése [Characterization of the National Peasant Party]. *In* Kemény, István, ed., *Bibó István Összegyüjtött Munkái* [Collected works of István Bibó]. Bern: Europai Protestáns Magyar Szabadegyetem, 1983. Vol. 3, pp. 795–821.

Bibó, István. 1948. Eltorzult magyar alkat, zsákutcás magyar történelem [The distorted Hungarian character and the dead-end streets of Hungarian history]. *In* Kemény, István, ed., *Bibó István Összegyüjtött Munkái* [Collected works of István Bibó]. Bern: Europai Protestáns Magyar Szabadegyetem, 1981. Vol. 1, pp. 255–286.

Bibó, István. 1971–72. Az europai társadalomfejlődés értelme [The meaning of European social evolution]. *In* Kemény, István, ed., *Bibó István Összegyüjtött Munkái* [Collected works of István Bibó]. Bern: Europai Protestáns Magyar Szabadegyetem, 1982. Vol. 2, pp. 560–635.

Biró, Ferenc, Sós, Gábor, Szalai, Béla, and Szlamenczky, István. 1980. *Merre Tart a Magyar Mezőgazdaság?* [Recent trends in Hungarian agriculture?]. Budapest: Kossuth Kiadó.

Böhm, Antal, and Pál, László. 1985. *Társadalmunk Ingázoi—Az Ingázok Társadalma* [Commuters in our society and the society of commuters]. Budapest: Kossuth Kiadó.

Boros, Anna. 1982. Második gazdaság—rétegződés [Second economy and stratification]. *In* Kolosi, Tamás, ed., *Elméletek és Hipotézisek* [Theories and hypotheses]. Budapest: Társadalomtudományi Intézet.

Bourdieu, Pierre. 1979. *Outline of a Theory of Practice*. Cambridge: Cambridge University Press.

Braverman, Harry. 1974. *Labor and Monopoly Capital: The Degradation of Work in the Twentieth Century*. New York: Monthly Review Press.

Brenner, Robert, 1976. Agrarian class structure and economic development in pre-industrial Europe. *Past and Present*, No. 70: 30–75.

Brown, D. L., and Beale, C. L. 1981. Diversity in post-1970 population trends. *In* Hawley, A. H. and Mazie, S. M., eds., *Nonmetropolitan America in Transition*. Chapel Hill: University of North Carolina Press. Pp. 27–71.

Burawoy, Michael. 1979. *Manufacturing Consent*. Chicago: University of Chicago Press.

Burawoy, Michael. 1985a. Piece rates, Hungarian style. *Socialist Review*, 79: 42–69.

Burawoy, Michael. 1985b. *The Politics of Production*. London: New Left Books.

Burawoy, Michael, and Lukács, János. 1986. Mythologies of work: a comparison of firms in state socialism and advanced capitalism. *American Sociological Review*, 50(6): 723–737.

Buttel, Fred. 1980. Whither the family farm? Toward a sociological perspective on independent commodity production in U.S. agriculture. *Cornell Journal of Social Relations*, 15(1): 10–37.

Buttel, Fred, and Newby, Howard. 1980. *The Rural Sociology of the Advanced Societies*. Montclair, N.J.: Allanheld, Osum.

Cavazinni, A. 1979. *Part-time Farming in the Advanced Industrial Societies: Role and Characteristics in the United States*. New York State College of Agricultural and Life Sciences, Cornell University Agricultural Experiment Station, Department of Rural Sociology, Rural Sociology Bulletin No. 106.

Central Statistical Office, Hungary, 1982. *A Mezőgazdasági Kistermelés* [Family agricultural production]. Budapest: Központi Statisztikai Hivatal.

Central Statistical Office, Hungary, 1984 (Vol. 1), 1985 (Vol. 2). *Idöfelhasználás a Mezőgazdasagi Kistermelésben* [Uses of time in family agricultural production]. Budapest: Központi Statisztikai Hivatal.

Cliff, Tony. 1979. *State Capitalism in Russia*. London: Pluto Press.

Coughenour, C. Milton and Wimberley, Ronald C. 1982. Small and part-time farmers. *In* Dillman, Don A., and Hobbs, Daryl J., eds, *Rural Society in the U.S.: Issues for the 1980's*. Boulder, Colorado: Westview Press. Pp. 347–356.

Csizmadia, Ernö. 1977. *Socialist Agriculture in Hungary*. Budapest: Akadémiai Kiadó.

Davis, K. and Golden, H. Hertz. 1954–55. Urbanization and the development of pre-industrial areas. *Economic Development and Cultural Change*, 3: 6–26.

Deppe, Rainer. 1984. Ungarns "Zweite" Wirtschaft—Das ungeliebte Kind der bürokratischen Planwirtschaft. *Osteuropawirtschaft*, No. 4: 285–305.

Dillman, Don A., and Hobbs, Daryl J. 1982. *Rural Society in the U.S.: Issues for the 1980s*. Boulder, Colorado: Westview Press.

Djilas, Milovan. 1966. *The New Class*. London: Unwin.

Donáth, Ferenc. 1969. *Demokratikus Földreform Magyarországon, 1945–47* [Democratic land reform in Hungary, 1945–47]. Budapest: Közgazdasági és Jogi Könyvkiadó.

Donáth, Ferenc. 1977. *Reform és Forradalom. A Magyar Mezőgazdaság Strukturális Átalakulása 1945–1975* [Reform and revolution. Structural changes in Hungarian agriculture, 1945–1975]. Budapest: Akadémiai Kiadó.

Donáth, Ferenc. 1982–83. Tulajdon és hatékonyság [Property and efficiency]. *Medvetánc*, No. 1: 161–190.

Dorner, Peter. 1976. *Economic and Social Change of Wisconsin Family Farms*. University of Wisconsin–Madison, The Research Division of the College of Agricultural and Life Sciences, Research Bulletin R3105.

Duchêne, G. 1981. La seconde économie. *In* Lavigne, M., ed., *Travail et Monnaie en Système Socialiste*. Paris: Economica.

Dupay, A., and Truchil, B. 1979. Problems in the theory of state capitalism. *Theory and Society*, 8(1): 1–38.

Eckart, Karl. 1983. Die Bedeutung der privaten Anbauflächen für die Versorgung der Bevölkerung in der DDR. *Deutschland Archiv*, No. 4: 415–420.

Enyedi, György, ed. 1976. *Rural Transformation in Hungary*. Budapest: Akadémiai Kiadó.
Enyedi, György. 1980. *Falvaink Sorsa* [The fate of our villages]. Budapest: Magvető.
Enyedi, György. 1983. *Földrajz és Társadalom* [Geography and society]. Budapest: Magvető.
Enyedi, György. 1984. *Az Urbanizácios Ciklus és a Magyar Településhálozat Átalakulása* [The cycle of urbanization and the changes of the Hungarian regional system]. Budapest: Akadémiai Kiadó.
Erdei, Ferenc. 1937. *Futóhomok* [Drifting sand]. 1977 ed. Budapest: Akadémiai Kiadó.
Erdei, Ferenc. 1939. *Magyar Város* [The Hungarian city]. 1974 ed. Budapest: Akadémiai Kiadó.
Erdei, Ferenc. 1938. *Parasztok* [Peasants]. 1973 ed. Budapest: Akadémiai Kiadó.
Erdei, Ferenc. 1940. *Magyar Falu* [The Hungarian village]. 1974 ed. Budapest: Akadémiai Kiadó.
Erdei, Ferenc. 1942. A magyar paraszttársadalom [The Hungarian peasantry]. *In* Kulcsár, Kálman, ed., *Erdei Ferenc a Magyar Társadalomrol* [Ferenc Erdei on Hungarian society]. Budapest: Akadémiai Kiadó, 1980. Pp. 188–209.
Erdei, Ferenc. 1943. A magyar társadalom [Hungarian society]. *In* Pintér, István, et al., eds., *Szárszó 1943*. Budapest: Kossuth Könyvkiadó. A lecture given at the Szárszó conference.
Erdei, Ferenc. 1976. A magyar társadalom a két világháború között [Hungarian society during the interwar years]. *In* Kulcsár, Kálman, ed., *Erdei Ferenc a Magyar Társadalomról* [Ferenc Erdei on Hungarian society]. Budapest: Akadémiai Kiadó, 1980.
Fazekas, Béla, Kovács, Imre, Molnár, István, et al. 1985. *Mezőgazdasági Szövetkezetek Magyarországon* [Agricultural cooperatives in Hungary]. Budapest: Termelőszövetkezetek Országos Tanácsa.
Featherman, David L., and Hauser, Robert M. 1978. *Opportunity and Change*. New York: Academic Press.
Fehér, Ferenc, Heller, Agnes, and Márkus, George. 1983. *Dictatorship over Needs*. London: Blackwell.
Fekete, Ferenc, and Sebestyén, Katalin. 1978. Organization and recent development in Hungarian agriculture. *Acta Oeconomica*, 21(1–2): 91–105.
Fél, E., and Hofer, T. *Proper Peasants*. New York: Viking Fund Press.
Ferge, Zsuzsa. 1979. *A Society in the Making*. White Plains, N.Y.: Sharpe.
Ferman, L. A., and Berndt, L. 1981. The irregular economy. *In* Henry, S., ed., *Informal Institutions*. New York: St. Martin's Press. Pp. 26–42.
Foster, John. 1974. *Class Struggle and the Industrial Revolution*. London: Weidenfeld and Nicolson.
Foster-Carter, Aidan. 1978. The modes of production controversy. *New Left Review*, No. 107: 47–77.
Franklin, S. H. 1969. *The European Peasantry: The Final Phase*. London: Methuen.

Friedmann, H. 1981. The family farm in advanced capitalism—outline of a theory of simple commodity production in agriculture. Paper prepared for the thematic panel "Rethinking Domestic Agriculture." American Sociological Association, Toronto, August 1981.

Gábor, I. R. 1979a. Második gazdaság és háztáji gasdálkodás [Second economy and production on household plots]. *Valóság*, No. 7: 101–103.

Gábor, I. R. 1979b. The second (secondary) economy. *Acta Oeconomica*, 22(3–4): 291–311.

Gábor. I. R., and Galasi, Péter. 1979. A második gazdaság módositó szerepe és a társadalmi struktura [The modifying effects of the second economy and social structure]. *In* Kolosi, Tamás, ed., *Társadalmi Strukturánk Fejlődése* [The evolution of social structure in Hungary]. Budapest: Társadalomtudományi Intézet.

Gaertner, Wulf, and Wenig, Alois. 1985. *The Economics of the Shadow Economy*. Berlin: Springer Verlag.

Galasi, Péter, and Gábor, I. R. 1981. *A "Második" Gazdaság* [The "second" economy]. Budapest: Közgazdasági és Jogi Könyvkiadó.

Galasi, Péter, and Sziráczki, György, eds. 1985. *Labor Market and Second Economy in Hungary*. Frankfurt: Campus Verlag.

Gershuny, J. I. 1978. *After Industrial Society*. London: Macmillan.

Gershuny, J. I., and Pahl, R.E. 1981. The future of the informal economy. *In* Henry, S., ed., *Informal Institutions*, New York: St. Martin's Press. Pp. 73–88.

Gilbert, Alan, and Gugler, Josef. 1982. *Cities, Poverty, and Development*. Oxford: Oxford University Press.

Gjerde, Jon. 1985. *From Peasants to Farmers*. Cambridge: Cambridge University Press.

Golachowski, S. 1967. Semi-urbanization? *Polish Perspectives*, 10(4): 22–30.

Gouldner, Alvin. 1979. *The Future of the Intellectuals and the Rise of the New Class*. Oxford: Oxford University Press.

Grossmann, G. 1977. The "second economy" of the USSR. *Problems of Communism*, No. 5: 25–40.

Gugler, Josef. 1982. Overurbanization reconsidered. *Economic Development and Cultural Change*, 31: 173–189.

Gunszt, Péter. 1974. Kelet-europa gazdasági-társadalmi fejlődésének néhány kérdése [Socioeconomic development in Eastern Europe]. *Valóság*, No. 3: 16–31.

Gyenes, Antal. 1968. Munkások és parasztok a mezőgazdasági termelőszövetkezetekben [Workers and peasants in agricultural cooperatives]. *Valóság*, No. 4: 26–36.

Hanák, Katalin. 1982. A falusi lakosság nemzedékek közötti mobilitásának néhány vonása [Rural intergenerational mobility]. *In* Vágvölgyi, A., ed., *A Falu a Mai Magyar Társadalomban* [The village in contemporary Hungarian society]. Budapest: Akadémai Kiadó. Pp. 237–288.

Hann, Chris M. 1983. Progress toward collectivized agriculture in Tázlár 1949–78. *In* Hollós, Marida, and Maday, Béla C., eds., *New Hungarian Peasants*. New York: Social Science Monographs—Brooklyn College Press. Pp. 69–92.

Haraszti, Miklós. 1977. *Workers in a Worker's State*. London: Penguin Books.
Hare, P. G., Radice, H. K., and Swain, N. 1981. *Hungary—A Decade of Economic Reform*. London: Allen and Unwin.
Haren, E. B., and Holling, R. W. 1979. Industrial development in nonmetro America. *In* Lonsdale, R. E., and Seyler, H. L., eds., *Non-Metropolitan Industrialization*. Washington D. C.: V. H. Winston and Sons. Pp. 13–45.
Harper, E. B., Fliegel, F. C., and van Es, J. C. 1980. Growing number of small farms. *Rural Sociology* 45(4): 608–620.
Hauser, Robert M. 1980. On "Stratification in a Dual Economy." Madison, Wis.: University of Wisconsin–Madison, Institute for Research on Poverty Discussion Papers, DP #592–79.
Hawley, A. H., and Mazie, S. M., eds. 1981. *Nonmetropolitan America in Transition*. Chapel Hill: University of North Carolina Press.
Heaton, T., and Fuguitt, G. 1979. Nonmetropolitan industrial growth and net migration. *In* Lonsdale, R. E., and Seyler, H. L., eds., *Non-Metropolitan Industrialization*. Washington, D. C.: V. H. Winston and Sons. Pp. 119–136.
Hegedűs, András. 1970. *Változó Világ* [The changing rural world in Hungary]. Budapest: Akadémiai Kiadó.
Henry, S., 1982. The working unemployed—perspectives on the informal economy and unemployment. *Sociological Review*, 30(3): 460–477.
Henry, S. ed. 1981. *Informal Institutions*. New York: St. Martin's Press.
Héthy, Lajos, and Makó, Csaba. 1972. *Munkásmagatartások és a gazdasági szervezet* [Workers' behavior and economic organization]. Budapest: Akadémiai Kiadó.
Hollós, Marida, and Maday, Béla C., eds. 1983. *New Hungarian Peasants: An East Central European Experience with Collectivization*. New York: Social Science Monographs—Brooklyn College Press.
Hoppál, Mihály. 1983. Proxemics, private and public—community and communication in a Hungarian village. *In* Hollós, Marida, and Maday, Béla C., eds., *New Hungarian Peasants*. New York: Social Science Monographs—Brooklyn College Press. Pp. 245–271.
Horkheimer, Max. 1972. Traditional and critical theory. *Critical Theory*. New York: Herder and Herder. Pp. 188–243.
Huszár, István. 1985. A társadalom szerkezetének átalakulásáról [Changes in social structure]. *Valóság*, 28(2): 1–7.
Jávor, Kata. 1983. Continuity and change in the social and value systems of a northern Hungarian village. *In* Hollós, Marida, and Maday, Béla C., eds., *New Hungarian Peasants*. New York: Social Science Monographs—Brooklyn College Press. Pp. 273–300.
Jerome, W., and Buick, A. 1967. Soviet state capitalism? The history of an idea. *Survey*, January: 58–71.
Juhász, János. 1980. *A Háztáji Gazdálkodás Mezőgazdaságunkban* [Domestic husbandry in our agriculture]. Budapest: Akadémiai Kiadó.
Juhász, Pál. 1973. A mezőgazdaság fejlődésében megjelenő tehetetlenségről [Continuities in the development of agriculture]. Budapest: Szövetkezeti Kutató Intézet. Közlemények [Working papers], No. 93.

Juhász, Pál. 1975. A mezőgazdasági szövetkezetek dolgozóinak rétegződése munkahelycsoportok, származás és életút szerint [Stratification of workers of farming cooperatives according to types of work performed, social origins and life histories]. Budapest: Szövetkezeti Kutató Intézet. Evkönyv [Yearbook], pp. 241–278.

Juhász, Pál. 1976. Adalékok a háztáji és a kisegitő gazdaság elméletéhez [Contributions to the theory of family minifundia]. Budapest: Szövetkezeti Kutató Intézet. Manuscript. A version of this paper was published in 1982 as "Agrárpiac, kisüzem, nagyüzem" [Agrarian market, small enterprise, large enterprise]. *Medvetánc*, No. 1: 117–139.

Juhász, Pál. 1977. Miért nincsenek komplex brigádok? [Are the complex brigades irrelevant?]. Budapest: Szövetkezeti Kutató Intézet. Evkönyv [Yearbook].

Juhász, Pál. 1979. Lecture on the breakdown of the integrative function of the agricultural cooperatives. Conference paper. Published in conference proceedings, *30 Eves a Mezőgazdasági Szövetkezet* [30 Years of the agricultural Cooperatives]. Szolnok: Történettudományi Társaság Kiadása.

Juhász, Pál. 1983a. Az agrárértelmiség szerepe és a mezőgazdasági szövetkezetek [The role of agricultural professionals in agricultural producers' cooperatives]. *Medvetánc*, No. 1: 191–213.

Juhász, Pál. 1983b. Medve Alfonz parasztpolgár és a magyar gazdasági csoda [Alfonz Medve, peasant-burgher, and the Hungarian economic miracle]. *Ne Sápadj* [Do not worry]. Budapest: Objektiv Filmstudio.

Juhász, Pál. 1984. The transformation of management, work organization and worker endeavors in Hungarian cooperative farms. Budapest: Cooperative Research Institute. (Manuscript.) Hungarian version was published in *Gazdaság, Társadalom, Értékrend: Előadások a MTA 1984 Tavaszi Tudományos Ulésszakán* [Economy, society, and value system: Lectures at the 1984 Spring Annual Meetings of the Hungarian Academy of Sciences]. Budapest: Magyar Tudományos Akadémia 2. Osztálya.

Juhász, Pál. 1985. A visszatorlódásról. Változások a falusi fiatalság életében [On the demographic turnaround. Changes in the life of rural youth]. *Kritika*, No. 2.

Juhász, Pál, and Magyar, Bálint. 1983. Néhány megjegyzés a lengyel és a magyar mezőgazdasagi kistermelő helyzetéről a hetvenes években [Some remarks on the position of Polish and Hungarian agricultural small-scale producers in the seventies]. Paper presented at the 12th Conference of the European Society for Rural Sociology. Published in Hungarian in *Medvetánc*, 1984, No. 2–3: 181–208.

Kada, R. 1980. *Part-time Family Farming*. Tokyo: Center for Academic Publications.

Kemény, István. 1972. A magyar munkásosztály rétegződése [Social stratification of the Hungarian working class]. *Szociológia*, 1(1): 36–48.

Kemény, István. 1982. The unregistered economy in Hungary. *Soviet Studies*, 34(3): 349–366.

Kerék, Mihály. 1939. *A Magyar Földkérdés* [The Hungarian land question]. Budapest: Egyetemi Nyomda.

Kolankiewicz, George. 1980. The new "awkward class"—the peasant-worker in Poland. *Sociologia Ruralis*, 20(1–2): 28–43.
Kolankiewicz, George. 1985. The peasant-worker in Poland—perspectives, prospects and prognosis. Paper presented at the III World Congress for Soviet and East European Studies, Washington, D.C., October 30–November 3, 1985.
Köllő, J. 1981. Taktikázás és alkudozás az ipari üzemben [Bargaining in industrial enterprises]. *Közgazdasági Szemle*, No. 7–8: 853–866.
Kolosi, Tamás. 1982a. A strukturális viszonyok körvonalai [On social structure]. *Valóság*, No. 11: 1–17.
Kolosi, Tamás. 1982b. Struktura, rétegzödés, metodologia [Structure, stratification, methodology]. In Kolosi, Tamás, ed., *Elméletek és Hipotézisek* [Theories and hypotheses]. Budapest: Társadalomtudományi Kutató Intézet.
Kolosi, Tamás. 1983. *Struktura és Egyenlötlenség.* [Structure and inequality]. Budapest: Kossuth Kiadó.
Konrád, George, and Szelényi, Iván. 1971. A késleltett városfejlődés társadalmi konfliktusai. *Valóság*. Eng. translation: Social conflicts of under-urbanization. In Harloe, Michael, ed., *The Captive City*. New York: John Wiley and Son. Pp. 157–174.
Konrád, George, and Szelényi, Iván. 1979. *The Intellectuals on the Road to Class Power*. New York: Harcourt, Brace, Jovanovich.
Kornai, János. 1980. *Economics of Shortage*. Amsterdam: North Holland.
Kornai, János. 1983. Bürokratikus és piaci koordináció [Bureaucratic and market coordination]. *Közgazdasági Szemle*, No. 9: 1025–1037.
Kovách, Imre, and Kuczi, Tibor. 1982. A gazdálkodási előnyök átváltási lehetőségei társadalmunkban [Cashing in the social benefits of agricultural entrepreneurial advantages in our society]. *Valóság*, No. 6: 45–55.
Kovách, Imre, and Kuczi, Tibor. 1983. Kisárutermelők gazdaságtörténetének kohorszonkénti elemzése [A cohort analysis of the history of small agricultural producers]. *Szociológia*, No. 3: 273–288.
Kovách, Imre, and Kuczi, Tibor. 1984. Agricultural small market producers. In Andorka, Rudolf, and Kolosi, Tamás, eds., *Stratification and Inequality*. Budapest: Institute of Social Sciences. Pp. 267–286.
Kovács, Imre, 1936. *A Néma Forradalom* [The Silent Revolution]. Budapest: Cserépfalvi.
Kövari, G., and Sziráczki, G. 1985. Old and new forms of wage bargaining on the shop floor. In Galasi, Péter, and Sziráczki, György, eds., *Labor Market and Second Economy in Hungary*. Frankfurt: Campus Verlag. Pp. 264–292.
Kulcsár, Kálmán. 1982. A magyar falu és a magyar parasztság [The Hungarian village and Hungarian peasants]. In Vágvölgyi, A., ed., *A Falu a Magyar Társadalomban* [The village in contemporary Hungarian society]. Budapest: Akadémiai Kiadó.
Kulcsár, László, and Szijjártó, András. 1980. *Iparosodás és Társadalmi Változások a Mezőgazdaságban* [Industrialization and social change in agriculture]. Budapest: Közgazdasági és Jogi Kiadó.

Kulcsár, Viktor, ed., 1976. *A Változó Falu* [The changing rural community]. Budapest: Gondolat Kiadó.
Lázár, István. 1976. The collective farm and the private plot. *New Hungarian Quarterly*, 17(63): 61–67.
Lenin, V. I. 1907. The agrarian programme of social-democracy in the first Russian Revolution 1905–1907. *Lenin Collected Works*. Moscow: Foreign Language Publishing House, 1961. Vol. 13, pp. 238–242.
Lenin, V. I. 1919. Economics and politics of the era of the dictatorship of the proletariat. *Lenin Collected Works*. Moscow: Progress Publishers. Vol. 3, pp. 288–297.
Long, Norman, and Roberts, Bryan. 1984. *Miners, Peasants and Entrepreneurs*. Cambridge: Cambridge University Press.
Lonsdale, R. E., and Seyler, H. L., eds. 1979. *Non-Metropolitan Industrialization*. Washington D.C.: V. H. Winston and Sons.
Losonczi, Ágnes. 1977. *Az Életmód and Időben, a Tárgyakban és az Értékekben* [Ways of life, time, objects, and values]. Budapest: Gondolat Kiadó.
Lukács, György. 1945. A demokrácia válsága, vagy jobboldali kritikája? [The crisis of democracy or its right-wing critique?]. *In* Kemény, István, ed., *Bibó István Összegyűjtött Munkái* [Collected works of István Bibó]. Bern: Europai Protestáns Magyar Szabadegyetem, 1981. Vol. 1, pp. 289–303.
Makó, Csaba. 1985. *Munkafolyamat: A Társadalmi Viszonyok Erőtere* [The labor process: an arena of social struggle]. Budapest: Közgazdasági és Jogi Könyvkiadó.
Mallet, Serge. 1975. *Essays on the New Working Class*. St. Louis: Telos Press.
Manchin, Robert, and Szelényi, Iván. 1985. Eastern Europe in the crisis of transition. *In* Misztal, B., ed., *Social Movements versus the State: Beyond Solidarity*. New Brunswick, N.J.: Transaction Books. Pp. 87–102.
Manchin, Robert, and Szelényi, Iván. 1987. Social policy under state socialism. *In* Esping-Anderson, G., Rainwater, L., and Rein, M., eds., *Stagnation and Renewal in Social Policy*. White Plains, N.Y.: Sharpe.
Mannheim, Karl. 1925. The problem of sociology of knowledge. *In* Wolff, Kurt, ed., *From Karl Mannheim*. New York: Oxford University Press, 1971. Pp. 59–115.
Márkus, István. 1972. *Kifelé a Feudalizmusból* [Moving out of feudalism]. Budapest: Szépirodalmi Könyvkiadó.
Márkus, István. 1973. Az utóparasztság arcképéhez [On the post-peasantry]. *Szociológia*, 2(1): 56–67.
Márkus, István. 1979. *Nagykőrös* [Ethnography of the city of Nagykőrös]. Budapest: Szépirodalmi Könyvkiadó.
Márkus, István. 1980. Az ismeretlen főszereplő—a szegényparasztság [The unrecognized driving force of history—the poor peasants]. *Valóság*, 23(4): 13–39.
Martin, Bill, and Szelényi, Iván. 1987. Theories of cultural capital and beyond. *In* Eyerman, Ron, and Sodequist, Thomas, eds., *Intellectuals, Universities, and the State*. Berkeley: University of California Press.
Marx, Karl. 1847. *The Poverty of Philosophy*. Moscow: Progress Publishers, 1973.

Marx, Karl. 1867. *Capital*. Moscow: Progress Publishers, 1977. Vol. 1.
Menchik, M. D. 1981. The service sector. *In* Hawley, A. H., and Mazie, S. M., eds., *Nonmetropolitan America in Transition*. Chapel Hill: University of North Carolina Press.
Mendras, Henri. 1967. *Le Fin des Paysans*. Paris: Librairie Armand Colin.
Miller, J. P. 1980. *Nonmetro Job Growth and Locational Change in Manufacturing Firms*. U. S. Department of Agriculture, Economic Development Division, Economics, Statistics and Cooperative Services, Rural Development Research Report No. 24.
Miller, S. M. 1964. The working class subculture. *In* Shostak, A. B., and Gomberg, W., eds., *Blue Collar World*. Englewood Cliffs, N.J.: Prentice Hall.
Moore, K. 1983. The household labor allocation of farm-based families in Wisconsin. The University of Wisconsin–Madison, Ph.D. dissertation.
Münch, Anne, and Nau, Hans. 1983. Zur Stellung, Bedeutung, und Organisation der individuellen Tierproduction unter sozialistischen Produktionsverhaltnissen. *Wirtschaftswissenschaft*, No. 5: 667–678.
Munslow, B., and Finch, H., eds. 1984. *Proletarianization in the Third World*. London: Croom Helm.
Murray, Pearse, and Szelényi, Iván. 1984. The city in the transition to socialism. *International Journal of Urban and Regional Research*, 8(1): 90–107.
Németh, László. 1943. Előadása [Lecture]. *In* Pintér, István, et al., eds., *Szárszó 1943*. Budapest: Kossuth Könyvkiadó. A lecture given at the Szárszó conference.
OECD. 1977. *Part-time Farming: Germany, Japan, Norway, United States*. Paris: OECD, Agricultural Policy Reports.
Orbán, Sándor. 1972. *Két Agrárforradalom Magyarországon* [Two agrarian revolutions in Hungary]. Budapest: Akadémiai Kiadó.
Oros, Iván. 1983. A mezőgazdasági kistermelés [Agricultural small producers]. *Statisztikai Szemle*, No. 12: 1216–1237.
Oros, Iván. 1984. Small scale agricultural production in Hungary. *Acta Oeconomica*, 32 (1–2): 65–90.
Őrszigeti, Erzsébet. 1985. *Asszonyok Férfisorban* [Women in male roles]. Budapest: Magvető Kiadó.
Ossowski, Stanislaw. 1963. *Class Structure in the Social Consciousness*. London: Routledge and Kegan Paul.
Pach, Zsigmond Pál. 1963. *Nyugat-europai és Magyarországi Agrárfejlődés a XV–XVII. században* [Agrarian development in Western Europe and in Hungary during the 16th–17th centuries]. Budapest: Akadémiai Kiadó.
Pahl, R. E. 1980. Employment, work and the domestic division of labor. *International Journal of Urban and Regional Research*, 4(1): 1–18.
Pahl, R. E. 1984. *Divisions of Labour*. Oxford: Basil Blackwell.
Pahl, R. E. 1986. Social polarization and the economic crisis. Paper presented at seminar organized by the Hungarian Academy of Sciences, ELTE University, and the Research Committee on the Sociology of Urban and Rural Development, Budapest, 25–28 March, 1986.
Pahl, R. E., and Gershuny, J. I. 1979. Work outside employment—some

preliminary speculations. *New Universities Quarterly*, 34(1): 120–135.
Pahl, R. E., and Gershuny, J. I. 1980. Britain in the decade of the three economies. *New Society*, January 3, pp. 7–9.
Poulantzas, Nicos. 1973. *Political Power and Social Classes*. London: New Left Books.
Przeworski, Adam. 1986. *Capitalism and Social Democracy*. Cambridge: Cambridge University Press.
Radnóti, H. 1979. Háztáji gazdálkodás és a második gazdaság [Production on household plots and the second economy]. *Valóság*, No. 4: 92–94.
Richta, Radovan. 1969. *Civilization at the Crossroads*. White Plains, N.Y.: Sharpe.
Roseman, C. C., ed. 1981. *Population Redistribution in the Midwest*. Ames, Iowa: North Central Regional Center for Rural Development.
Rupp, Kálmán. 1983. *Entrepreneurs in Red: Structure and Organizational Innovation in the Centrally Planned Economy*. Albany: State University of New York Press.
Sabel, C. F., and Stark, David. 1982. Planning, politics, and shop-floor power: hidden forms of bargaining in state-socialist societies. *Politics and Society*, 11(4): 439–475.
Sárkány, Mihály. 1983. Economic changes in a northern Hungarian village. *In* Hollós, Marida, and Maday, Béla C., eds., *New Hungarian Peasants*. New York: Social Science Monographs—Brooklyn College Press. Pp. 25–56.
Schinke, E. 1983. *Der Anteil der Privaten Landwirtschaft und der Agrarproduktion in den RGW Landern*. Berlin: Duncker und Humblot.
Schmeljow, G., and Steksow, J. 1983. Die individuelle Nebenwirtschaft im Agrar-Industrie-Komplex. *Sowjetwissenschaft*, No. 6: 752–757.
Schumpeter, Joseph A. 1943. *Capitalism, Socialism and Democracy*. London: George Allen and Unwin, 1976.
Shmelev, G. 1981. Social production and personal household plots. *Problems of Economics*, No. 6: 840–849.
Simó, Tibor. 1983. *A Tardi Társadalom* [The society of Tard]. Budapest: Kossuth Könyvkiadó.
Sofranko, A. J., and Williams, J. D., eds. 1980. *Rebirth of Rural America*. Ames, Iowa: North Central Regional Center for Rural Development.
Sovani, N. V. 1964. The analysis of "over-urbanization." *Economic Development and Cultural Change*, 13(2): 113–122.
Sozan, Michael. 1983. Domestic husbandry and social stratification. *In* Hollós, Marida, and Maday, Béla C., eds., *New Hungarian Peasants*. New York: Social Science Monographs—Brooklyn College Press. Pp. 123–144.
Stark, David. 1985. The micropolitics of the firm and the macropolitics of reform—new forms of workplace bargaining in Hungarian enterprises. *In* Evans, Peter, Rueschemeyer, Dietrich, and Stephens, Evelyne Huber, eds., *States versus Markets in the World-System*. Beverly Hills: Sage. Pp. 257–273.
Stark, David. 1986. Rethinking internal labor markets—new insights from a comparative perspective. *American Sociological Review*, 51(4): 492–504.
Summers, G. F., Evans, Sharon D., Clemente, F., et al. 1976. *Industrial Invasion of Nonmetropolitan America: A Quarter Century of Experiences*. New York: Praeger.

Swain, Nigel. 1981. The evolution of Hungary's agricultural system. *In* Hare, P. G., Radice, H. K., and Swain, N., eds., *Hungary—A Decade of Economic Reform*. London: George Allen and Unwin.
Swain, Nigel. 1985. *Collective Farms Which Work?* Cambridge: Cambridge University Press.
Szabó, Lászlo. 1968. *Munkaszervezet és Termelékenység a Magyar Parasztságnál a XIX.–XX. században* [Labor organization and productivity in Hungarian agriculture in the 19th and 20th centuries]. Szolnok: A Damjanich János Muzeum Közleményei.
Szelényi, Iván. 1978. Social inequalities in state socialist redistributive economies. *International Journal of Comparative Sociology*, No. 1–2: 63–87.
Szelényi, Iván. 1981. Urban development and regional management in Eastern Europe. *Theory and Society*, No. 1: 169–205.
Szelényi, Iván. 1982. The intelligentsia in the class structure of state socialist societies. *In* Burawoy, M., and Skocpol, T., eds., *Marxist Inquiries—Studies of Labor, Class and States. American Journal of Sociology*, Vol. 88, Supplement. Pp. 287–326.
Szelényi, Iván. 1985. Recent contributions to the political economy of state socialism. *Contemporary Sociology*, No. 3: 284–287.
Szelényi, Iván. 1986–87. The prospects and limits of the East European new class project—auto-critical reflection on *The Intellectuals on the Road to Class Power*. *Politics and Society*, 15(2): 103–144.
Szelényi, Iván, Jenkins, Robert M., and Manchin, Robert. 1983. Part-time farming in contemporary Hungary: A research report. Final Report to National Council for Soviet and East European Research. Madison, Wis.: University of Wisconsin–Madison, Department of Sociology. (Manuscript)
Szücs, Jenő. 1981. Europa három történeti régionjáról [Three historical regions of Europe]. *Történelmi Szemle*, No. 3: 313–359.
Thompson, E. P. 1963. *The Making of the English Working Class*. London: Penguin Books.
Thompson, E. P. 1978. *The Poverty of Theory*. London: Merlin Press.
Thrift, N. J. and Forbes, D. K. 1985. Cities, socialism, and war—Hanoi, Saigon and the Vietnamese experience with urbanization. *Environment and Planning D: Society and Space*, 3: 279–308.
Till, T. E. 1981. Manufacturing industry—trends and impacts. *In* Hawley, A. H., and Mazie, S. M., eds., *Nonmetropolitan America in Transition*. Chapel Hill: University of North Carolina Press. Pp. 194–230.
Tóth, E. 1975. A háztáji és kisegítő gazdaságok szerepe az iparosodo mezőgazdaságban [The role of production on household plots and subsidiary farms in industrializing agriculture]. *Közgazdasági Szemle*, No. 1: 140–147.
Tóth, Tibor. 1981. *Ellentét vagy Kölcsönösség?* [Contradiction or Complementariness?] Budapest: Magvető Kiadó.
UNESCO. 1957. *Urbanization in Asia and the Far East*. Paris: UNESCO.
Unger, Jonathan. 1983. *The Chen Village*. Berkeley: University of California Press.

Vágvölgyi, András. 1976. A mezőgazdaság fejlődésének társadalmi hatásai [Social impacts of the evolution of agriculture]. *In* Kulcsár, V., ed., *A Változó Falu* [The changing rural community]. Budapest: Gondolat Kiadó. Pp. 152–161.

Vágvölgyi, Andras, ed. 1982. *A Falu a Mai Magyar Társadalomban* [The village in contemporary Hungarian society]. Budapest: Akadémiai Kiadó.

Voslensky, Michael. 1984. *Nomenklatura: The Soviet Ruling Class.* Garden City, N.Y.: Doubleday and Co.

Voss, P. R., and Fuguitt, G. 1979. Turnaround migration in the Upper Great Lakes region. Madison, Wis.: University of Wisconsin–Madison, Department of Rural Sociology, Applied Population Laboratory, research report.

Wadekin, K. E. 1973. *The Private Sector in the Soviet Agriculture.* Berkeley: University of California Press.

Wadekin, K. E. 1982. *Agrarian Policies in Communist Europe.* The Hague: Martinus Nijhoff.

Wallerstein, Immanuel. 1984. Cities in socialist theory and capitalist praxis. *International Journal of Urban and Regional Research*, No. 1: 64–72.

Weber, Max. 1921. *Economy and Society*. Berkeley: University of California Press, 1978.

Wesolowski, W. 1979. *Classes, Strata and Power*. London: Routledge and Kegan Paul.

Whyte, Martin K. 1985. Social trends in China—the triumph of inequality? Ann Arbor, Mich.: University of Michigan, Department of Sociology. (Manuscript)

Wilkening, E. A. 1981. Farm husbands and wives in Wisconsin: Work rules, decision-making and satisfactions, 1962 and 1979. Madison, Wis.: University of Wisconsin–Madison, Research Division of the College of Agriculture and Life Sciences, Research Bulletin R3147.

Williams, J. D. 1981. The nonchanging determinants of nonmetropolitan migration. *Rural Sociology*, 46(2): 183–202.

Wolf, Eric R. 1966. *Peasants*. Englewood Cliffs, N.J.: Prentice-Hall.

The World Bank. 1984. *Hungary—Economic Development and Reforms*. Washington, D. C.: The World Bank.

Wright, Erik O. 1978. *Class, Crisis, and the State*. London: New Left Books.

Wright, Erik O. 1985. *Classes*. London: New Left Books.

索 引[①]

积累 accumulation 49，79，81，82，85，91，102
    加速 accelerated 10
    原始 primitive 29，85
农业人口 agrarian population 12
农业改革 agrarian reform 12
农业城市 agricultural city 55，64，68
农业商品生产 agricultural commodity production 3，8，13，23，45，58 – 9，93，221
农业企业家 agricultural entrepreneurs 13，21，77
农业体力劳动者 agricultural manorial laborers 35，36
农业组织 agricultural organization 18
农业 agriculture
    兼业 part-time 31
    社会主义 socialist 42
酗酒 alcoholism 187
（动物）养殖业 animal husbandry 37，85，104，154
反富农运动 antikulak campaigns 155 – 6，174

当局 apparatchiks 150，155
权威、权势 authority 74，132
自主性 autonomy 19，52，57，65，66，74，122，155，211
附属农场 auxiliary farms 34，35，36

割据化 balkanization 213
带头人 bandagazda 186
破产 bankruptcy 62，63，64，84，88
谈判地位 bargaining power 7
伊斯特万·碧波 István Bibó xii，17，51n，56，212，216
黑市 black market 62，84
资产阶级知识分子 bourgeois intellectuals 52
官僚阶级 bureaucratic class 132
官僚专制 bureaucratic despotism 6
官僚支配 bureaucratic domination 4，9
受雇于官僚机构 bureaucratic employment 218
官僚（科层）秩序 bureaucratic order 13，15，64，66，69，171
官僚（科层）等级 bureaucratic rank 14

---

① 本索引根据英文版索引制作而成，所引页码为英文版页码。

索　引

科层再分配体系 bureaucratic-redistributive institution 4, 69, 70, 132, 213
官僚化的国家社会主义体制 bureaucratic state socialist system 11
官僚化 bureaucratization 14
市民、资产者 burgher
商人阶层 burgher hierarchy 71
市民阶级的价值观 burgher values 52, 84

干部 cadre 19, 22, 53, 64, 65, 69, 70, 74, 77, 91, 130, 159, 172, 179
　农村 157, 158
干部权力 cadre power 152, 156, 157
干部—无产者轴线 cadre/proletarian axis 4, 64, 69, 74, 136
干部轨道 cadre trajectory 66, 154, 203
干部化 cadrefication 64, 66, 122, 149, 154, 156, 179, 189
加尔文主义 Calvinism 55, 188
农民主义 Campesinistas 12
资本积累 capital accumulation 49, 82, 104
资本成本 capital costs 37, 147
利用资本 capital economizing 103-4
资本密集 capital intensity 104
资本投入 capital investment 79
资本主义
　发达/先进的 advanced 6, 10, 57, 211
资本主义企业家 capitalist entrepreneurs 11
资本主义的无产阶级化 capitalist proletarianization 11
资本主义复辟 capitalist restoration 4, 13, 218
现金 cash 79
天主教工作伦理 Catholic work ethic 188

中欧 Central Europe 16
恰亚诺夫主义 Chayanovists 12
中国 China 23
市民（公民）精神 citizenship 16, 22, 58, 214
市民（公民）意识 civic consciousness 57, 58, 213
市民权 citizenship rights 56
市民责任 civic duty 57n
市民制度 civic institutions 55
市民社会 civic society 24, 50
阶级联盟 class alliances 218
阶级追求 class aspirations 218
阶级间妥协 class compromise 9
阶级控制 class domination 4
阶级形成 class formation 4, 6-12, 65-6
阶级秩序 class order 64
阶级权力 class power 152
阶级再生产 class reproduction 9
阶级结构 class structure 134, 207
　转型 transformation of 61
阶级斗争 class struggle 8, 10, 153, 218
阶级理论 class theory 4, 6
庇护主义 clientelism 16, 24, 52, 214
集体谈判 collective bargaining 7, 10
集体契约 collective contracts 186
集体部门 collective sector 37
集体主义 collectivism 69
集体主义价值观 collectivistic values 186
集体化 collectivization 13, 18, 31, 33, 35, 70, 77, 95, 149, 150-1, 175, 204
　强制 forced 16, 21
　反抗 resistance to 215
计划（指令型）经济 command economy

19，67，72

商品拜物教 commodity fetishism 14

商品生产 commodity production 14，26，31，49，115，122

共产党 Communist Party xii，xiii，17，151，189

共同体 community 16

通勤者 commuters 29，43，44

竞争 competition 49，101

妥协，政治 compromise, political 9

同意 consent 6

消费者需求 consumer demand 149

消费 consumption

 延迟 delayed 79

 期待 expectations 84

 最大化 maximization 49，62

 需要 needs 44

 私人 personal 30

 目标 targets 83

长工们 contract labor 185

控制体系和收益方式 control and reward system 81

合作化运动 cooperative movement 16，132

合作社（集体农庄）cooperatives 48，66，70，90，123，186

 合并 amalgamations of 153

核心工人 core workers 7，8

成本节约 cost saving 78

赋予…资格 credentialing 181，182

资本主义的蔓延 creeping capitalism 5，18

犯罪 crime 187

粮食生产 crop production 37，154

作物的…产量 crop yields 37

文化资本 cultural capital 19，74，75，154，157，211

文化主义 culturalism 19，53，65

捷克斯洛伐克 Czechoslovakia 24，32

民主 democracy 16，57，58

 资产阶级 bourgeois 213

民主反对派 Democratic Opposition 53

人口组成 demographic composition 44，60

人口学变量 demographic variables 120，130，138

因变量 dependants 44，121，128，138

依附理论 dependency theory 11

去技术化 deskilling 75

专制 despotism 16

发展轨道 development trajectories 5

异议思想家 dissident thought 57

异议者 dissidents 51

劳动部门 division of labor 99

支配/控制 domination 8，9，10

多纳斯，费伦克 Donáth Ferenc 37-8，63n，122

双重等级 dual hierarchy 64

双重社会分层体系 dual stratification system 5

东德 East Germany 32

经济增长 economic growth 24，30

经济转型 economic transformation 54

教育 education 19，27，123-4，181-2

同志-士绅 elvtárs-úr 70

资产阶级化 embourgeoisement 4，13，50，58，68，122，213

 被阻隔的 blocked 20，200

 历史连续性 historical continuity 146-69

被中断的 interrupted 26，42，50 – 7，58，61，123，124，125，140，201，208 – 9
    农民的 peasant 17
    农村 rural 20，54
    社会主义的 socialist 50
    趋向 tendency to 10，11
    轨道 trajectory 4，5，19，21，25，54，66，67，72，75，87，103，105，132，149，152，155，170，191
企业家家庭 entrepreneurial families 15，19，34，38 – 9
企业家精神 entrepreneurial spirit 65
企业家轨道 entrepreneurial trajectory 82
企业家 entrepreneurs 13，38，41，57，63，64，77，84，95，134，136，141，152
企业家（精神）entrepreneurship 57，58，63，64，134，136，161，213
埃尔戴，费伦克 Erdei, Ferenc 16，54 – 6，67，147，151，212，214，215
民族志 ethnography 77，114，146
剥削 exploitation 4，6，10，93
    双重 double 10
    社会主义的 socialist 47
家庭农业生产 family agricultural production 35，38，39，42，45，64，79，127
    衰减 decline of 37
家庭背景 family background 65，67，130
家族（家庭）企业 family enterprises 31，34，40，49，101，135
家庭（家族）企业家 family entrepreneurship 9，13，16，21，23，155
家庭种植 family farming 11，22
家庭收入 family income 3

家庭传承 family inheritance 5，19
家庭生产，总产值 family production, aggregate value 26
农民，兼业 farmer, part-time 13，43
农场 farmsteads 97
封建庄园 feudal estate 16
封建主义 feudalism 20
第一经济 first economy 90
食品生产 food production 31
工人阶级的解体 fragmentation of the working class 7，8
碎片化家庭生产 fragmented family production 121
自耕农 free peasants 20，188
全职企业家 full-time entrepreneurs 15

花园匈牙利 Garden Hungary 16
园子 gardens 91
士绅 – 农民轴线 gentlemen/peasant axis 68，69
士绅化 gentrification 68
德国 Germany 24
学术导向的高中 gimnazisms 177
政府垄断 government monopoly 102
政府津贴 government subsidies 186

历史连续性 historical continuity 18，22，146
历史唯物主义 historical materialism 19
休闲种植（农场）hobby farming 36，39，40，91，92，135，140
（自留）地块 houseplots 33，34，36，39，41，140，200，224
人力资本 human capital 74，75
匈牙利模式 Hungarian model 24，212

匈牙利道路 Hungarian Road 58

理想类型 ideal types 5, 93
意识形态教育 ideological education 74
收入 income 31, 62
    现金 cash 13
    分配 distribution 118
    变化 variance 139, 144
个人主义 individualism 22, 57
工业企业家 industrial entrepreneurs 148
工业富农 industrial kulaks 155, 172
工业无产阶级 industrial proletarians 8
工业技能 industrial skills 102, 148
产业工人 industrial workers 62
工业化 industrialization
    加速的 accelerated 10, 28, 29, 30
    农业的 of agriculture 154, 177, 179, 182
    社会主义的 socialist 48
通胀 inflation 62
基础设施 infrastructure 30
传承 inheritance 19, 61, 65, 170
知识分子，人文学者 intellectuals, humanist 52
知识分子 intelligentsia 22
    农业 agricultural 154, 177, 179, 182
    技术 technical 152
    专家统治－意识形态（论）technocratic-ideological 217
内部市场 internal markets 8

朱哈兹，帕尔 Juhasz Pál xii, xiv, 37, 50, 54, 56, 60, 61, 63, 114, 149, 152, 158, 186, 189
容克庄园（制度）Junker estates 20, 21

卡达尔，亚诺什 Kádár János 22, 151, 172
集体农庄的农民 kolkhoz peasants 35, 36, 44
集体农庄生产 kolkhoz production 37
集体农庄 kolkhozes 8, 16, 18, 25, 34, 89, 90, 156, 204
    合并 amalgamations 175
    的解体 collapse of 186
    的发展 development of 37
    干部 elite 154
    低效的 inefficiency of 33, 90, 98
    成员 membership 200
从事牲畜交易的富农 koupetz-khulak 84, 172
富农 kulaks 71, 148, 155-6 171-9

劳动力供给 labor availability 44
劳动力波动 labor fluctuation 8
劳动密集 labor intensity 104
劳动力市场 labor market 7, 213
劳动过程 labor process 7
劳动力供给 labor supply 121
劳动时间 labor time 44, 128
自由放任的资本主义 laissez-faire capitalism 13
分得（政府）土地 land grants 164, 204
拥有土地的农民 land holding peasants 21, 69, 99
土地所有权 land ownership 62, 95
    对…的限制 restraints on 14, 98
土地改革 land reform 11, 16, 20, 48, 56, 67, 122, 161, 174, 185
土地产权制度 land tenure system 14, 18, 95, 171

地主 landlords 68

（大）农场主 latifundia 21，89，90，99，100

休闲 leisure 33，91，92

列宁主义-恰亚诺夫主义论争 Leninist-Chayanovist debate 11

列宁主义理论 Leninist theories 11

生活史 life history 3，65，122，124，132，134，139，170

生活轨迹 life trajectories 67

生活水平 living standards 8，10，31，83，179，183

工业主义的逻辑 logic of industrialism 43

流氓（破落）无产者 lumpen proletariat 72，97，157，176，185，188，191

马扎尔，巴林特 Magyar Bálint xiv，94，114，158，177

大庄园 manorial estates 20

庄园劳动者 manorial laborer 21，157，158，171，183-9

庄园（劳动者）聚居地 manorial settlement 185，186，188

市场竞争 market competition 22

市场专制 market despotism 6，9

市场经济 market economy 14，55，75

商品蔬菜（园艺）业 market gardening 16，20，45，62，85，100，104，147-8，189

市场机制 market mechanism 24

市场趋向 market orientation 78

市场生产 market production 12，142

马库斯，伊斯特万 Márkus István xii，45，60，61，63，67，79，82，147，157，189

精英治国的社会风潮 meritocratic ethos 181

元理论意义 metatheory implication 3，207

中产阶级 middle class 68

中农 middle peasants 5，19，87-9，95，105，134，147，150-2，154，155，171，179

移民工人 migrant workers 5，11

迷你农场 minifarms 14，15，31，36，38，39，44，47，62，77，84，92，101，224

小型（迷你）庄园 minifundia 21，23，25

混合经济 mixed economies 4-5，13，15，17，24，

社会主义的 socialist 213，215，218

国家主义生产模式 mode of production，statist 4

货币指标 monetary indicators 115

垄断资本主义 monopoly capitalism 6

动机 motivation 129

国家协会 National Councils 181

国民前线 National Front 151

新马克思主义者 neo-Marxists 11，15

平民主义者 népiesek 12

新（型）农民 new peasants 73，203

新工人阶级理论 new working class theory 25，46，62，80

"高干表"职位 nomenklatura jobs 74

物品拜物教 object fetishism 94

职业构成 occupation composition 29

职业道路 occupational trajectories 19

内生发展 organic development 22，24，214

劳动组织 organization of labor 85

正统马克思主义 orthodox Marxism 56
外迁/迁出者 out-migrants 72，97，156
工人反对运动 ouvrierist opposition 47
过度城市化 overurbanization 29

空降干部 parachutist cadres 191
农民资产者/阶级 paraszt polgárs 54，67
暂泊轨道 parking orbits 19，66，70，72，73-4，75，124，132，170，171，179
兼职企业家 part-time entrepreneurs 71
兼业（农业）种植 part-time farming 31，37，43，47，48，140
党中的保守派 party conservatives 47
党机构官员 party officials 64
家长制/父爱主义 paternalism
　官僚性的 bureaucratic 22，213
　国家… state 14
农民-资产者 peasant-burgher 16，20，54，68，75
农民意识 peasant consciousness 33，42
农民观念 peasant culture 88
农民的资产阶级化 peasant embourgeoisement 17
农民企业家 peasant entrepreneurs 71
农民 peasant farmers 35
农民价值观 peasant values 44，48
农民工理论 peasant-worker theory 25，45-50，61，123，209
农民工 peasant-workers 12，14，25，43，46，48，61，63，70，72，77，78，80，135，157
　市场导向的 market-oriented 157
　轨道 trajectory 88
农民化 peasantization 72，95，161
边缘工人 peripheral workers 8

小资产阶级 petty bourgeois 4，12，52，85，215，217
小商品生产 petty commodity production 4，8，12，14，41，85，213，216，217
先驱者/先锋 pioneers 98，147
计划-谈判 plan bargaining 7
波兰 Poland 16，17，41，70
资产者/资产阶级 Polgár 51，52，56，58
资产阶级化 Polgárrosodás 50，51-7
政治妥协 political compromise 9
政治经济 political economy 213
贫农 poor peasants 48，94，173，189
人口分布 population distribution 29
平民/民粹主义 populism 16，17，51
后工业时代 postindustrial age 28
后农民 postpeasantry 45，47，48，62，80，82，87，158
贫穷/贫困 poverty 70，183，187
权力/力量 power
　反抗性 countervailing 4，6，8-9
　分配 distribution 5，8
前资本主义 precapitalism 16
私人所有制/私有产权 private ownership 17，34-5，86
个体农民 private peasant 35，70
私有部门 private sector 51，70，86
私有部门工人 private sector worker 73
从事农业生产的人口 producing population 134
生产，去集中化 production, decentralization 15
生产链经济 production chain economies
　碎片化的 fragmented 87-8，89，102
　连续（型）uninterrupted 87-9
生产方式 production pattern 87

索　引　241

生产性投资 productive investment 81
专业化 professionalization 177
无产阶级 proletarianista 11
无产阶级-农民主义论争 proletarianista-campesinista 11, 12
无产阶级化 proletarianization 68, 122, 154, 171, 188, 203, 215
　抵制/反抗 resistance to 3, 31, 66
　社会主义的 socialist 23
无产阶级化理论 proletarianization theory 4, 16, 27, 42–5, 61, 63, 80, 118
　农村的 rural 127–8, 209
　的局限性 inadequacy of 134, 140, 141
无产者/无产阶级 proletarians 68, 74–5, 77
　农业 agricultural 183
　第一代 first-generation 46
　社会主义的 socialist 23, 42
新教工作伦理 Protestant work ethic 55, 79, 188
原型/雏形企业家 protoentrepreneurs 95, 105, 119, 136, 147, 149, 198, 201
普鲁士 Prussia 16
普鲁士道路 Prussian Road 20
外包/分包制度 putting-out system 73, 81, 85, 90, 98

兼职工作 quasi-jobs 87

等级次序/秩序 rank order 64, 68, 171, 214
　垄断性的 monopoly 70
土地调整 reallocation of land 174
再分配性, 福利 redistribution, welfare 18
再分配经济 redistributive economy 14, 15

返乡移民 return migrants 197
自上而下的革命 revolution from above xv, 5, 22
自下而上的革命 revolution from below xv, 5, 216
富农 rich peasantry 171, 174
风险承担 risk-taking 65, 82, 84, 85, 91
罗马天主教会 Roman Catholic Church 55
罗马尼亚 Rumania 32
农村资产者/资产阶级 rural bourgeois 20, 122
农村士绅 rural gentry 54
农村住房 rural house 65, 79–81, 94
农村人口 rural population 28, 30–1, 134
农村复兴 rural revitalization 31
农村社会分层 rural stratification 13

希弗, 帕尔 Schiffer, Pál xiv, xv, 62n, 97
教育/培训 schooling 74, 170
第二次农业革命 second agrarian revolution 20
第二经济 second economy 8, 40, 41, 54, 64, 73, 86, 93, 117, 149, 181, 215
第二次封建主义 second feudalism 20, 55
第二等级 second hierarchy 71, 73
第二次土地改革 second land reform 95
第二次农奴化 second serfdom 20
第二岗 second shift 79
自我雇佣/个体经营 self-employment 8, 14, 15, 16, 75, 123, 218
自我剥削 self-exploitation 81
半无产者 semiproletarians 3, 4, 8, 15, 22
　优势 advantages of 10
　数量 size of 10

车间权力 shop floor power 7

无声/静悄悄的革命 silent revolution 22, 54

技能 skill 74, 93, 123
 企业家的 entrepreneurial 122
 工业的 industrial 102
 管理的 managerial 122

奴隶劳动力 slave labor 10

小企业 small businesses 40

小农 small peasant 157

小农政党 Small Peasant Party 172, 181, 189

社会背景 social background 22, 26, 146
 指标 indicators 170

社会变迁 social change 3, 18, 22

社会支配 social domination 74, 217

社会形成 social formation 4, 12

社会流动 social mobility 3, 44, 48, 95, 129, 134, 139
 被阻隔的 blocked 183

社会起源 social origins 147, 157

社会地位 social status 179

社会分层 social stratification 13, 17, 24, 46

社会结构 social structure 13
 变迁的 changing 3, 67
 二分的 dichotomous 218
 历史连续 historical continuity 19

社会主义集体化 socialist collectivization 20

社会主义资产阶级化 socialist embourgeoisement 4, 212

社会主义混合经济 socialist mixed economy 213

社会主义先锋 socialist pioneers 176

社会主义无产阶级化 socialist proletarianization 3, 11, 48

社会主义者的现实主义 socialist realism 52

社会主义科学态度 socialist scientism 152

社会主义转型 socialist transformation 48, 122

社会化，家庭 socialization, family 65

社会 society 50

团结 Solidarity 17

苏联 Soviet Union 13, 15, 22, 32, 71

苏联化 sovietization 17

专业化 specialization 78, 87, 88, 89
 反抗 resistance to 94

蹲踞 squatting 99

斯大林主义/体制 Stalinism 17, 52, 53, 56, 150, 151, 171, 175, 181, 214, 217

斯塔克，戴维 Stark, David xiv, 6, 7–8

国家资本主义 state capitalism 13

国家雇佣 state employment 14

国家权力 state power 22

国家社会主义 state socialism 4, 6, 8–9, 13, 23, 40, 181
 非苏联式 non-Soviet 57
 极权 totalitarian 57

"国有"农奴 state serfs 53

国有部门的工人 state workers 73

国家主义 statism 214

国家主义生产模式 statist mode of production 5

地位的表征 status symbols 94

结构主义 structuralism 6, 9

分包/转包者 subcontractors 8, 9, 90

被统治阶级 subordinated class 10

生计性（为生计的）生产 subsistence production 16, 21, 26, 70, 119, 139
剩余价值 surplus value
撒列尼，伊万 Iván Szelényi 21, 58, 129
泰勒主义 Taylorism 153, 154, 155
第三次封建主义 third feudalism 20, 21, 100
第三条道路 Third Road 5, 16, 22, 57, 207, 212–13, 214
第三次农奴化 third serfdom 20, 100, 149, 200
第三世界 Third World 11, 15
第三世界城市化 Third World urbanization 28
传统导向的农民工 tradition-oriented peasant-worker 93–4, 157–8
传统农民 traditional peasant 94, 158
暂时/过渡性的农民工 transitory peasant-worker 93–4, 157
土耳其占领/统治下 Turkish occupation 20, 54, 188
两班倒 two-shift work 82
转型方向的类型学 typology of destination 114

低度城市化 underurbanization 29–30, 31
穷命 undeserving poor 185
向上流动 upward mobility 67, 95, 147, 148, 155, 165, 181
    的轨道 trajectory 188

士绅 úr 68
城市无产者 urban proletariat 43, 46
城市化，社会主义的 urbanization, socialist 31
实用园子 utility garden
乌托邦主义 utopianism 14

菜园 vegetable garden 91, 135
蔬菜生产 vegetable production 62
葡萄园，私人 vineyard, private 92–3, 135

工资/工薪水平 wage levels 8, 25, 39
工薪劳动者 wage laborers 3, 10, 11, 16, 39, 49, 62, 68, 79, 101, 103, 120
工薪劳动者意识 wage-laborer consciousness 81, 87
韦伯，马克思 Weber, Max 19, 55, 64
福利国家 welfare state 5, 13, 215
妇女 women 129, 138, 188–9
    作为产业工人 as industrial workers 191
工作群体 work collective 8
工作组织 work organization 14, 21
工人权力 workers' power 6, 7
工人阶级策略 working-class strategies 50
工人阶级的伦理 working-class values 44
世界银行 Word Bank 38
世界体系学说 world system theory 10

南斯拉夫 Yugoslavia 70

译者后记

关于社会主义体制的特征，不少学界、政界等各行业人士对"短缺经济"、"软预算约束"、"投资饥渴"、"强制增长"、"父爱主义"等字眼耳熟能详，它们是由以研究社会主义经济体制闻名于世的亚诺什·科尔奈提出的。同样出生于布达佩斯，另一位以对匈牙利的深刻理解为抓手，研究和阐释整个社会主义体制，并同样享誉全球的学者——伊万·撒列尼则更多地关注社会分层、阶级结构、制度变迁、社会流动等经典社会学命题。我们翻译的这本由撒列尼与其合作者完成的《社会主义企业家》，就是其代表作之一。

要抓住一种制度的要义，可以将其与其他制度进行比较分析，或者探查它对一些经典要则的偏离，那么，一定程度的抽象便理所当然。然而，对属于不同阶层（或阶级）和群体的人而言，任何一个制度往往意味着不同的约束和机会。并且这些人的行动也会对制度产生影响，使得制度也在不断变化。如果探得这些不同阶层的具体应对机制，那么我们对一个制度的理解，就类似于从"界门纲目"深化到科、属、种，从轮廓构图进展到全景图。在某种程度上，与科尔奈的研究方法有所不同的地方在于，撒列尼的这本书为我们提供了匈牙利不同阶层在不同社会主义阶段之生活史的全景图。

在这本书中，撒列尼等人主要关注匈牙利农村中的干部、无产者、企业家、农民工四个阶层，探讨他们在不同的社会主义时期，有着怎样不同的生活轨迹和社会流动。作者要阐明的核心问题是：若将这四个阶层作为职业终点，什么样的阶层、群体（贫农、中农、富农、庄园劳动者、工业主等），通过什么样的渠道（教育、暂时性的职业选择等），在什么时机（斯大林时期，还是1956年改革后期，抑或更晚），达到了怎样的终点？作者还根据家庭生产的规模、方式等，将干部和无产者划分为一类,某种程度上代表着社会主义体制内、以官僚协调和再分配为基础的类型;将农民工与企业家划分为一类,更多地代表着对传统社会主义体制有较大变革、以市场成就为基础的类型。当然,在进一步讨论中,作者也阐明了企业家与农民工的不同,甚至农民工内部的不同。但是,这本书之所以命名为《社会主义企业家》,与撒列尼脑海中不断寻找的"第三条道路"有关——能否将两种类型(官僚协调与市场协调)统合起来?能否将一些经典社会主义要则与对企业家市场的容纳结合起来?能否有一种既不同于欧美式资本主义(当然,它们内部也有诸多不同),又不同于斯大林式社会主义的"第三条道路"?

在回答这些问题的过程中,该书展现出了浓郁的理论关怀与扎实的实证支撑。第一,作为"新古典社会学"的提出者,撒列尼是一位有很强理论旨趣的学者。在本书中,作者探讨了三种理论,即无产阶级化理论、农民工理论、被中断的资产阶级化理论,并通过家庭生产规模和类型等因素,试图描绘出三者的适用边界。这实际上是一种理论深化。第二,毋庸置疑,为回答这些问题提供经验支撑是一项浩大的工程。实际上,撒列尼和他的合作者们的确历经波折,还包括政治上的困难。但是,他们仍然获得了扎实的实证材料,既包括作者展开的田野实践、抽样调查,还利用了匈牙利中央统计局的调查资料。这让他们在描绘这幅"匈牙利社会变迁中的阶层众生相"时,有足够的"染料"可资利用。因此,《社会主义企业家》不失为一本为社会学研究者,尤其是年轻研究者们,很好地展示了"社会学的想象力"从扎根到结果之全过程的经典著作。

不可否认,这本以匈牙利为研究对象的著作很容易让人联想到曾有着相似制度的中国。在本书的中文版序言中,撒列尼本人也指出,在他的"三部曲"(其他两部为《通往阶级权力之路的知识分子》和《无须资本家打造资本主义》)中,《社会主义企业家》与中国最为相关。但是,他也指出,机械地将本书的研究结论照搬到中国头上,就像用苹果去衡量橘子。我们期待,他的话会更加激励我国的学者用更扎实的实证调查和理论积累,去做出更有穿透力的研究,这是一代学人的使命。我们也期待本书在我国会有广泛的读者,包括对转型经济和转型社会理论、制度变迁、农村经济和社会、城乡关系、社会分层、社会流动、生活史分析、社会学方法论等领域感兴趣的研究者和爱好者们,我们也同样希望本书对读者们有所启发,并能帮助他们在此基础上做出深层次的探索和实践。

本书的翻译工作由史普原、焦长权、王笑非、余依祎完成。其中,原书序言和第四、七、八章由史普原翻译;中文版序言、导论、第一和第二章由焦长权翻译;第三章为余依祎所译;第五和第六章、附录由王笑非译出。焦长权初校了本书的前半部分,史普原统校了全书。焦长权通过中国社会科学院社会学研究所吕鹏副研究员,联系到作者伊万·撒列尼,他欣然为我们撰写了中文版序言。在此,我们对撒列尼、吕鹏以及本书编辑团队等所有推动本书出版的先生们和女士们表示诚挚的感谢!

从决定共同翻译到最后定稿,我们花在本书上的时间大大超出了原定计划。我们尽可能准确地理解和转达作者的原意(这同时也意味着我们并不完全同意其论断),但仍然无法排除有错误存在,请广大读者不吝雅正。

史普原

2013 年 9 月 16 日

于芝加哥大学

《社会发展译丛》已出版书目

1. ［美］阿瑟·奥肯著，陈涛译：《平等与效率：重大的抉择》。
2. ［英］威廉·阿瑟·刘易斯著，梁小民译：《增长与波动，1870—1913 年》。
3. ［法］乔治·索雷尔著，吕文江译：《进步的幻象》。
4. ［美］丹尼尔·贝尔著，张国清译：《意识形态的终结：50 年代政治观念衰微之考察》。
5. ［美］伊万·撒列尼等著，史普原等译：《社会主义企业家：匈牙利乡村的资产阶级化》。
6. ［挪威］古德曼·赫内斯著，张晨曲译：《"热"话题—"冷"安慰：气候变化与态度变迁》。
7. ［美］戴慕珍著，李伟东译：《中国乡村起飞：经济改革的制度基础》。
8. ［匈牙利］雅诺什·科尔奈著，朱桂兰译：《康庄大道和羊肠小路：改革与后共产主义转型研究》。